张志学

北京大学博雅特聘教授，中国社会科学调查中心主任，光华管理学院行为科学研究中心主任及管理创新交叉学科平台召集人，北京大学经济与管理学部副主任。博士毕业于香港大学心理学系。任国务院学位委员会第八届学科评议组成员(工商管理)、International Association for Chinese Management Research (中国管理研究国际学会) 主席。

研究领域包括组织创新、领导力、团队过程、冲突处理与谈判、人机协同中的决策与行为等。主持国家自然科学基金面上项目、杰出青年科学基金项目、重点项目和重大研究计划集成项目。在国内外顶级和著名学术期刊上发表论文一百余篇。英文作品入选ESI高被引论文，两次入选美国管理学年会最佳论文，两次获得IACMR双年会最佳论文奖，两篇论文获得第八届高校科学研究优秀成果奖。中文论文入选《管理世界》30年高被引文献和《南大商业评论》创刊十五周年最具影响力论文奖。出版七部中英文学术著作，聚焦中国企业的管理和运营实践。

在北京大学为本科生、硕士生、博士生、MBA、EMBA和非学位高管项目提供中英文教学，屡次获得北京大学和光华管理学院的各类优秀教学奖，并获北京大学教学成果奖一等奖。多名博士毕业生进入国内外著名高校任教并表现卓越。在行为类课程教学中创立了基于证据的多元教学法。担任工商管理硕士专业学位研究生核心课程《组织行为学》指南的编写组组长。

曾于1998—2001年独立主持华为技术有限公司的四项课题，开发出的员工素质模型被广泛地应用于华为公司的人员招聘和培训中。为国内外众多著名企业提供过培训和咨询服务。

韩玉兰

上海财经大学商学院讲席副教授。博士毕业于北京大学光华管理学院。主要从事领导力、管理觉知、冲突管理、商务谈判、团队运作等领域的教学与科研工作。在Academy of Management Journal、Journal of Applied Psychology、Organizational Behavior and Human Decision Processes、Journal of Management、《心理学报》《管理世界》等国内外重要学术期刊上发表多篇论文，并主持或参与多个国家自然科学基金研究项目。担任《心理学报》《心理科学进展》、Human Resource Management Journal、Organization Studies、International Journal of Human Resource Management等专业期刊的匿名审稿专家。获美国管理学会2015年组织行为领域杰出发表奖、上海财经大学MBA杰出教学奖、MBA教学成果奖等。

魏昕

对外经济贸易大学国际商学院教授、博士生导师。博士毕业于北京大学光华管理学院。多篇研究作品发表在国际国内高质量期刊，包括Journal of Applied Psychology、Journal of Occupational and Organizational Psychology、《管理世界》等，作为第一译者翻译出版《组织创造力研究全书》。主持国家自然科学基金项目三项、省部级基金项目两项。获第九批北京市优秀青年人才称号、中国管理研究国际学会第五届双年会最佳论文奖、对外经济贸易大学教学基本功比赛二等奖、最佳教学演示奖。担任Asia Pacific Journal of Management、《管理学季刊》的编委成员、《中国人力资源开发》的特刊编辑。

王颂

　　浙江大学管理学院副教授，博士生导师，工商管理本科项目主任。博士毕业于北京大学光华管理学院，麻省理工学院和斯坦福大学访问学者。研究主题为工作场所中的人际互动。成果发表于Academy of Management Journal、International Business Review、Asia Pacific Journal of Management、Journal of Vocational Behavior、Journal of Business Ethics、《管理世界》《心理学报》等国内外权威期刊。主持三项国家自然科学基金项目。担任Human Relations, Journal of Vocational Behavior、Management and Organization Review、《管理世界》《心理学报》等期刊审稿人。荣获浙江省高等学校青年教师教学竞赛一等奖、浙江大学青年教师教学竞赛一等奖、浙江大学优秀教学成果二等奖。

秦昕

　　中山大学管理学院教授，博士生导师，国家重大人才工程入选者。博士毕业于北京大学光华管理学院，亦是哈佛大学商学院中美富布赖特（Fulbright）联合培养博士生。研究兴趣包括领导、伦理、交叉学科研究等，正着力开展系列前沿交叉学科研究。已在PNAS、British Medical Journal、Academy of Management Journal、Strategic Management Journal、Journal of Applied Psychology、《管理世界》《心理学报》等国内外顶尖学术期刊上发表50余篇论文。曾获第八届高等学校科学研究优秀成果奖青年成果奖、广东省第八届、第九届哲学社会科学优秀成果奖一等奖（3项）等荣誉。

张宏宇

　　中央财经大学商学院组织与人力资源管理系副教授，博士生导师。博士毕业于北京大学光华管理学院，同时也是哈佛大学商学院联合培养博士生。研究兴趣集中于伦理决策和中国特色领导力等领域，相关成果发表于Organizational Behavior and Human Decision Process、The Leadership Quarterly、Human Resource Management、《管理世界》《南开管理评论》等国内外权威期刊。主持国家自然科学基金项目一项、中央财经大学科研创新团队项目一项。荣获北京市高校第十届青年教师教学基本功比赛文史组二等奖。撰写案例入选"全国百篇优秀管理案例"

魏亚欧

　　北京大学新闻传播学院传播学硕士、光华管理学院高级工商管理硕士。现任北京混沌创商院院长及多家上市公司顾问。曾任职北京电通广告有限公司本部部长、北大方正集团副总裁兼首席品牌官、万达传媒高级副总裁兼首席战略官。在战略及品牌营销、传播学领域拥有超过二十年的实践经验，先后主持LG巧克力手机、方正IT正在你身边、方正金融正在你身边等品牌活动。近年致力于企业家商业创新教育，并在疫情期间创立了国内首个每日直播商业案例脱口秀"欧爷说课"并担任主理人。对于前沿商业创新实践以及跨代际沟通有着丰富的经验。

高等学校管理类专业互联网 + 新实践系列教材

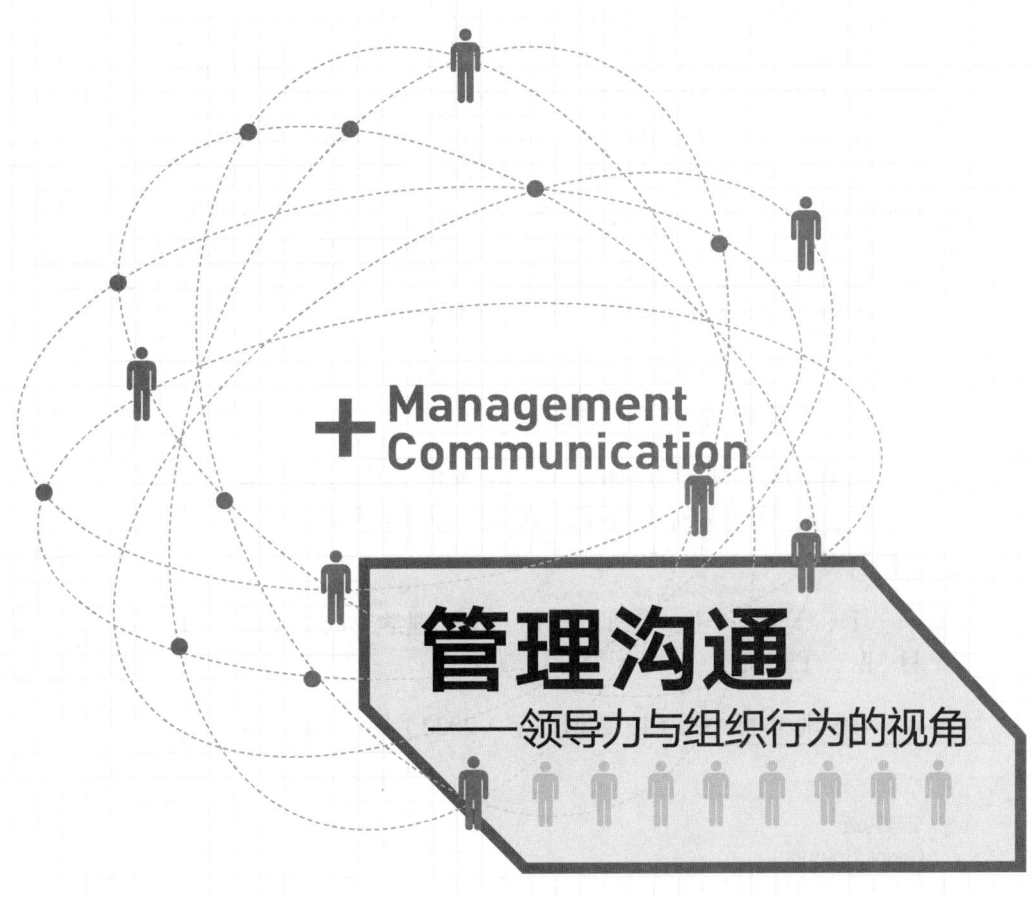

+ Management
Communication

管理沟通
——领导力与组织行为的视角

主　编　张志学
副主编　韩玉兰　魏　昕　王　颂
　　　　秦　昕　张宏宇　魏亚欧

中国教育出版传媒集团

高等教育出版社·北京

内容简介

本书基于主编及其团队在多年一线教学中所累积的经验，从领导力和组织行为的视角将大量经典与原创性的研究成果与管理沟通实践案例整合在一起，形成了独具特色的内容体系。全书共四篇，分别为：沟通的基础、人际沟通、群体和全球化背景下的沟通、综合演练。本书系统而深入地阐述组织情境下的人际互动及其对个人、团队和组织产生的影响。在教学中，教师可介绍基本的框架、选取恰当的内容，依据不同项目学生的特点，运用本书所介绍的案例、模拟和行为反馈等不同手段，促进学生形成"知""执""智"三个层次的图式。

本书具有很强的延展性，既可作为高校经济管理类专业本科生和MBA 项目的"管理沟通"课程教材，也可作为本科生"社会心理学"和EMBA 项目领导力和组织行为相关课程的教学参考书，同时对于社会各界人士学习沟通知识，提升人际意识、沟通技能和领导力具有参考价值，是一本理论和实践并重的教材和参考书。

书末设置"张志学专题课"二维码，手机扫描可观看视频。

图书在版编目（CIP）数据

管理沟通：领导力与组织行为的视角 / 张志学主编
. -- 北京：高等教育出版社，2022.5 (2023.9 重印)
　　ISBN 978-7-04-058452-3

　　Ⅰ . ①管… Ⅱ . ①张… Ⅲ . ①管理学 – 高等学校 – 教材 Ⅳ . ① C93

中国版本图书馆 CIP 数据核字（2022）第 050172 号

管理沟通
Guanli Goutong

策划编辑	刘 荣	责任编辑 刘 荣	封面设计 赵 阳	版式设计	于 婕
责任绘图	李沛蓉	责任校对 商红彦 吕红颖	责任印制 刁 毅		

出版发行	高等教育出版社	咨询电话	400-810-0598
社　　址	北京市西城区德外大街 4 号	网　　址	http://www.hep.edu.cn
邮政编码	100120		http://www.hep.com.cn
印　　刷	中农印务有限公司	网上订购	http://www.hepmall.com.cn
开　　本	787mm×1092mm　1/16		http://www.hepmall.com
印　　张	15.5		http://www.hepmall.cn
字　　数	320 千字	版　　次	2022 年 5 月第 1 版
插　　页	4	印　　次	2023 年 9 月第 3 次印刷
购书热线	010-58581118	定　　价	35.00 元

本书如有缺页、倒页、脱页等质量问题，请到所购图书销售部门联系调换
版权所有　侵权必究
物 料 号　58452-00

"管理沟通"课程旨在帮助学生理解组织情境下的人际互动及其对个人、团队和组织产生的后果，从而提升人际意识、沟通技能和领导力。为此，我们基于社会心理、组织行为和领导力的视角来构建这门课的体系。这个体系来源于我和团队的学术背景及教学经历。

我于 2000 年 6 月加入北京大学光华管理学院，2001 年春季首次给工商管理硕士（MBA）学生开设"管理沟通"。此后根据学生特点、商业环境和商学院课程的变化，持续对教学进行改革，该课程成为最受 MBA 学生欢迎的课程之一。北京大学为加强研究生教学研究和教学改革，奖励取得创造性教学成果的研究生课程任课教师和团队，从 2016 年开始设立"北京大学教学优秀奖（研究生部分）"。2017 年，"管理沟通"课程获得北京大学年度教学优秀奖。这大概是北京大学历史上第一门 MBA 课程被授予教学优秀奖。在北京大学，针对 MBA 的管理类课程获得这个奖项很不容易。

我侧重从行为学的视角去探讨组织情境中的沟通问题，本书的内容基本上来自我在北大的三门课程——"社会心理学""组织行为学"和"领导力与组织建设"。

"社会心理学"是我加入北京大学后首次为光华管理学院本科一年级学生开设的专业基础课，旨在加强学生对自我、他人和社会的理解。这门课的重点在"知"。给北大本科生传递高质量的教学，需要跟踪知识前沿，并在教学内容和方式中体现出管理学院的特色。我讲授的"社会心理学"成为本科生最喜欢的课程之一。我从 2000 年秋季开始给 MBA 学生讲授"组织行为学"。虽然此前从没接触过管理学，但凭借社会心理学的功底以及自 1998 年开始为华为公司进行素质模型研究所积累的认知，针对 MBA 学生的教学开展得很顺利。我有幸获得 2000—2001 年北京大学教学优秀奖，也是当年管理学院唯一获奖的教师。之后，我赴美国西北大学凯洛格管理学院访问，观摩了世界顶尖的组织行为学研究和教学，促使我全面更新了"组织行为学"的教学内容和方法，使之成为 MBA 学生评价最高的课程之一。这门课的重点在"执"，让 MBA 学生学会在分析问题的基础上，提出解决问题的方案。2018 年，全国工商管理专业学位研究生教育指导委员会决定编写《工商管理专业学位研究生核心课程指南》，我应邀主持了"组织行为学"课程指南的制定。我给光华 EMBA 学生开设的"领导力与组织建设"课程，聚焦企业领导者的决策、团队管理、驾驭变革和组织建设几个方面，我通过多种方式让企业高管们理解组织内部的诸多沟通问题。这门课的重点在"智"，启迪高管全局性地思考并驾驭企业组织的运行。该课程成为多年来最受 EMBA 学员欢迎的课程之一。

因此，这本《管理沟通》教材具有很强的延展性，适合从本科到 EMBA 项目的学生和教师。在教学中，教师可介绍基本的框架、选取恰当的内容，并依据不同学生的特点，运用案例、模拟实训、行为反馈等不同手段，促进学生形成"知""执"和"智"三个层次的图式。这是编写本教材的首要目标。

管理类课程的教学有规可循。编写本教材的第二个目标是将我们的教学经验分享给同行们。我在教学中都会请博士生担任助教，帮助他们认识教学理念，并掌握多元的教学方法，为将来担任教师做好准备。本书作者在攻读博士期间都做过以上三门课中的助教。他们在博士毕业后很快都成为优秀教师，有的在任教的第一年便获得教学优秀奖。他们目前都处于学术创造力的高峰期，频频在国际顶级期刊上有新的突破。感谢他们无私地响应和支持本教材的编写。希望我们团队累积的教学经验和成果可以经由此书分享给更多的读者。

我负责全书的设计和内容协调，并在导论中阐述了我们对于"管理沟通"的认识和教学理念与方法。全书分为四篇十章，具体分工如下：张志学撰写导论、第九章（与魏昕合作）和第十章（与魏亚欧合作），王颂撰写第一章和第七章（与秦昕合作），秦昕撰写第二、四和七章（与王颂合作），韩玉兰撰写第三章和第六章，魏昕撰写第五章和第九章（与张志学合作），张宏宇撰写第八章，魏亚欧撰写第十章的案例。大家相互帮助、彼此支持，体现了团队合作的快乐和成效。全书由我统稿和修改。

感谢高等教育出版社的刘荣编辑和牛杰编辑。她们具有极高的专业水平和敏锐的洞察力。2017 年 7 月见面时，她们有力地说服我下决心挤出时间主编此书。刘荣编辑对本书的统稿提出了大量意见，在此表示感谢。

本书作者在写作风格和文笔上各有不同，可能影响使用者的体验。感谢北京大学光华管理学院博士生高雅琪花费了大量时间和精力，帮助将各章的形式进行统一。尽管如此，各章的风格难免还会不同，敬请原谅。对于原创性的研究成果和案例，我们尽可能标明出处，以表达对国内外同行和相关各方的尊重。如果出现疏漏，敬请指出，我们一定予以改正。

作为教师，如果能够给学生一碗水，自己需要拥有一桶水的储备。此书各章都不同程度地体现了我们团队在过去多年从事的原创性研究。教材篇幅和形式不允许将掌握的大量相关知识都呈现出来。本书每一章只是小小的"一碗水"，希望通过此书搭建起管理沟通的教学交流平台，促进国内同仁相互交流、共同进步，尽快形成具有最高原创性的教学体系。愿与广大师生共同努力！

张志学

2021 年 12 月于燕园

目录

导论　组织与管理情境下
　　　的人 …………………001
　　本章思考题 ……………014

第一篇　沟通的基础 ………015

第一章　管理沟通概述 ………017
　　第一节　沟通的概念 ………018
　　第二节　管理沟通的概念 ………023
　　第三节　管理沟通的重要性 …034
　　本章综合案例 ……………036
　　本章思考题 ……………038

第二章　认识自我与他人 ………039
　　第一节　何为自我 ………040
　　第二节　如何认识自我 ………048
　　第三节　如何认识他人 ………051
　　本章综合案例 ……………057
　　本章思考题 ……………059

第三章　个人特性与沟通
　　　　　　效能 ……………060
　　第一节　觉知与沟通效能 ………062
　　第二节　主动性人格与沟通
　　　　　　效能 ……………070
　　第三节　情绪智力与沟通
　　　　　　效能 ……………072

　　本章综合案例 ……………076
　　本章思考题 ……………080

第二篇　人际沟通 ………………081

第四章　人际关系的建立与
　　　　　　发展 ……………083
　　第一节　人际关系的概念与
　　　　　　基本特征 ………085
　　第二节　人际吸引和人际
　　　　　　关系建立 ………088
　　第三节　沟通与人际关系
　　　　　　发展 ……………097
　　本章综合案例 ……………101
　　本章思考题 ……………102

第五章　冲突及冲突处理 ………103
　　第一节　冲突的定义、类型
　　　　　　与功能 ………105
　　第二节　冲突的处理方式 ……111
　　第三节　冲突回避 ………115
　　第四节　员工进言 ………120
　　本章综合案例 ……………125
　　本章思考题 ……………127

第六章　谈判的策略与技巧 ……128
　　第一节　谈判中的关键概念 …132

第二节 谈判过程分析及
　　　策略 …………… 138
本章综合案例 ………… 150
本章思考题 …………… 155

**第三篇 群体和全球化背景
　　　下的沟通 ……… 157**

第七章 团队过程与群体
　　　沟通 …………… 159
第一节 群体概念与发展 …… 160
第二节 团队过程分析 ……… 163
第三节 群体决策 …………… 170
本章综合案例 …………… 181
本章思考题 …………… 182

第八章 全球化与沟通 ……… 183
第一节 文化价值观与沟通 … 185
第二节 团队文化多样化与
　　　沟通 …………… 193

第三节 企业的全球化与
　　　沟通 …………… 200
本章综合案例 …………… 207
本章思考题 …………… 209

第四篇 综合演练 ……… 211

第九章 综合模拟:合伙 ……… 213
本章思考题 …………… 217

第十章 综合案例:部门里
　　　的年轻人 ………… 218
本章思考题 …………… 221

附　录 ……………… 223
部门里的年轻人 …………… 223

参考文献 …………… 235

张志学专题课 …… 237

导　论　组织与管理情境下的人

 **引例**

孙凯的新工作

孙凯毕业于南方某大学,最近被总部位于北京的 A 保险公司录用了。此前他在上海的一家保险公司担任索赔评定员,三年后对工作感到厌倦,希望从事销售工作。A 公司的代表在上海与孙凯谈了近一个小时,他获得的表彰证书说明他工作得非常好,A 公司决定录用他。孙凯接受了 A 公司提供的职位,这意味着既可以增加收入又有机会从事销售工作。

A 公司要求所有实习销售员参加为期两周的销售培训班,以便熟悉公司的业务、销售技术和市场策略,每个实习销售员在培训结束后将跟随一位有经验的销售员工作一年。

总公司培训部主任李敏和孙凯的指导教师觉得孙凯学得很快,在六个月内就可以代表公司开展销售工作。李敏建议将湖北宜昌地区的工作交给孙凯,因为那里有位老销售员刚刚退休,还有几位销售人员跳槽离开。宜昌地区的销售收入在过去五年里是湖北分公司销售收入的重要来源。

孙凯接受了这项任务。但六个月后,他的顶头上司、宜昌分公司的总经理钱明对孙凯的工作能力、工作动机、所受训练及工作经验产生了怀疑。来宜昌工作后,孙凯既没有完成新订单的销售指标,也未能完成成本指标。钱明希望与孙凯谈谈,但一直没有抽出时间。拖了两个月,孙凯的业务仍没有起色。

钱明让助手吴亮与孙凯一起工作,以便观察孙凯如何向客户介绍并推销公司的产品。在三周内吴亮与孙凯共同见了八个客户。吴亮向钱明报告说,孙凯所受的训练很糟,在客户询问公司保险政策方面的问题时,他显得很急躁,他的同事们也没能接受他。吴亮认为,孙凯是个单身汉,喜欢打网球,而他的同事都成了家,喜欢晚上去 KTV 唱歌,保险单往往是在唱歌前的晚餐以及唱歌时签订的,这都可能是他业绩很难提升、不被同事接受的原因。

在随后的几个月中孙凯的业绩仍无起色。钱明把这种情况告诉了总公司培训部的李敏。李敏决定和孙凯谈谈。当李敏打电话告诉孙凯这些事时,孙凯感到被出卖了,他原以为吴亮是来帮助自己的,没想到他在监视自己。

一个多月后,孙凯得了流感,感觉自己还得病上一阵子。他休息了三天后,钱明打电话问他能否回来上班,因为保单市场正在好转,孙凯说医生让他休息一周。第五天上午,他感到有些烦躁,天气那么好,他决定驱车去距他住处不到十分钟路程的一家音响店随便看看。当他进去时,瞥见钱明从那儿路过……

【思考题】
- 1. 如果你是孙凯,在案例结尾的情境下,你会怎样做?
- 2. 孙凯的工作能力和动机究竟如何?
- 3. 组织中的哪些因素对中层经理不利?
- 4. 中层经理需要具备哪些素质?

孙凯的案例体现了在组织中沟通,特别是有效沟通的重要性。

沟通无处不在。沟通能够满足人类最根本的需求,包括获取知识和信息,与人建立关系获得情感上的满足,加入特定的群体获得安全感等。在组织和管理的情境下,沟通更会影响到个人的工作业绩和职业发展。在导论中,我们阐述组织管理学科的逻辑、"管理沟通"教学理念和教学方法。

一、管理沟通与组织管理的知识体系

(一)两种导向的管理沟通话题

管理沟通的教学内容大致上可以分为语言学导向的内容和行为学导向的内容。语言学导向的内容注重训练学生在商务情境下,以清晰的行为和精准的语言传递所要表达的内容,以达到沟通目标。教科书中相关的内容多为技巧,包括讲话或演讲的技巧、参加或主持会议的技巧、面试的技巧、商务写作的技巧等。教师往往是来自大学英语或者商务英语领域的专家。行为学导向的内容则注重分析组织情境下的人际互动。与日常生活中的沟通不同,组织情境下的互动或者为了达到某个目标、完成某个任务,或者为了解决具体问题。行为学导向的内容侧重运用人格与社会心理学中有关个性特征、人际关系与人际交往等方面的知识和理论,让学生理解有效地达到工作目标和解决问题所要采取的沟通策略。教科书中相关的内容大多与特定目标下的人际沟通有关,包括团队过程、冲突处理、谈判策略、跨文化沟通等。教师往往是来自心理学或管理学领域的专家。

语言学导向的内容是职业经理人进行有效工作的基础。诸如讲话或演讲、主持会议、面试及写作等，都是管理者必备的技能。诸如演讲的基本技能、有效地主持会议、面试他人或者被面试时恰当地展示自己的能力和潜力，这些技能可以通过短期的训练得以改进。例如，将MBA学生在课堂上报告案例的全过程录像，将录像放映给全班同学看，让当事人反省自己有哪些地方值得改进，并让班上的同学提出反馈。借助录像分析和反馈，学生能立即发现平时根本没有意识到的问题。例如，说话时频繁使用某些口头禅（如"那么""这个""然而"等），干扰了听众的注意力；演讲时一直看着幻灯片，与听众没有任何眼神交流；紧张导致拿着激光笔的手有些颤抖，而打到屏幕上光点颤抖得更明显，影响听众对于演讲者的印象；不善于把控演讲时间，在报告中超时，甚至规定的时间到了还没有开始报告核心观点……学生意识到这些问题后，进行充分的准备，加上不断练习，会大大提高演讲能力。从这个意义上说，"管理沟通"的教学对于学生若干技能的提升是大有裨益的。

拥有上述技能只是对职业经理人的起码要求，提升这些技能可以通过MBA学生入学后密集的"定向训练"，并使其养成特定的行为习惯来实现。不过，有些技能很难通过一门课程得到实质性的改善。还以演讲为例，即便学生通过行为反馈式的教学增加了对于已有问题的认识，之后不断地练习获得演讲技能的长进，但是，很难通过教学使得演讲富有感染力或者特别吸引人，因为这涉及个人的性格特征和文学修养等。个人的书面写作技巧也不可能在学习"管理沟通"课之后产生很大的变化。一则写作能力需要日积月累，并基于广泛阅读和勤于写作而逐步提高；二则管理学院的教学毕竟是针对组织环境下的沟通，所传授的写作技巧不可能像语言类课程那么专业和细致。

基于以上思考，我们的"管理沟通"教学不包括语言学导向的内容，而是加强行为学导向的内容。商学院的教学无法给予学生包治百病的灵丹妙药。面对各种商业场景和管理情境，不可能采用某个固定的解决方案。既然无法做到"授人以鱼"，那就"授人以渔"，即通过精心设计的教学资料和场景，启发学生积极思考，引导学生分析问题，并促进学生在课堂上相互启迪。教师引导学生剖析组织环境下人的行为规律，拓展学生分析问题的视角，启发他们找到解决问题的方法。

（二）管理学的知识体系

管理沟通，就是在管理情境下为了达到某个目标或者解决某个问题而进行的信息交流和人际互动。那么，管理沟通在管理学中处于什么位置呢？

传统管理学包括四大职能：计划（设定目标、决定达到目标的方法、找到达到目标的途径等）、组织（分解任务、分配工作、调配资源、协调工作等）、领导（提出愿景、激发员工努力、给予员工支持、激励员工应对变化等）和控制（监督业绩完成的状况、采取行动确保达到目标、根据目标完成情况给予奖惩等）。除了"领导"职能外，传统的管理不怎么看重人的问题，因此，古典管理思想家泰勒、法约尔和韦伯分别强调标准化、管理原则和科层结构在达成组织业绩中的作用。然而,随着霍桑实验及其结论的广泛传播,人际关系学说开始进入企业,大学开始设立相应的课程,1949年行为科学正式诞生。福特基金会成立了科学部,次年建立行为科学高级研究中心,1953年拨款委托哈佛大学、斯坦福大学等从事行为科学研究,洛克菲勒基金会、卡耐基基金会也资助行为科学研究。管理学家、社会学家和心理学家研究行为的特点、环境、过程以及原因,行为科学成为西方管理理论的一个重要流派。1956年美国出版了第一期《行为科学》杂志。理论研究促进企业管理者重视人的因素,强调人力资源的开发,改善企业的人际关系,促使组织的需要和成员的需要协调一致等。

人际关系运动推动管理者看待人的视角从"经济人"转向"社会人",人们开始注重员工的社会和群体技能,强调培养员工的归属感,企业更加注意通过参与式领导,并把企业中的正式组织和社会组织结合起来实现权力的平衡。这个潮流导致了组织管理不再仅仅关注物理环境或者组织的流程、制度和架构,而是注重人的特性以及人与人彼此形成的关系。受到这一潮流的影响,当代组织管理的主题包括:关注员工特性与工作的匹配,重新设计工作使之更加适合员工,不仅关注员工的外在报酬,更要关注内在报酬,提升员工的工作满意度和组织承诺,与员工沟通并听取他们的意见和建议,将绩效评估转变为绩效管理,为员工提供绩效反馈以便帮助他们成长,注重采取参与式的管理方式并对员工进行授权,以团队的方式工作以便让员工承担更多的责任等。近些年来,人们认为企业的利润和社会责任同等重要,企业还需要紧密融入生态体系,等等。相比传统的管理学,当代管理学体系中与人有关的内容大大增加。当今管理学教科书中的很多内容与组织行为学的内容是重叠的。

由于大量学者专注研究组织内部人的特性和行为对于个人、团队或者组织绩效的影响,组织行为学作为一门学科在20世纪60年代从行为科学中独立出来,如今成为所有商学院教学体系中的核心课程之一。组织行为学是研究个体、群体和结构对组织中的行为产生的影响,以便应用这些知识提高组织效能的一门科学,也是关于组织环境中的"人员管理"(people management)或者领导力的学科。图1表明,组织行为学囊括了所有与组织中的人有关的话题。

图1中的不同层级因素涉及组织中的个体和群体在内外环境不断变化中如何有效地完成任务、达到目标。所以,行为学导向的"管理沟通"课程其实与组织行为并没有实质的区别,只不过是在组织行为学基础上,更加深入地探讨组织当中的人以及人际关系和人际互动对于个人、团队甚至组织业绩的影响。

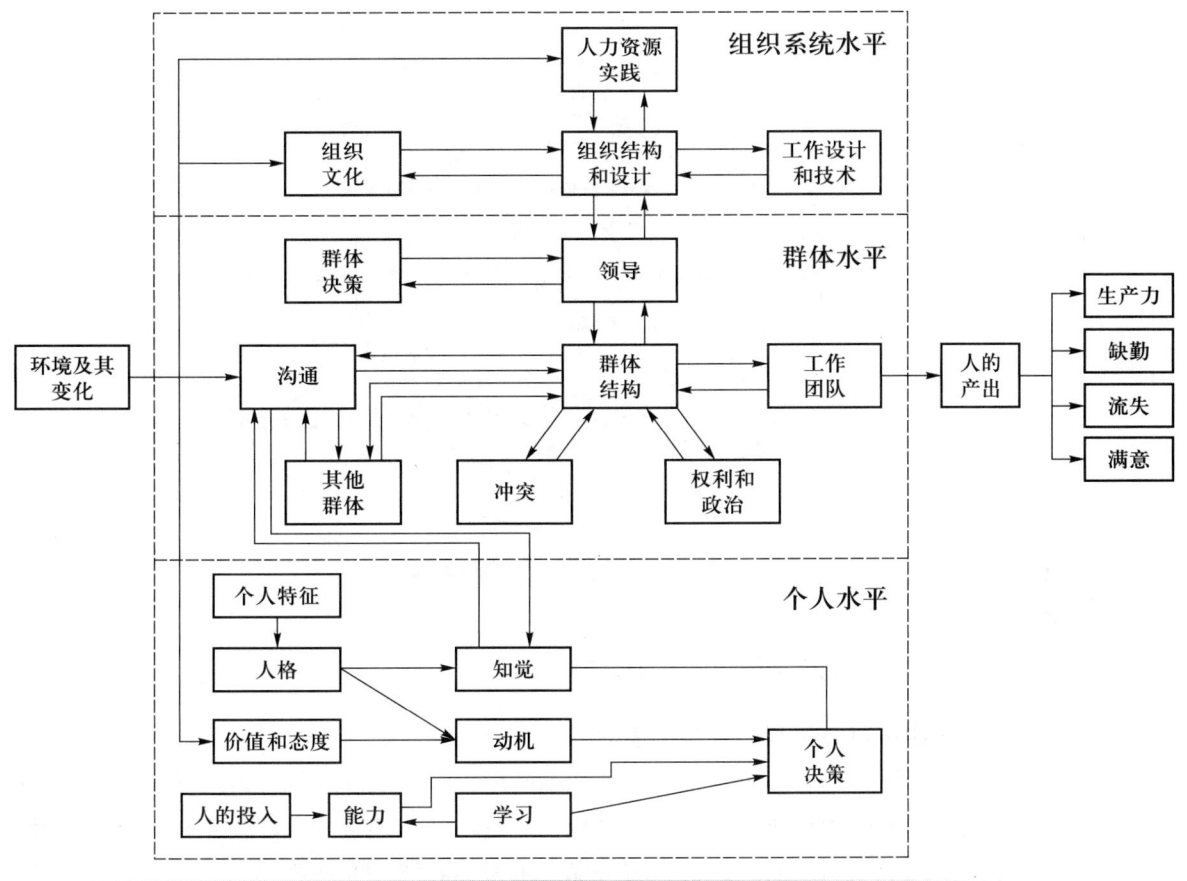

图 1　组织行为学的知识体系

　　众多因素会影响个人或组织的业绩。图 2 说明组织中个体行为至少受到三个层次因素的影响：社会层次、组织层次以及群体层次。在每个层次上都有多种因素，每个层面内部的因素之间以及不同层面的因素之间还会产生关联，进而影响个体的行为。如果忽视个体层面之上的高层次的因素对于因变量的影响，或者将这些因素当作干扰变量予以控制，所建立的理论就无法揭示组织心理的复杂机理。宏观的社会、文化、法制以及政治体制等因素会影响到企业，表现在对企业的领导行为、战略制定、激励机制、组织结构以及企业文化等组织因素产生影响。组织因素在很大程度上会影响企业内部的工作群体或者部门的特点，包括群体的目标、任务、过程和氛围等。进一步，群体特征可能直接影响其个体成员的工作态度和行为，也可能通过影响个体成员的价值观、能力和情感等去影响个人的工作结果。

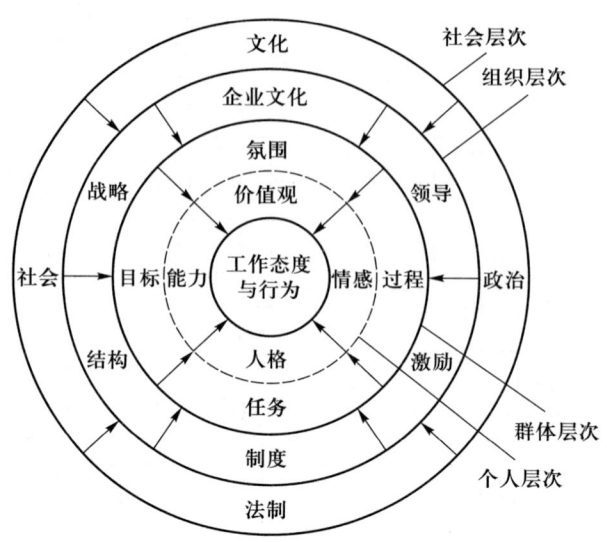

图2　组织行为的多层次模型[①]

二、组织行为学的特点与视角

（一）组织行为学与心理学的差异

组织行为学的诸多内容来自工业组织心理学,而工业组织心理学的研究范式和理论受到人格心理学和社会心理学的影响。无论在西方还是中国,不少心理学研究者所从事的工作似乎与组织行为研究者一样。不过,商学院的组织行为研究更注重对接现实问题,并揭示人的行为特征对于个人产出的影响。

组织行为学旨在探讨组织情境下个体或者群体的行为,而组织中的人们总要完成某些任务、达到某个目标,甚至需要遵循组织的制度等,这些因素都会影响人的行为。所以,组织行为学注重个体和群体所处的情境,将情境融合到理论构建中。因此,组织行为学与其母学科社会心理学有显著的不同。例如,虽然二者都开展群体方面的研究,组织行为学注重考察工作任务的影响。由于群体或者团队从事的任务设定了成员所必备的知识和技能,而且任务是成员活动的主要目标,组织行为学将工作任务作为目标、角色以及基于任务而发生的交流的源泉,放在显著的位置。例如,领导－成员交换关系通过个体的心理授权影响个体的业绩,但这个中介关系在互赖性高的团队中比在互赖性低的团队中更加明显。[②] 同样,团队成员感受到的领导氛围也通过团队的心理授权感影响到团队的业绩,这种中介关系只在互赖性高的团队样本中发现。相反,社

---

① 张志学.组织心理学研究的情境化及多层次理论.心理学报,2010(1):10–21.

② Chen G, Kirkman B L, Kanfer R, Allen D. A multivelvel study of leadership, empowerment, and performance in teams. Journal of Applied Psychology, 2007, 92 : 331–346.

会心理学更关注人际互动,成员所从事的任务仅仅被看作促进人际互动的一种载体,至多被看作一种背景因素。在现实生活中,群体往往是在从事某种任务的过程中形成的,组织行为学将任务考虑进来能够更准确地解释成员之间的互动过程和效果。

由于重视组织情境的作用,组织行为学与人格心理学的视角也有区别。很多社会情境不存在明确或强制的行为规范,身处其中的个体具有较高的自主性。然而,组织有明确的目标,而组织目标会分解到每个个体身上。为了促成个体达到目标,领导者或者管理者往往会采取特定的结构(如采用工作团队的方式)、激励措施,甚至借助组织文化去影响个体的行动。也就是说,组织对其成员具有明确的要求、规范或者隐性的期待,迫使成员调整自己的个性,做出符合组织要求的行为。所以,在组织这个强情境中,个体的人格特性对于行为的预测力就不像在一般社会情境中那么强。

(二) 个性与情境共同影响人的行为

鉴于组织情境对于成员具有约束作用,在思考个人特性对于人的影响时,"管理沟通"课程不像人格心理学那样强调人格特质的决定作用。社会上流行"性格决定命运"的说法,可是在组织环境中,个人往往无法随心所欲地表达个性,而是根据环境中的目标和他人的要求与期望调控自己的行为。在这种情况下,怎么能说个人的特性决定最终的工作行为呢? 更不能说性格决定命运了,因为个人意识到环境要求如此紧迫和重要,必须克服本性行事的冲动。

人的行为是由人格和所处情境交互决定的。这是理解组织情境下个人行为的重要视角。受此影响,人格心理学家提出"情境强度"这一概念来界定情境对于人格表达的制约程度。沃尔特·米歇尔(Walter Mischel)指出,当情境比较强的时候情境对于人的行为影响更大,而当情境比较弱的时候个人的人格对于其行为的影响更大。[①]在强情境下,人们对于情境做出相似的解释,对于情境中做出哪些行为才是合适的具有一致的看法或期待,也认为这种合适的行为反应可以获得适当的激励,并感到他们具有必要的技能来建构和执行这种行为反应。在弱情境中,人们享有更大的自主性,他们的人格在更大程度上影响了他们做出什么样的行为。例如,司机面对红灯或绿灯时,都知道该怎么做,交通灯的颜色这个强情境比驾驶者人格特征更能够预测驾驶者的行为。在主题统觉测验(thematic apperception tests)中,面对模糊的图片线索,个人的特性决定了个人最终讲出怎样的故事。那么,情境与人格对行为的交互作用如何体现呢? 对比驾驶者在面对红灯(强情境)和黄灯(弱情境)时会发现,不管具备什么性格特征的驾驶者,面对红灯时都知道遵守规则。但是,面对黄灯时,那些追求刺激或者支配性格的人很可能更愿意闯黄灯。

---

① Mischel W. The interaction of person and situation. In Magnusson D, Endler N S(eds.), Personality at the Crossroads: Current Issues in Interactional Psychology, Hillsdale, NJ: Lawrence Erlbaum, 1977 : 333 - 352.

延伸阅读

普通人向狱卒和囚犯的行为转变

《路西法效应:好人是如何变成恶魔的》一书所述的实验在心理学史上具有里程碑意义,让人们理解到社会情境相对于个人性格而对于人的行为所产生的压制性的影响。路西法本是上帝最宠爱的天使,却经历了善恶的大逆转,带领一群堕落的天使投身地狱成为大恶魔。

作者菲利普·津巴多(Philip Zimbardo)为斯坦福大学心理学系的荣退教授。作者自身在纽约贫民犹太区长大的经历,引发了他对人性,特别是人性黑暗面的好奇。作者将大部分的职业生涯投注在邪恶心理学的研究上,包括暴力、匿名、攻击、酷刑及恐怖主义。他主导的斯坦福监狱实验,尽管其伦理道德多为世人所诟病,但这个实验的影响力巨大。津巴多还应邀担任伊拉克阿布格莱布监狱美军虐囚案的专家证人。他从20世纪70年代就开始着手进行斯坦福监狱实验,到2004年见证美军虐囚案,在关于好人如何受到情境的影响变成恶魔的问题上,他是最有发言权的心理学家。

这篇横亘40载研究与思考的著作,反映了作者对于情境塑造个人的思考,展现了情境力量的全貌。斯坦福监狱实验曾被翻拍为电影《死亡实验》和《叛狱风云》。作者以近乎电影剧本的呈现方式,真实、详尽、系统地回顾了他本人开展的斯坦福监狱实验。作为实验参与者的大学生被随机分派成为囚犯和狱卒,实验计划进行14天,但是在第7天,因狱卒对囚犯造成了伤害而被迫终止。参与者真切地经历了从普通人到狱卒和囚犯的行为转变。作者详细地阐述并论证了监狱实验反映出来的现象,进而探讨在伊拉克阿布格莱布监狱中,美军狱警虐待与折磨囚犯的成因。

本书真实还原了从"好人"转变为"坏人"的心灵旅程,读者仿佛置身其中,常有身不由己的感觉,掩卷思考才理解情境对于人的重大影响。

(三) 组织情境下人的行为

企业之所以有一套完备的规则和程序,在很大程度上是要避免个人的缺欠给组织带来损失。因此,组织成员大多体会到个人偏好受到不同程度的限制。组织情境中的正式或非正式特征通过三种方式影响员工的行为:一是界定刺激;二是限制自由;三是提供奖惩。由于组织属于强情境,所以探讨组织中的个人特性对于理解个人的行为的作用十分有限。更进一步,组织中的规范、角色、他人的期待、人际关系、任务性质、工作的物理特性等,都构成影响员工行为的情境。组织中的情境强度表现为如下四个方面:一是清晰性,即有关工作责任或者要求的线索在多大程度上容易获得和易于理解;二是一致性,有关工作责任或者要求的线索在多大程度上彼此相融;三是约束性,个人的决策和行动的自由在多大程度上不受个人的控制;四是后果,决策和行动在多大程度上对于相关人或者主体产生重要的积极或消极后果。[1] 此外,个人的行为还会受到国家文化、组织氛围、企业特征等的影响。在集体主义文化中,人们做出何种行为往往需要遵照已知的社会规则和习俗,而个体主义文化背景下的人,更可能不考虑外部的约束。组织氛围代表着组织成员对于何种行为是恰当的认知。强组织氛围下,人们的认知是一致的,个人更不可能我行我素。此外,不同职业的人拥有的自由度也不一样。

　　个人在企业环境下,受到企业目标、规范以及制度的约束,其个人性格和特性对于行为的影响会减弱。但是,随着个人在企业中享有的自主权增加,其个人特性对于其行为甚至企业行为的预测力就展现出来了。例如,外向型人格会影响 CEO 的决策以及由此而产生的公司战略行为。[2] 外向的人格特质,意味着积极情感、决断行为、果断思考和渴望社会参与。外向型 CEO 更可能从事并购且并购规模更大。而且,外向型 CEO 在享受更大的裁决权时更可能按照自己的人格特质行动。例如,当同一产业内部有很多企业生产相似的产品时,对于所有企业而言,快速将产品推向市场是最关键的,在行业内,无论专家、顾问还是投资人都看到企业利润增长存在压力,企业也需要通过各种行动抵御来自对手的竞争压力。作为企业的 CEO,要获得新的发展机会并保持竞争力,往往会将并购作为战略工具。在这种强情境下,不管什么性格的 CEO,都会认为并购是企业保持竞争力的选项,因此需要遵循这种规范并做出并购的决定。相反,当企业的产业竞争性不太强的时候,来自竞争对手的威胁比较小,企业可以根据自己的规划和节奏发展,CEO 享有很大的自主性来决定如何实现企业增长。在这种弱情境下,CEO 个人的性格特点对于企业是否从事并购产生更大的影响。外向型的 CEO 由于其更强的抱负和获得社会关注的欲望,会从事更多的并购;不那么外向的 CEO 则更愿意保持稳定的节奏,不从事并购。所以,当产业竞争性比较弱的时候,CEO 的外向型人格更能够预测他们公司从事并购的可能性。

(四) 行为论与制度论的区别

　　与心理学截然不同的是制度论,传统的经济学、社会学等都强调制度体系的作用。在商学院的课程当中,除了组织行为、领导力、消费者行为、管理沟通等课程之外,大部分的经济学、金融学、战略学等课程都遵从制度论的逻辑。

　　举例而言,在战略或者组织管理中会遇到这个问题:"在企业的战略决策中,以

---

① Meyer R D, Dalal R S, Hermia R. A review and synthesis of situational strength in the organizational sciences. Journal of Management, 2010, 36 : 124-140.

② Malhotra S, Reus T H, Zhu P, Roelofsen E M. The acquisitive nature of extraverted CEOs. Administrative Science Quarterly, 2017, 63 : 370 - 408.

企业领导者为代表的决策者究竟扮演什么角色？"制度论者强调，环境变迁、可获得的资源、政府的管制、技术的升级等因素决定了企业的战略，决策者并不重要。然而，行为论者认为，即使承认环境的重要性，仍然无法忽视在企业制定战略决策中决策者的作用，企业领导者对企业的影响非常显著。高阶梯队理论认为，环境中各种现象的数量和复杂程度远远超出了决策者所能理解和处理信息的范围，决策者必然会对信息进行取舍，将注意力集中在有限的范围内，选择性地关注这些信息并进行解释，最终形成战略决策。[①] 决策者的个人特征正是影响其对信息进行过滤和解释的重要因素。所以，决策是环境与决策者共同作用的结果。在稳定环境中，关键战略因素之间的关系清晰明确、变化缓慢，大量的结构化问题可以通过程序、制度和流程来解决，决策者对决策的影响不大。在高度不确定性的环境中，组织面临的问题是非结构化的，各变量之间的因果关系不明，组织无法模仿或沿革以往的方法，需要根据决策者对环境的解释和判断来制定相应的战略。所以，决策者就会对企业的决策结果产生重要的影响。

例如，企业对于是否决定进入新的领域，取决于进入新领域所蕴含的机会和威胁孰大孰小。然而，不同的人对于机会和威胁做出不同的判断，而对于机会与威胁的判断需要人们对于复杂的信息进行收集、整理和分析，后者又涉及人的认知能力和是否愿意费心思去分析复杂的信息。在课堂上让 MBA 学生阅读某电视机制造企业的案例，让他们站在公司领导者的位置上，决定公司是否应当从事手机制造业。结果发现，决策者的认知复杂性和认知需要与他们对于企业内外环境的周密分析呈显著的正相关关系，并通过后者影响决策者对于环境中蕴含的机会和威胁的判断，最终影响是否进入手机制造行业的决策（见图 3）。[②] 所以，面临非常复杂的环境时，人的认知能力和努力是非常重要的。人在环境面前并非是被动的，忽视人的行动就不能完整而准确地了解企业的运营和效果。面对几乎相同的环境，不同的人对其感知不同，会做出不同的解读和判断，进而采取不同的行为策略，最终导致不同的后果。

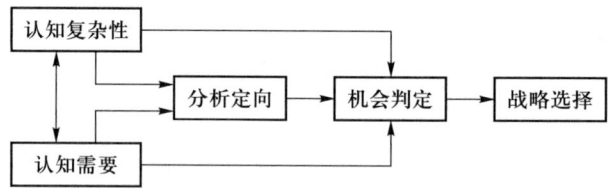

图 3　决策者的认知特性对于信息分析与战略决策的影响

① Hambrick D C, Mason P. Upper echelons: The organization as a reflection of its top managers. Academy of Management Review, 1984, 9 : 193-206.
② 张文慧，张志学，刘雪峰. 决策者的认知特征对决策过程及企业战略选择的影响. 心理学报, 2005(3): 373-381.

总之,人具有很大的能动性,可以通过自己的努力和行动改变环境。当然,个人在不同社会情境下发挥能动性的程度会因情境的强度而有所区别。一方面,多数组织对于其成员做出什么样的行为有明确的期待,在这种强情境下个人如何发挥自己的能动性和影响力,需要很高的能力和技巧。另一方面,个人能否识别组织情境的强弱,或者主动发现或创造弱情境,从而发挥自己的能动性,是影响个人生涯发展的关键因素之一。因此,管理沟通对于个人发展和事业的成功非常重要。

三、教与学的理念和方法

"管理沟通"这门课程集中讨论关于企业人员管理方面的各种问题,包括:如何提高对有效沟通要素的意识;个人在组织中如何与同级、上级、下属进行有效的沟通以便解决问题,从而达到个人、部门或者组织的目标;如何影响他人并获得别人的理解与支持等;如何有效地处理冲突;如何与不同文化背景的人展开商务沟通;等等。教师旨在通过多种形式的课堂研讨,让参与者体悟出组织中的人员管理和沟通的知识和理论,增进学生对自己、他人以及组织情境的认识,提高管理沟通技能。

在多年的教学实践中,我们希望通过"管理沟通"这门课解决商学院学生在学习中普遍存在的几个问题:

(1) 怎样解决商学院关于个人或团队行为意识与技能的教学"知行不一"的问题?

(2) 怎样才能使有一定工作经验的学生拓宽解读组织问题的视野,提高独立思考、解决问题的能力?

(3) 如何能够让学生积极参与到课堂教学中,将各自在工作中的多样化经验带入课堂,从而达到彼此启迪的效果?

(4) 如何能够让学生反思和总结自己的行为表现,从中总结出一些规律,并理解这些行为表现的影响因素?

(5) 怎样才能根据学生的需求去研讨相关的话题,避免教学内容的封闭性和排他性,保证教学能够触及学生在日常工作中所遇到的问题?

针对以上五个问题,我们在"管理沟通"的教学中采取参与式教学方法。该方法的核心是以学生或者参与者为中心,而非以教师为中心,教师不在课堂上宣讲自己经过精心准备的内容,或者将自己所专长的学科的理论知识作为教学的主线。为此,需要保持教学材料的开放和包容,并且聚焦在组织情境的具体问题上。课程教学综合了案例研讨、模拟与角色扮演、行为调查与反馈三种主要方式,让学生参与到课堂中来,通过激发他们的思考,将看似发散的课堂讨论总结提炼出若干主题,让学生自己找到解决问题的方法,强化学生勤于思考和乐于参与研讨的习惯。这里就上面五个问题的解决方案来阐述所采用的教学方法。

（1）解决"知行不一"的难题。案例教学旨在让学生分析商业中的案例，加强学生分析和思考问题的能力。然而在案例讨论中，学生往往将自己所学到的管理知识或者在实践中积累的经验带到案例的分析中，导致学生的视角和观点都差不多。案例讨论往往引发学生调动所积累的规范性知识，而没有将自己置于案例描述的情境中，去收集信息并做出决定。案例教学的这种特性对于"管理沟通"这类涉及行为的课程存在局限。为此，需要在案例讨论之外引入课堂模拟。通过精心创设的商业情境（如团队合作、商务谈判、跨文化交流等），让学生参与到具体的任务中，现场比较不同学生完成任务的效率和效果，分析学生在完成任务过程中的判断、决策和行动。这种教学方式既有助于学生认知和分析任务，也有助于学生制定达成任务的策略和采取的行动方案，更有可能达到"知行合一"。

（2）拓宽解读组织问题的视野，提高独立思考、解决问题的能力。在商学院的课堂上，学生往往急于解决具体问题，不怎么思考问题的原因和背景。即使草草分析出问题的原因，以后遇到相似问题时仍然立即采取行动，而无法站在更高的角度去理解问题。这种倾向导致学生无法从实践中总结出一般性的规律，遇到问题时，容易以试错的方式解决问题，效率不高，效果也不好。鉴于此，在课堂教学中适当引入基础学科的理论和方法，提升学生的理论素养。在"管理沟通"的教学中，以社会心理学的理论为基础，启发学生理解组织环境下人的行为原因。在课堂讨论中，适时引入某些理论和研究发现，与现实联系起来，有助于提升学生概括和分析问题的能力。

（3）在课堂上吸收学生多样化的经验，促进教学相长。商学院中诸如 MBA 和 EMBA 项目的学生，具有良好的素养和丰厚的阅历。通过案例和课堂模拟的研讨，学生将自己经历过的行业特性和遇到的典型情境介绍出来，既有效地启迪了其他同学，也促进了教师对于不同行业的了解，可谓"教学相长"。

（4）让学生反思和总结自己的行为表现。行为类的教学最有效的办法是让学生认识自己、分析自己。在"管理沟通"的教学中加入行为测量和情境反应，将学生的个人结果以及班级的平均结果反馈给学生，让他们认识自己的特性和行为风格。同时，将个人特性与其在特定环境下的反应联系起来，呈现和分析统计结果，提升学生对于个人或团队行为规律的认识。例如，通过记录大量的团队活动，编制出自主团队活动过程的量表，启迪学生开展有效的团队沟通。

（5）避免教学内容的封闭性，保证教学触及学生所关心的问题。在一般管理类的教学中，教师无论多么充分地准备教学，都无法保证能够触及学生最关心的问题。除了通过以上的参与式手段让学生在案例或模拟的平台上进行开放研讨之外，可以在每次教学中都安排开场案例。学生以小组的方式呈现一个具有代表性的真实案例，15分钟的报告之后学生发问，教师针对发问进行分析和回应，穿插合适的理论和实践。学生讨论身边发生的事情，保证了教学内容与学生经验的贴切和关联。

本书所采用的多元教学方法,最核心的理念是参与式教学(见表1)。教师的作用在于,启迪学生思考各种情境下沟通的必要性和复杂性,并且通过行为模拟和反馈,更快速和直观地了解不同沟通策略的效果。

表 1　多元的教学方法

手段	适用范围	教学理念	主要目标
演讲	知识和理论	突出重点	建立知识体系和认知图式
案例	呈现具体实践	问题解决的逻辑	掌握理论的具体应用
模拟	情境化行动	反思关键场景	跨越从知识到行动的障碍
反馈	可量化的现象	呈现行为证据	认识人的行为的普遍规律

参与式教学法有若干优势。首先,立足商科本质,完全以学生为中心设计教学内容。在课程的平台上,引发学生充分研讨、交流,既培养他们的分析能力,又引发出他们的经验以便相互启迪。其次,让理论为学生解决问题服务。商学院学生倾向于追求解决问题的方案,而忽视对于问题的分析和把握。为此,在引发学生研讨的同时,教师将已有的理论和研究结果在恰当时机展现出来,在他们困惑之时给予理论的指导和实证研究的支持,做到了理论联系实际。再次,综合运用案例教学、课堂模拟和行为调查与反馈几种手段,让学生在活动体验和任务解决中,理解完成任务所需要具备的条件和规律。最后,开发一套独特的教学材料。除了使用少量哈佛商学院授权的案例之外,我们也逐渐开发出了若干谈判、团队工作、冲突处理以及决策的案例,这些教学资料非常适用于行为教学。

四、总结

在组织中沟通,特别是有效沟通极其重要。沟通不仅仅满足人类最根本的需求,在组织和管理的情境下,更会影响到个人的工作业绩和职业发展。

管理沟通的内容大致上可以包括语言学导向和行为学导向两个方面。语言学导向的内容注重训练学生在商务情境下,以清晰的言语行为或者精准的语言传递所要表达的内容,以达到沟通目标。行为学导向的内容则注重分析人们在组织情境下通过沟通和交流达到某个目标、完成某个任务,或者为了解决具体问题。

传统的管理强调标准化、管理原则和科层结构在达成组织业绩中的作用,不看重人的问题。人际关系学说的盛行促进了企业管理者重视人的因素,强调人力资源的开发,改善企业的人际关系,促使组织的需要和成员的需要协调一致等。这使得当今管理学的很多内容与组织行为学的内容是重叠的。

本书倡导的行为学导向的"管理沟通"课程与组织行为甚至领导力的内容颇为相似，但会更加深入地探讨组织当中的人以及人际关系和人际互动对于个人、团队甚至组织业绩的影响。

由于组织情境对于成员具有约束作用，"管理沟通"课程强调个人会根据环境中的目标和他人的要求与期望调控自己的行为。人具有很大的能动性，可以通过自己的努力和行动改变环境。因此，沟通对于个人发展和事业的成功变得非常重要。

采取参与式教学方法可以有效解决商学院课程在教与学方面存在的问题，该方法的核心是以学生或者参与者而非以教师为中心。课程教学综合了案例研讨、模拟与角色扮演、行为调查与反馈三种主要方式，通过激发学生的思考，将看似发散的课堂讨论总结提炼出若干主题，让学生自己找到解决问题的方法，强化他们勤于思考和乐于参与研讨的习惯，并能够将这些习惯迁移到实际的管理和运营场景中。

本章思考题

■ 1. 在管理的理论和实践中，为什么出现了关注人的思潮？

■ 2. 在解释企业的发展时，行为论与制度论之间的主要差异是什么？

■ 3. 怎样看待"三岁看老"和"性格决定命运"这两句话？

■ 4. 个人的特性与组织情境如何影响人的行为？

■ 5. 回想两个你与他人的沟通事件，一件是成功的，另一件是不太成功的。总结成功和不成功的原因。在本课程的学习过程中，思考如何才能提升沟通的效果。

第一篇
沟通的基础

1

第一章 管理沟通概述

万科的捐款风波

2008年5月12日,四川省汶川县发生特大地震,严重破坏地区超过10万平方千米。其中,极重灾区共10个县(市),较重灾区共41个县(市),一般灾区共186个县(市)。

地震发生后,社会各界人士积极参与救灾。万科集团也于5月12日当天作出向灾区捐款人民币200万元的决定。随后万科捐款的行为遭到部分网友的炮轰。一些网友在博客上称,200万元捐款太少,与万科形象不相称。不少帖子列出捐款超过1000万元的企业名单,呼吁万科再多捐点,不然显得抠门。据悉,2007年万科销售额超过523亿元,净利超过48亿元,此次捐赠的善款不足其净利润的0.04%。

5月15日,王石写下《毕竟,生命是第一位的(答网友56)》的博客文章。他在文中写道:"我认为:万科捐出的200万元是合适的。这不仅是董事会授权的最大单项捐款数额,即使授权大过这个金额,我仍认为200万元是个适当的数额。"他还写道:"中国是个灾害频发的国家,赈灾慈善活动是个常态,企业的捐赠活动应该可持续,而不应成为负担。万科对集团内部慈善的募捐活动中,有条提示:每次募捐,普通员工的捐款以10元为限。其意就是不要让慈善成为负担。"一石激起千层浪,王石的表态给万科公司以及他本人带来更多铺天盖地的指责甚至谩骂。王石本人以及万科的品牌形象跌至谷底。除了网友,万科内部员工也表示对董事长的言论在情感上难以接受。一名员工表示,王石的言论已衍生出社会对万科公司乃至万科员工的质疑。"我真的去我们的捐款箱看了,没有100元以下的钞票。只有两张10元的,是因为一名员工掏光了钱包里所有的钱,捐了1 020元钱"。这次灾难不仅给万科带来前所未有的公关危机,也让万科员工成为受害者,背负起巨大的心理压力。

5月21日,万科公告宣布投入1亿元资金参与灾后重建,"该项工作为纯公益性质,不涉及任何商业性(包括微利项目)的开发"。同时,在四川绵竹市遵道镇考察的王石也公开表达了歉意。王石表示："我现在认为在当时这种情况下,我所说的那句话还是值得反思的。这段时间,我也为我这句话感到相当不安! 主要基于三方面原因:一是引起了全国网民的分心,伤害了网民的感情;二是造成了万科员工的心理压力;三是对万科的公司形象造成了一定的影响。在这里对广大网友表示歉意。"然而,网友对此似乎并不买账,甚至提出了更多的质疑——万科所说的"灾后重建"不过是在搞危机公关,玩弄文字游戏。

2018 年 1 月 23 日,王石回忆道:他人生的至暗时刻是 2008 年汶川地震后,自己关于捐款的言论引起的那场舆论风波。王石如是形容:"我成了历史罪人,原来在中国有影响力、有名望的企业家,曾经登上珠峰的人,突然被打翻在地,再被踏上一只脚。我追求的伟大的企业,是要在道德伦理上有制高点的,但现在你都攀登了珠峰了,你的道德制高点还没坟头高。"

【思考题】

- 1. 王石写博客文章的目的是什么? 结合他的个人经历,分析王石为何会这样做。
- 2. 为了达成这个目的,王石是如何沟通的?
- 3. 受众如何理解王石的目的?
- 4. 如果要达到原本的目的,你觉得王石应该怎么做?

万科救灾捐款,原本是一项非常积极的企业行为;王石的博文,原本是想对部分网友的质疑做出回应,引导树立可持续发展的慈善捐款理念;王石原本也是一名热衷公益、富有声望的企业家,然而最终效果却适得其反。在事件发生之初,面对公众的批评与质疑,王石没有与公众进行有效沟通,而是在博客上向网友辩解,从而使舆论愈加发酵;在国难当前、公众民族意识空前强烈的情况下,王石"冷静、理性"的发声有违公众的期望,从而引发诸多不满。万科的品牌形象也因此一落千丈。

从最初的 200 万元到之后的 1 亿元,万科花了 50 倍的代价试图扭转这场企业公关危机,王石本人也经历了人生最痛苦的至暗时刻。可见,有效沟通对个体和组织的影响有多重要。在组织内,个体大多数时间都在进行各种类型的沟通。沟通不良不仅会带来人际冲突,也会成为工作绩效的最大障碍之一。为了更好地理解沟通的奥义,实现更有效的沟通,本章首先介绍沟通的概念,包括沟通的内涵、要素和过程。

第一节　沟通的概念

沟通是人际交往中重要的组成部分,伴随着人们与外界进行交互的整个过程。一个不经意的眼神、一句简短的寒暄、一次慷慨激昂的讲话,都可以称为沟通。沟通是信息凭借一定的符号载体,在不同主体之间传递、交换和讨论的过程。如果符号没有从发送者传递到接收者,或者符号传递到接收者但没有被接收者理解,便不能称之为沟通。完美的沟通,是经过传递被接收者感知到的信息与发送者的信息完全一致。

一、沟通的内涵

沟通的信息包括事实、情感、价值观和意见观点等。事实是指事情的真实情况,包括事物、事件及事态;情感是个体对外界刺激所产生的心理反应,如喜、怒、哀、乐等;价值观则代表了人们最基本的信念,反映人们对于正确与错误、好与坏、重要与不重要等的看法和观念;意见观点指从一定的立场或角度出发,对事物或问题所持的判断和看法。信息发送者和接收者对信息的不同理解可能导致信息失真,从而导致误解的产生。

为何人们对信息的理解会产生差异?由于信息无法像有形物品一样进行实体传送,信息的发出与接收需要通过符号来完成。20 世纪初,语言学家索绪尔将符号解释为"能指"和"所指"的结合。[①]"能指"部分是指符号本身的形式,可以是语言、动作、文字、图表、色彩等,"所指"部分是指符号所表达的概念,即人们所想要表达的内核,可以是事实、情感、价值观和意见观点。由于符号"所指"部分的意义是通过人为赋予的,不同人对同一符号的"所指"意义的理解可能不同。

在同一社会文化背景下,人们对符号"所指"意义中"事实"与"判断"的理解是否会趋于一致呢?"事实"基于个人的观察,很容易被验证。而"判断"是人们根据观察所作出的推测。推测不一定符合事实,不同人也可能做出截然相反的推测。事实与判断,表面上看应该是很容易区分的,但是否真的如此?

🏅 **小思考**

下列信息哪些是事实,哪些是判断? 并请说明理由。
- 他每天上班都很准时。
- 他的工作业绩比其他人好得多。
- 北京人多、车多、交通拥挤。
- MBA 毕业生能够找到很好的工作。
- 他是位工作非常努力的员工。
- 他上月的销售业绩比平均水平高出了 15 个百分点。

人们倾向于过高估计自己沟通表达中所蕴含的"不言自明"的意思被他人感知

---

① 罗兰·巴尔特. 符号学原理. 北京:生活·读书·新知三联书店, 1999.

的程度,从而使信息沟通出现偏差。这一倾向也被称为沟通过程中的透明度错觉(illusion of transparency)。人们应注意正确处理沟通中的事实与判断。在与他人沟通开展工作时,要多使用具体的事实信息而非个人的价值判断。在听他人的汇报时,应注意听取其对事实的陈述而非个人的评价。当需要依据他人的信息做决策时,要评估其判断的准确性。必要时,尽可能从多方获取信息。在需要表明自己的判断以便他人了解自己的想法时,应注意换位思考,考虑对方能否准确理解自己的想法。

二、沟通的要素和过程

如图 1-1 所示,一个完整的沟通过程包括几个关键部分:发送者、编码、信息、渠道、解码、接收者、反馈和噪声。信息经过发送者(信息源)编码,通过渠道到达接收者。接收者进行解码并给予反馈。整个过程可能受到噪声(沟通的干扰)的影响。为了完成上述沟通过程,确保信息的正确传递,需要分析好这几个要素。

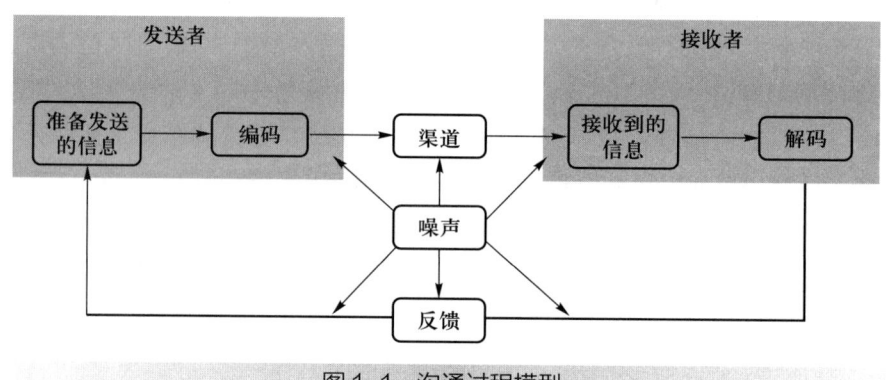

图 1-1 沟通过程模型

(一)信息的发送者

大多数沟通都是一个双向的过程。作为沟通的主体,信息的发送者和接收者两者的身份是会发生转化的。信息的发送者作为沟通的起始点,产生沟通的信息,主导沟通的目的;信息的接收者相对较为被动,处于被告知信息的地位。不管是信息的主动发送方还是被动接收方,都在沟通过程中起到了非常重要的作用。一个完整的沟通过程需要两者共同配合才可以完成。

(二)编码与解码

信息的编码和解码是人们利用各类符号进行信息交流的过程。

信息的编码是人们以文字、图表、声像、数据、色彩等符号对信息作出的系统的、形象的、逻辑的表述,将沟通主体脑海中的想法转换成可以传输的信号或符号来让接收者感知到。信息编码的清晰程度会直接影响解码的困难程度。越混乱的编码越不容易被准确解读。例如,一张玫瑰色图片的编码方式,就会比文字描述更容易让接收者理解"色彩"这一沟通中想要传达的信息。

信息的解码指的是信息的接收者将收到的信号进行翻译和初始信息的还原。与信息的编码过程类似，接收者在解码的过程中也会受到个体知识水平、过往经验、文化背景、社会规范等多种因素的影响，造成编码与解码之间的偏差，使符号无法获得准确的翻译。

（三）渠道

沟通的渠道即发送者将信息传递到接收者处所借助的媒介物。渠道的选择需要和信息性质相适应，以达到有效的结果。有效的沟通渠道不仅能使沟通信息快、准、全地传送给接收者，还可以做到广泛、及时、准确地收集从接收者反馈回来的信息，因而沟通渠道是提高沟通有效性的重要一环。常见的渠道包括口头、纸张、电话、邮件等。发送者可以通过自我沟通和换位思考来选择最有效的沟通渠道，从而实现自己的沟通目标。

（四）信息

信息是发送者将自身的想法经过编码后传递给接收者的一种物理产品，是沟通中的主要内容。信息的形式可以有很多种，话语、文字、面部表情等都可以成为传递的信息。如果说使得接收者正确解读信息是发送者进行沟通的主要目的，那么在信息的选择上需要考虑以下两个问题：首先，明确需要沟通的信息是什么；其次，明确如何组织信息才能引起接收者的注意和兴趣，才有更好的说服力。

（五）反馈

与单向传递不同，双向的沟通所处的情况更为复杂。任何一个沟通过程还需包括从信息接收者到发送者的反向传递的过程，传递的信息通常是接收者关于此次沟通过程的感想，这个信息反向传递的过程即反馈。作为沟通的最后一环，反馈往往是双方检验沟通有效性的重要指标。反馈可能是积极或消极、有意或无意的。无论是哪种形式，作为沟通的主动一方，发送者都需要着重观察或询问信息接收方对于信息内容的反馈，以确保信息的解读没有出现偏差。提前预测接收者的反馈，也可以帮助发送者及时调整信息的编码方式和渠道的选择。

（六）噪声

噪声是妨碍信息沟通的任何因素，指那些令沟通信息失真或缺失的障碍，存在于沟通过程的各个环节。信息发送者表达不清、渠道选择不合理、接收者的选择性知觉、文化差异、信息超载（information overload）等都是沟通过程中可能存在的噪声。沟通中应尽量减少噪声的存在，以提高沟通的有效性。

在掌握沟通几大要素的基础上，有针对性地提高人际沟通的有效性以建立和发展合意的人际关系，方法有很多。例如从沟通渠道的层面看，可以通过选择恰当的沟通方式来实现更高效的沟通，在工作中向上级传送电子邮件的方式通常会比口头沟通的方式更为高效，而在一些跨国交流的情况下电话或者视频会议的方式则会比书面沟通更直接高效。而从减少或避免噪声的层面看,可以通过学习与信息发送者相同的语言来减少语言障碍的影响,也可以通过设置自动过滤垃圾邮件的方式来减少信息超载的影响。另外,重视沟通反馈的及时获取也是提高沟通有效性的重要途径。

【案例 1-1】

沟通渠道建设,腾讯是怎么做的?

腾讯在发展过程中经历了两次标志性的组织架构调整,从职能式到业务系统式,再到事业群式,其内部协同协作方式在不断变化,沟通渠道也逐渐建立起来。如今腾讯已形成了"小前台 + 大中台"的组织结构,极大地促进了管理的扁平化。作为中国互联网行业的巨头之一,腾讯内部形成了平等、轻松的沟通环境,员工相互之间有非常好的团队合作的氛围,这得益于其多样化的沟通渠道建设。

如何建设有效的沟通渠道? 腾讯有以下四项举措。

1. "故事墙"和 5 分钟的站立式会议制度

腾讯员工在一面墙上将项目所涉及的每一个环节分别用不同颜色的纸片展示出来。每个纸片上的内容包括任务、时间、执行人等。"故事墙"的任务展示使项目信息实现透明化,帮助团队成员实现更加高效的团队协作。站立式会议制度则要求员工每天早晨花 5 分钟时间,与团队一起围着"故事墙"讨论项目进展,沟通彼此的信息和困惑,然后根据自己的任务情况去领取任务纸片,完成后将纸片移到别的任务栏。通过有趣的"故事墙"和 5 分钟的站立式会议制度,腾讯建立起了项目团队中各部门成员的高效沟通和信任机制。

2. 定期举行员工大会

每年年底举行的员工大会和新年晚会是腾讯年度最重要的盛会。除了现场、线上的腾讯员工,海外分公司的员工也通过双语字幕直播同步观看大会。在会上,向员工传递公司战略、业务布局与管理思路,并表彰年度先进团队和个人。这使得海内外员工均能在第一时间了解腾讯管理层的想法,了解公司的发展目标与政策调整的信息。

3. 搭建连接项目和人才的交流平台

腾讯通过定期盘点,明确公司需要重点发展和投入的战略级产品。在这些产品生产项目组的形成阶段,产品或项目的负责人会报名参加 Link Show,通过现场分享 + 全公司直播的方式,分享产品的发展理念和计划、团队氛围、对员工成长提供的帮助等,来吸引感兴趣的员工加入。员工在 Link Show 平台实现沟通,帮助重点项目从内部引进人才,也帮助员工了解公司的业务发展方向。

4. 倡导员工使用昵称,员工与高层领导直接沟通

腾讯员工之间以个性化的英文昵称代替直呼对方职务,上下级之间以一种非常平等的方式进行沟通。腾讯专门设立了"总办交流平台"和"总办午餐接待日"两个线上线下的渠

道,使公司高层与基层员工实现直接沟通,基层员工的声音能够直接反馈到公司高层。

资料来源:根据腾讯网相关内容整理。

沟通贯穿在管理的各个职能中,从计划、组织、协调到领导、控制、决策,每一个职能环节都离不开沟通。沟通的有效性成为评价管理者绩效的重要指标。从计划职能出发,管理者需要在制定计划前向员工收集问题以及相应解决问题的建议;在制定计划的过程中及计划初稿完成后,管理者可以通过讨论和征求意见,获得员工对计划的反馈,并据此进行修改完善;在计划推行时,管理者需要与员工不断地沟通,帮助员工理解和有效执行计划。在组织职能中,管理者通过沟通协调和利用各项资源,更好地完成组织工作。在领导职能中,管理者可以通过有效的管理沟通形成自身的人格魅力,从而增强对追随者的影响力。同样,在控制职能中,管理沟通也起着非常关键的作用。管理者通过对沟通信息的反馈,对计划和组织进行修正、调整,以保证达到预期目标。

随着互联网和信息技术不断发展,经济全球化的浪潮不断冲击而来,管理扁平化、企业平台化成为企业管理的新潮流,协调与合作代替管制与命令成为新兴的管理理念。这种包括组织内部各层次、各部门、各职能以及组织与外部之间全方位的协调与合作,使沟通不再只是管理职能的一种伴随活动,而逐渐成为管理的核心内容。与以往封闭的组织结构不同,扁平化组织通过业务流程再造,打破原有的金字塔状的组织结构,建立柔性管理体系,以实现企业内部上下左右的有效沟通,使企业具有较强的应变能力和灵活性。管理的计划职能不再是传统的上级制定计划,再通过大量的沟通活动落实到员工层面,而是在计划制定之前就请员工参与其中,从而使计划本身就是沟通管理的产物,也使组织活动更符合员工的需求。因此,打造有效的管理沟通渠道,就成为企业共同关注的问题。

第二节 管理沟通的概念

一、管理沟通的内涵

很多学者将管理沟通视为组织情境下由管理者实施的职务性沟通,即为了实现组织目标,管理者在履行管理职责、实现管理职能过程中进行的有计划的、规范性的职务沟通活动和过程。本书对管理沟通的定义超越了管理者和职务性沟通本身,着重于探讨在人际环境中,尤其是有共同目标的组织环境中,沟通主体为了达到沟通目标,将特定的信息、观点或态度传递给客体,以期获得预期反应的全过程。在这个过程中,管理沟通会受到个人特点、人际关系、团队氛围、组织特性,甚至社会文化的影响。例如,在组织环境中,影响人们沟通方式和效果的因素有哪些?人与人之间如何进行有效沟通?沟通如何影响个体和组织绩效?人们在沟通过程中的感受如何?其中,人和人之间的沟通既包括团队成员间的交流,也包括组织中各个层级之间的交流,还包括跨组织甚至跨文化的交流。

管理沟通理论萌芽于 20 世纪初科学管理理论的提出。在这一阶段,管理沟通研究主要关注直线组织中自上而下的沟通。[①] 基于"经济人"假设,这一阶段的研究认为组织中的沟通是以完全理性的方式进行的。弗雷德里克·泰勒(Frederick Taylor)通过研究职能工长制关注到下行沟通的重要性,并试图通过组织设计保证向下沟通的有效性。1905 年,马克斯·韦伯(Max Weber)指出组织中沟通不受情感影响,以完全理性的方式进行。1916 年,亨利·法约尔(Henry Fayol)在一般管理 14 条原则中提出了著名的"等级链和跳板"沟通原则,指出组织内部的沟通以等级链的方式进行,但有时为了提高效率会在同级之间通过"跳板"进行横向沟通。这一原则从组织结构角度分析了信息的传递与沟通,奠定了管理沟通理论的雏形。

20 世纪 20 年代起,由于行为科学的兴起,管理沟通理论获得了新的进展。在这一阶段,管理沟通研究主要关注横向沟通,同时提出了非正式沟通的概念。1924—1932 年,乔治·梅奥(George Mayo)通过霍桑实验创立了人际关系学说,指出人除了追求金钱收入以外还有实现自我价值的社会需要,并提出了非正式组织的概念,为管理沟通的理论研究奠定了基础。随后亚伯拉罕·马斯洛(Abraham Maslow)的需要层次理论、道格拉斯·麦格雷戈(Douglas McGregor)的 X-Y 理论等都表明满足组织成员社会需要和自我实现需要的重要性。1949 年,克劳德·申农(Claude Shannon)和维弗(W. Weavcr)为解决机器间互换信息提出了第一个较全面的六要素沟通模型,包括信源、编码器、信道、信宿、接收器和噪声源。1945—1963 年,赫尔伯特·西蒙(Herbert Simon)出版了《管理行为》等著作,强调了沟通在管理中的作用。西蒙指出信息联系是一个双向的过程,并提出了沟通的正式和非正式渠道。

20 世纪 80 年代以后,信息技术取得革命性的突破,推动管理沟通理论走向动态化和网络化。1988 年,彼得·德鲁克(Peter Drucker)在《新型组织的出现》一文中指出,由于信息技术的发展,企业将进入新的组织形态:由专家组成的信息型企业,沟通方式由纵向沟通转为横向沟通。在其《管理的前沿》一书中,德鲁克详细阐述,未来组织将以信息为基础,由各种各样的专家组成。这些专家主要在一线参与工作,根据来自同事、客户和上级的大量信息,自主决策、自我管理。管理层次大幅减少,组

---

① 崔佳颖. 管理沟通理论的历史演变与发展. 首都经济贸易大学学报, 2005, 7(5): 15–19.

织结构趋于扁平。在以信息为基础的组织中，信息流通自下而上，然后自上而下地循环。每个人、每个单位都要为组织沟通承担责任。

21世纪以来，随着人工智能技术不断发展，越来越多的人面临失业的风险。人工智能擅于学习、归纳、推理，但在应用个性化与创造性的场景中，人的存在变得更有价值。德勤公司基于牛津大学和O*Net系统的研究表明，虽然工作逐渐实现智能化，但是工作中"人的部分"变得更加重要。[①] 在组织场景中，管理沟通可以说是极富个性化与创造性的管理行为。人类日益增多的社交、情感需求与人工智能对此的无能为力，使管理者的沟通能力比以往任何时候都有价值。沟通的有效性也成为了评价管理者领导能力的重要指标。

管理沟通与社会心理学、组织行为学、人力资源管理的内涵区别见表1-1。

表1-1 "管理沟通"易混淆概念对比

概念名称	概念内涵	概念背景
社会心理学	研究个人的思想、情感和行为如何受到现实或者想象的他人存在的影响	实验心理学、民族心理学、认知心理学
组织行为学	偏重行为，强调回归人本与人性，不像工业与组织管理学偏重测量，比人力资源更动态	源于霍桑实验，开始关注人的因素对组织的影响，后从行为科学中（还包含人机工效学等）独立出来成为组织行为学，主要应用于商学院
人力资源管理	强调用程序化的方式管理和解决人的问题	微观人力资源管理源于工业与组织心理学，宏观人力资源管理源于劳动经济学
管理沟通	在人际环境，特别是有目的的组织环境中，人和人之间的交流及其对于结果的影响	组织行为学、社会心理学

由表1-1可知，几个相关概念都强调如何影响或管理人，但是各自的侧重却有不同。社会心理学强调每个人都是组织中的一员，受到组织场域的影响。组织行为学偏重行为，通过回归人本与人性来解释和观测人的行为。人力资源管理强调通过程序化的方式管理人。管理沟通概念源于社会心理学和组织行为学，是以组织目标为牵引、以参与者为对象、以组织设计为基础的人员管理，强调人与人之间信息的交流传递及其影响。

二、管理沟通的类型

沟通可以分为不同的类型。比如按照信息载体划分，可以分为言语沟通和非言语

---

① Knowles-Cutler A, Lewis H. Talent for survival: Essential skills for humans working in the machine age, Deloitte, 2016.

沟通;按照是否反馈划分,可分为单向沟通和双向沟通;按照功能划分,可分为工具式沟通和情感式沟通;按照沟通边界划分,可以分为组织内沟通和组织外沟通;按照组织内沟通途径划分,可分为正式沟通和非正式沟通。本章对正式沟通和非正式沟通做具体介绍。

(一) 正式沟通

正式沟通一般指依据组织明文规定的原则进行的沟通。比如组织内部的文件传达、会议召开、上下级或同级之间定期的信息交换等。

1. 按形态划分

根据形态,正式沟通可以分为五种具体的沟通形态,如图 1-2 所示。

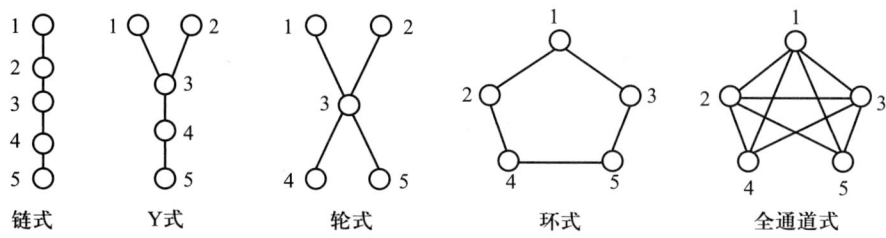

图 1-2　正式沟通的五种沟通形态

(1) 链式沟通。这是一个平行网络,其中居于两端的人只能与内侧的一个成员联系,居中的人则可分别与两人沟通信息。在一个组织系统中,它相当于一个纵向沟通网络,逐渐传递,信息可自上而下或自下而上进行传递。

(2) Y 式沟通。这是一个纵向沟通网络,其中只有一个成员位于沟通的中心,成为沟通的媒介。在组织中,这一网络大体相当于组织领导、秘书再到下级主管人员或一般成员之间的纵向关系。这种网络集中化程度高,解决问题速度快,组织中领导人员预测程度较高。

(3) 轮式沟通。属于控制型网络,其中只有一个成员是各种信息的汇集点与传递中心。在组织中,大体相当于一个主管领导直接管理几个部门的权威控制系统。此网络集中化程度高,解决问题的速度快。轮式网络是加强组织控制、争时间、抢速度的一个有效方法。如果组织接受紧急攻关任务,要求进行严密控制,则可采取这种网络。

(4) 环式沟通。此形态可以看成链式形态的一个封闭式控制结构,表示每个成员依次联络和沟通。其中,每个人都可同时与两侧的人沟通信息。

(5) 全通道式沟通。这是一个开放式的网络系统,其中每个成员之间都有一定的联系,彼此了解。此网络中组织的集中化程度及主管人员的预测程度均很低。五种沟通形态比较如表 1-2 所示。

表 1-2 五种沟通形态比较

评价标准	链式	Y 式	轮式	环式	全通道式
集中性	适中	较高	高	低	很低
速度	适中	快	快（简单任务） 慢（复杂任务）	慢	快
正确性	高	较高	较高	低	适中
领导能力	适中	高	高（简单任务） 低（复杂任务）	低	很低
全体成员满足	适中	较低	较低	高	很低

2. 按信息流动方向划分

根据信息流动方向，正式沟通可以分为上行沟通、下行沟通、横向沟通和越级沟通。

（1）上行沟通（upward communication）。上行沟通指下级主动作为信息发送者，上级作为信息接收者的沟通。其中，下级向上级的进言（voice）行为是上行沟通的重要表现形式。相关内容参见本书第五章。

（2）下行沟通（downward communication）。这是组织内最主要的沟通流向，是指上级作为信息的发送者与下级进行沟通。根据媒介不同，下行沟通包括：书面形式，如指南、声明、公告、报告、备忘录等；面谈形式，如口头指示、谈话、线下会议等；电子形式，如视频会议、电话会议、传真、邮箱等。

媒介的选择要视信息跨度，即信息涵盖的时间长度而定。信息跨度大于一年的长期类信息的传递，比如公司简介、公司中长期计划、公司政策等，可选择书面和会议形式进行沟通。而信息跨度小于一周的短期类信息的传递，比如每日工作布置、每日工作情况反馈等，由于具有较强的不可预测性且信息交换频繁，可选择上级与下级的一对一、面对面接触，对沟通技巧的要求较高。具体的下行沟通的类型以及媒介的对应关系可由表 1-3 表示。

表 1-3 下行沟通的类型和媒介的对应关系表

沟通类型	沟通技巧要求	媒介
第一类沟通：信息跨度大于一年	低	书面、会议
第二类沟通：信息跨度大于一周小于一年	中低	书面、会议
第三类沟通：信息跨度小于一周	高	口头、面谈

在上下级沟通关系中，由于领导者处于高阶地位，其沟通行为将会对双方的信息、情感、物质等交换质量产生较大的影响。组织中的领导者可以利用沟通提高下级的满

意度并在双方之间建立更加高质量的关系。采取支持型的沟通方式，为下级提供及时的反馈，与下级一起寻找问题的原因及改进措施；工作委派时，让下级明白任务目标并了解全局，沟通中充分体现出对下级的信任与关注，由此可激发下级的工作积极性和满意度。

 【案例1-2】

士兵是爱出来的

任正非在一次市场部年终大会上讲："古往今来，凡能打仗的部队，无一例外，都是长官爱惜士兵，不然就不会有'士为知己者死'……关爱员工，关心他的能力成长，工作协调的困难，同时，也可以适当地关怀他的生活。你对别人不好，别人凭什么为你卖力？当然，员工也要理解公司的难处。"

他更是以身作则，对员工充满了感情与爱。一位华为员工讲述了自己的经历："一次出差回来，在机场碰到了任总，我本想装着没看见，没想到任总认出了我，主动过来打招呼，还问我住在哪儿，看我没打到车，就先把我送回了家再离开。"

在员工遭遇不测或有危险时，任正非会在第一时间关心他们。1989年在北非，一名叫吕晓峰的员工遭遇了突尼斯的空难，幸运的是没有生命危险。任正非得知后，亲自赶到医院去看望他，并陪着他去买新衣服。1997年，华为有位员工在旅游途中不幸出车祸去世，任正非得知消息后不胜悲痛，泪如雨下。这位员工是华为市场部的一名普通的员工，但是任正非为这位逝去的员工写了一篇悼念文章。在文章中，任正非这样深情地写道："什么时候来公司的，已记不清了，我本人几年来也没有与她说过几句话、谈过一次心……我悔不该前几年不能挤十分钟与她多说几句话，也算送一送她……我们永远不要忘记她。她，是华为的功臣，是一位真正的英雄。"任正非的这一份对员工的情谊，让无数华为人动容，愿意死心塌地地为华为工作。

华为盛行"吃文化"，任正非认为请员工吃饭犒劳他们是非常有必要的。他自己经常请高层吃饭，也多次在正式和非正式的场合鼓励干部请下属吃饭："你要当好领导吗？那么，多请部下吃几盘炒粉吧，在轻松自由的氛围里，很轻易就做到了上下沟通，协同工作，部门的效率也就提高了。"

在任正非的带领下，华为各级干部用心对待下属，而这也成为干部任职是否合格的一个重要标准。正因如此，华为人组成的一个华为大家庭，才有那么强的凝聚力，并在世界大舞台上结伴前进。

资料来源：《华为管理法：任正非的企业管理心得》，作者：黄志伟；《以奋斗者为本：任正非引领华为的方法和故事》，作者：成正心。

【思考题】
- 1.案例里哪些方面体现了任正非与下属沟通时的技巧？
- 2.任正非为何要提倡"吃文化"？
- 3.任正非与员工互动的过程中,交换了什么？

（3）横向沟通（lateral communication）。横向沟通是指具有同等职权地位的人或者群体之间的沟通。组织内部信息共享的需求日益迫切,跨职能、跨部门的横向沟通也变得愈发重要。比如百度为了有效促进创新,设计了基于自我领导的项目小组的组织架构,建立起强有力的横向联系机制。此外,百度大厦也设置了南平台、休息室等区域,鼓励团队内外员工一起聊天,以此获取更多的信息和灵感。横向沟通有利于部门之间的知识传递,增强部门间的合作和创新意识,对实现组织的整体目标有重要的作用。

然而,跨部门沟通绝非易事,因为不同的部门对事情的认知经常会持有不同的看法。比如,评价一件产品是否成功,产品研发部可能看重这件产品是否满足了用户的需求,是否给客户带去好的体验;营销部可能关注这件产品有多少媒体曝光,是否能引爆话题等。由此可见,不同部门的看法之间存在差异,若不事先沟通清楚,很可能引发不必要的误会和摩擦。

（4）越级沟通（diagonal communication）。越级沟通是指组织内不同层级部门间或个人间的沟通,它时常发生在职能部门和直线部门之间。相对上行沟通和下行沟通而言,越级沟通的信息传递环节少,所以信息传播更为迅速,一定程度上避免了信息失真。不过,在一般的组织中,越级汇报不被提倡。一来越级沟通使组织现有架构无法充分发挥管理功能,导致无序和错误。二来越级沟通可能让直接领导认为自己无法服众,无法管理手下的员工,或者认为自身能力不足,无法解决部门内问题,从而导致下属越级上报。如此一来,下属和直接领导的矛盾将难以调解,会直接影响以后的工作关系。

 【案例 1-3】

饭统网:当企业遭遇越级

饭统网 CEO 臧力对于"越级"深有体会。"公司从创业开始发展到今天,我是一点点感受着越级在饭统网的'从无到有'。"在饭统网初创阶段,公司就二三十人,按照臧力的话说,点着脑袋就能管过来,而且,那个时候很多事情都是大家共同商量,一起完成。所以,越级的概念在当时根本不存在。

"毕竟公司小,层级不分明,扁平式的管理还是足够的。"但是,当饭统网从 50 人向 100

人发展时，臧力发现部门与部门之间的冲突经常发生，每天去单位臧力总有各种不同的"官司"需要处理。"那时，经常有员工直接越级来找我谈，有不满意自己主管的，有对其他部门不满意的，公司的中高层主管也会来找我抱怨，说我干涉太多。总之，当时情形就是很乱。"臧力每天都试图去管理，但问题越来越多，自己也根本管理不过来。

于是，他开始厘清各部门的职责与责任，在全公司大会上明确规定不准越级上报，同时自己也要做到不能越级管理。"防止越级的第一有效途径就是在公司制度与企业文化建设中明确提出管理条款，完善公司的管理制度，加强制度的执行力。不过这需要长时间培养。"臧力对此深有体会。

但臧力很清楚一点，就算有制度明确规定不允许越级沟通，想从根本上杜绝"越级"也几乎是不可能的，所以，在制度之外，还要通过有效引导与其他方式来解决民意传达的问题。"一般我会采用迂回的手段。"臧力坦言，"如果出现员工表示对某个主管不满，我会告诉他说我知道这件事了，但不会去给他承诺。"在臧力看来，公司的中层都是自己任命的，所谓用人不疑，不能因为员工的越级汇报就对中层产生怀疑，更不能马上就把那个人叫来对质，这样会伤害自己选拔的中层，也会激化员工与中层的关系。"一般只是两三次投诉，我都不会去管，如果投诉人多、次数多，我就会想想，从其他渠道去了解这件事情的真伪。如果是真的，我会采取一些相应的措施，比如说我会叫来那个主管，用聊天的方式，让他意识到自己出现了哪些问题，该怎么调整。"

有时，越级虽不可避免，但通过有效沟通却能使问题得到化解。现在，很多饭统网老员工不再找他汇报工作，但臧力却不想疏远他们，所以，哪怕只是抽烟的一点时间，臧力也会和员工聊上几句，过段时间就请员工们一起吃饭，和他们侃大山，问问工作状态。"这都是非工作中的交流，可以和员工相处得很好，时间长了，员工会慢慢明白公司的想法，自然不会越级沟通了。"如今在饭统网越级沟通的情况越来越少，对此，臧力很满意。同时，为了让员工的意见有上达的通道，臧力专门建立了透明的公共邮箱，对于好的意见与建议会提出表扬，对于存在的问题，也能在大家都"看得见"的情况下进行处理。

其实，对越级沟通采取"疏导"的方式在一些企业制度成熟的公司里已经成为习惯。在沃尔玛某店会议室的墙上贴着一张纸，上面有大区负责人的照片、手机号码及电子邮箱等。员工通过这些方式可以随时找到大区负责人，向其提意见及建议。而负责人必须回复员工短信，就电子邮件中的问题去调查，简单的问题三天就需要回馈，复杂的也不能拖过一个星期解决。如果员工与管理者之间的沟通渠道是畅通的，有效信息也能在第一时间得到有效传达，那么因为越级带来的冲突势必就会减少。

资料来源：《饭统网：当企业遭遇越级》，作者：孟岩峰。有改动。

【思考题】

● 1. 越级沟通给企业带来了哪些问题？

● 2. 你是否有越级沟通的经历？请讨论。

● 3. 作为下属，是否要进行越级沟通？如果有必要，应如何进行？作为上级，如何处理下属的越级沟通？

在组织中，中层管理者是较特殊的一个存在。他们在组织层级中的位置具有三个特点：①处于"夹心层"（上有上级，下有下级，左右有同级）；②纵向可能包括几个层级的管理人员，有的更靠近高层，有的则更靠近底层；③横向涉及各个部门或团队的管理人员，他们的具体工作内容有所差异。[①] 这样的位置特点决定了中层管理者在工作时必须进行多种类型的沟通，在一定程度上说明了管理沟通对中层管理者的重要性，也说明了这个职位的挑战性和复杂性。所以，中层管理者需要具备以下能力：

（1）应对权责不对等。中层管理者要对所在部门或团队的工作负全责，但组织赋予他们的资源调配权力却是有限的。他们常常需要其他部门或团队的合作，而且在这种时候，上级并不总是能给予他们指导和支持。所以他们在完成自己工作的同时还需要考虑到与同级的长期合作和协作，并需要处理好与上级的关系，为必要时获得上级支持建立基础。

（2）满足并平衡多方期望。中层管理者同时具有三重身份：下属、上级和其他部门的合作者。因此，他们的职责与受到的期望也具有多重性。作为下属，中层管理者需要执行高层的决策；作为上级，他们也需要在工作中指导和帮助下属；作为其他部门的合作者，他们又需要在执行任务时协助合作者，以换取对方协助自己的工作。此外，他们要实现组织稳定和决策执行之间的平衡，则需在上下级和跨部门之间斡旋，避免相关方观点或利益上的矛盾激化，必要时甚至要充当领导的"挡箭牌"和下属的"遮雨伞"。

（3）连接组织上下层。中层管理者在信息流动和任务执行上发挥着组织高层和底层之间承上启下的桥梁作用。由上及下，中层通过专业实施方案将高层的战略决策细化为实操性的任务，合理分配给下属实施，同时监控和指导下属的任务执行过程；由下及上，中层又需要按照高层期望的方式，将下属的实施结果和其间产生的对组织有价值的信息汇报给高层。作为上下层的"桥梁"，他们必须同时具备精通所在部门或团队工作的能力及富有战略性、远见性的思维。

（二）非正式沟通

非正式沟通指正式沟通以外的信息传递和交流。与正式沟通不同，它的沟通对象、时间及内容等各方面，都是未经计划和难以辨别的。非正式沟通因为组织成员的情感

---

① 韩玉兰. 中国情境下的意义建构：中层管理者的管理觉知及其影响. 北京大学学位论文博士, 2010.

和动机上的需要而形成,其沟通途径是组织内的各种社会关系。这种社会关系经常超越了部门、单位以及层级,与组织内部明确的规章制度无关。在组织管理活动中,非正式沟通作为正式沟通的一种必要的补充,若能较好地加以利用和控制,可以发挥重要的积极作用。

(1)非正式沟通的消息传递具有及时性。一般正式沟通的层层下达或层层上报的模式容易产生时间滞后。而非正式沟通的信息通道是全方位发散的,信息传播载体是多样化的,信息传播的主体是具有高主动性和积极性的,所以信息的传递更迅速,可以加快组织运作效率。

(2)由于非正式沟通往往是在非正规、非严肃的场合下进行的,管理者与下属的交流不是建立在上下级关系的基础之上,而是建立在朋友式的平等对话的基础之上,有利于融洽组织气氛。同样,非正式沟通可以满足成员情感方面的需要,在非正式场合下的自由感情交流能够更轻松地流露心中的真实情绪,以此密切成员间人际关系,进而促使组织在轻松而有效的氛围下完成工作任务。

(3)非正式沟通可以帮助管理者了解到组织成员的真实想法。在正式沟通中,人们常常会被各种因素约束。为了追求收益或者避免不必要的麻烦,人们往往会选择隐匿自己的真实观点。在非正式沟通中,上下级地位差异弱化,员工对上级进言的顾虑减少,会有更强的参与欲望,坦陈自己的意愿或看法。

 【案例1-4】

与职工沟通联络的最古老而又最好的方法

在审查某企业的沟通联络状况的过程中,顾问斯科特·迈耶斯建议总经理同员工们一起在走廊的咖啡供应柜旁喝咖啡聊天。总经理先是拒绝了这一做法,因为公司的高级经理人员一贯都是在办公室里喝专人送去的咖啡,后来勉强同意尝试一下这种激进的设想。

第一次尝试失败了。总经理不但不会使用咖啡机,而且不知道在休息时喝咖啡是免费的。员工们自顾自三五成群地小声交谈,没有人主动与他交换意见。迈耶斯认为总经理不该穿西服这样正式的服装,而且员工们还不习惯在他们活动的区域见到他。

渐渐地,总经理可以与员工们谈论公司内各种各样的问题,而员工们也能与他畅所欲言。总经理惊奇地发现,自己过去对公司内的实际情况是多么不了解,员工们许多极好的想法又是多么可惜地未能为管理者所知而未被采纳。于是总经理决定在全公司范围内推广这样的咖啡聚会,要求公司的高层经理人员在员工休息时间,与员工们一起喝咖啡。

资料来源:《哈佛商业评论——与职工沟通联络的最古老而又最好的方法》,作者:罗杰·达普利克斯。

然而,由于非正式沟通的信息传播途径通常不固定,具有很大的随机性和不稳定性,这些信息很容易失真,造成消极影响。

(1) 使事实受到歪曲,甚至谣言四起。研究表明,在情境模糊性较高、威胁性较大或变化性较大时,成员会产生更强的焦虑感,容易产生和传播谣言。[①] 比如风险较高的市场环境、组织进行变革或重组等情况常常是谣言滋生的土壤。由于信息失真,成员可能对某些政策存在误解,在执行过程中不予以配合,不利于组织目标、工作计划的贯彻和实施。

(2) 妨碍正式权力的效力及其行使,影响了权力机关的权威和形象。比如对工作保密制度守得不严,提前透露组织没有发布的消息,将工作设想当作具体工作进行部署。这些不良的现象和行为,对正式的规章制度、组织纪律的执行,必然会产生一定的破坏作用。

 【案例1-5】

战略方案制定引起的风波

天讯公司是一家生产电子类产品的高科技民营企业。近几年,公司发展迅猛。然而,最近在公司出现了一些传闻。公司总经理邓强为了提高企业的竞争力,在以人为本、创新变革的战略思想指导下,制定了两个战略方案:一是引人换血计划,年底从企业外部引进一批高素质的专业人才和管理人才,给公司输入新鲜血液;二是内部人员大洗牌计划,年底通过绩效考核调整现有人员配置,内部选拔人才。

邓强向秘书小杨谈了自己的想法,让他行文并打印。

中午在公司附近的餐厅吃饭时,小杨碰到了副总经理张建波。小杨对他低声说道:"最新消息,公司内部人员将有一次大的变动,老员工可能要下岗,我们要有所准备啊。"

这些话恰好又被财务处的会计小刘听到了。他又立即把这个消息告诉他的主管老王。老王听后,愤愤说道:"我真不敢相信公司会做这样的事情,换新人,辞旧人。"

这个消息传来传去,两天后又传回邓强的耳朵里。

公司上上下下员工都处于十分紧张的状态,唯恐自己被裁,根本无心工作,有的甚至还写了匿名信和恐吓信对这样的裁员决策表示极大的不满。

资料来源:《管理学案例精析》,作者:余敬、刁凤琴。有改动。

① Lee M. Sticks and stones: Decision making by rumour. Society and Business Review, 2009, 4(2):123-132.

【思考题】
- 1. 小道消息是如何在组织内部迅速传播的？
- 2. 假如你是邓强，将如何处理现在的情况？

非正式沟通具有明显的两面性，如何对其进行控制是管理者必须考虑的问题。

（1）用其利。管理者可以有意识地创造非正式沟通的机会而使上下级之间或同级之间在轻松愉悦的氛围中增进彼此的了解，增强团队凝聚力。也可以利用非正式沟通收集员工对某项决策的真实想法，为最终决策的改进提供参考。这种方式使员工在无形中参与了决策，提高了普通员工的参与度，使决策更容易被大部分人接受。除此以外，非正式沟通构成一个社会网络，管理者可以去发现在非正式沟通网络中谁处于关键节点的位置，将信息投放到这些位置上，从而发挥非正式沟通信息传播"及时性"的优点。

（2）去其弊。管理者首先应建立畅通的正式沟通的渠道。当组织内部员工对任何情况存疑的时候，可以通过公开的渠道获得真实的信息，而不会以讹传讹。比如，很多公司会倡导 open door 政策，管理者办公室的门都是敞开的，员工在任何时候都可以进去与管理者交流。其次，要及时遏制谣言的传播。控制谣言首先要弄清谣言的起因，比如是否有组织成员不知道或误解组织的某些信息，或组织成员有不安全感或抵触情绪等。接着管理者要及时澄清并安抚组织成员的情绪。对于其中严重失真而且有损组织利益的信息，要利用事实材料证据进行有力驳斥，正确引导组织内外部的舆论导向，避免信息失控带来的更严重影响。

第三节　管理沟通的重要性

全球化、信息化、知识化进程不断加快，企业需要接触和处理多于以往数倍的外部信息，对外部各方面的反应能力的要求也更高。随着组织规模的扩大，组织内部的治理也愈发复杂。为了更好地应对复杂的内外部环境，管理沟通的必要性日益显现。正如杰克·韦尔奇所说："21 世纪将是一个新的经济时代，这时企业间的竞争将会是企业管理的竞争，竞争的焦点将会是企业内部组织成员同外部组织之间的有效沟通，企业管理的秘诀就在于有效的沟通、沟通、再沟通。"管理沟通的必要性主要体现在以下几个方面。

一、日常管理的需要

在企业内部，管理沟通有四种基本功能。

第一，提供知识和信息，有助于人们作出正确决策。赫尔伯特·西蒙的决策模型认为，由于情境的不确定性以及人们处理信息能力的有限性，人们不可能获得"最优"的决策方案,只能获得"满意"的方案。西蒙认为,任何一个组织的实质都是"一个人类群体当中的信息沟通与相互关系的复杂模式"[1]。他的"有限理论模型"强调了信息的价值,指导人们集中精力寻找有效信息,并不断改进信息分析的技术以尽可能实现信息利用的最大化。所以,组织应该保证信息沟通渠道的畅通,为决策提供准确而全面的信息依据,在一定程度上保证决策的合理性。

第二,激励员工。员工激励一直是组织行为领域的一大研究内容。较有影响力的激励理论包括需要层次理论、目标设置理论、强化理论等。马斯洛的需要层次理论表明,随着人们生活水平和文化素质日益提高,仅仅依靠薪水、奖金等物质奖励已无法满足员工日益增长的精神需求。沟通能够帮助领导者及下属建立良好的人际关系和组织氛围,从而满足员工对于成就感、归属感等多方面的需求,使员工更愿意为组织目标而努力。而目标设置理论和强化理论则是通过明确地给员工设置目标,对工作表现给予反馈,对理想的行为进行奖励,对不妥的行为进行惩罚,来激发员工的动力。这些行为都需要上下级的有效沟通才能实现。

第三,控制与协调。企业可通过正式和非正式的沟通手段控制员工的行为,保证大家朝一个方向努力,最终帮助组织目标的实现。比如员工被要求遵守组织中的权力等级和正式指导原则,按照规范做事。再如非正式沟通的传播效应一定程度上让员工更加注意自己在群体中的一举一动,尽量和大部分人保持一致。

第四,表达意见、态度和情感。研究表明,与同事、上司、下属缺乏良好的人际关系是工作压力的主要来源,而这些压力源与组织内部的沟通密不可分。通过良好的沟通,员工可以向其他成员表达自己的情感、释放自己的情绪,使对方理解自己的感受,建立信任,缓和矛盾和冲突,创造和谐的工作环境。

二、管理变革的需要

我国经济发展正进入结构调整、转型升级的攻坚期。全球化市场、商贸国际化竞争、企业数字化管理、顾客个性化消费已成为经济发展大趋势。新经济的出现加剧了社会发展变迁的进程,革新了人类生活行为的方式,也重塑着现代管理的理念、组织结构和运行模式。

新经济指以知识和信息为主导的经济形态,建立在知识和信息的生产、分配和使用基础之上。相对于传统的农业经济和工业经济而言,在新经济时代,企业发展的关键资源由有形资产转变为无形资产,而知识和信息能够创造远远高于土地和资本产生效能的价值和驱动力。因此,新经济下管理变革的要义是"人性化管理"。这要求企业重视对人的非理性情感的管理,鼓励知识和信息的分享与沟通,将其与企业理性的发

---

[1] 赫尔伯特·西蒙. 管理行为:管理组织决策过程的研究. 北京:北京经济学院出版社,1991.

展目标相融合。

有效且充分的沟通能够激活非理性情感并激发工作积极性。新时代管理沟通需要管理者能够基于数字技术广泛地传播和分享信息,营造平等的沟通和学习氛围,以促进员工和公众对管理变革的理解和认同,激发员工忠诚和持久的支持行为,促进企业发展。

三、全球化进程中的需要

在国际化市场中,几乎没有企业可以避开跨文化沟通的问题。在跨国企业工作的人们经常会发现,自己受到了不同的个人习惯、风俗、语言、价值观等文化差异的困扰。管理者如何对不同背景的人进行有效管理和激励是一大挑战。很多全球性的合作之所以会失败,一大原因是双方或某一方没能够正确处理文化差异。要么忽视差异的存在,认为对方和自己相似;要么对与自身不同的文化表现出偏见和轻视。不当的跨文化沟通方式导致在谈判的过程中出现错误的表述和解读,最终使谈判破裂或者达不到企业预期的谈判结果,甚至会影响以后的其他合作,给企业带来损失。

例如,日本人认为一直看着对方的眼睛进行谈话是一种失礼的行为,因此一般不正视别人的眼睛。相反,英美有句格言:"不要相信不敢直视你的人。"他们认为谈话时应保持适当的眼神接触,不正视对方被认为是不友好、内疚、害怕、不可信。在信息不对称、缺乏有效跨文化沟通的条件下,日本人同美国人谈生意的结果可想而知。日本人认为美国人咄咄逼人、没有礼貌,而美国人则认为日本人没有诚意、不可靠、另有所图。如果双方事先进行了有效的跨文化沟通,相互理解,则可避免由于文化差异而造成的合作失败、利益受损。

综上所述,不论从企业内部管理、组织变革还是国际化发展来看,管理沟通都存在重要的意义。管理沟通是现代管理者的一门必修课,有助于管理者更从容地应对接踵而来的挑战。

 **本章综合案例**

李杰的遭遇

李杰是北京某小型民营公司的程序员,35岁。李杰在这家公司已工作了4年,虽然他没有像周围多数同事那样拥有硕士文凭,但是他在公司里是一个受人尊敬的技术专家,工资也很高。

李杰萌发了将自己公司生产的一种设备应用到医学领域的念头,当时他的岳母生病已住院近6个月。在她住院期间,李杰和他的妻子每周要去医院看她两三次。起初他不过是和医生、护士们随意谈谈,后来才开始认真考虑能否以一种低于当时其他方法的代价将新兴技术应用于医学以满足所需。

受这些谈话的启发,李杰便向他的直接上司和上司的上司提出请求,希望召开一次会议,汇报一件重要事情。在会上,李杰报告了最近他在医院遇上的那些事,并给大家看他草拟的关于一种新型医疗设备的生产计划书。这种设备实际上就是将公司当时一种并非用于医疗用途的产品做一番巧妙的改进。李杰的报告给他的上司们留下了深刻印象,他们很欣赏这个点子,也喜欢李杰对工作的那份热情。一周后他们同意让李杰在其后的两个月里腾出一半的工作时间和工程部、营销部、生产部的相关人员合作研制出一个产品样品来,并对它的经济生存能力做个财务预测。

李杰带着多年未曾有过的兴奋之情投入工作。最初一切进行得异常顺利,他还使另一些对这个新产品感兴趣的人加盟进来。最初的市场调查也表明该产品的市场盈利相当可观,因为没有哪个产品可与之媲美。但在这之后不久,李杰开始遇上问题。起初只是些小问题,但令他十分恼火并耗去不少时间。比如他打了个申请款项报告,申请支给他 500 元,用以支付他在大学里物色的一个大学一年级的学生的劳务费,该学生花了 6 小时帮他完成了一件金属加工活。财务部驳回了他的报告,说是"按公司规定,这类报告必须事先征得公司部门级以上主管人员的同意"。李杰和财务部的人吵了半天架也没有用,最后他不得不请求他的上司出面,为此他的上司有点不高兴。

研究计划开始一个月后问题变得严重起来。一个星期二的下午,工程部一个经理打电话给李杰,说参加他的研究计划的工程部的那位工程师在这项研究上"花的时间太多了",那位经理告诉李杰他们还有"其他需要优先考虑的事,并且时间很紧,我很抱歉,但我实在不能再让他继续在你那儿干了"。工程部后来另派了一个资历很浅的工程师,但是一周也只能在他这儿干 5 个小时。李杰抱怨说换人破坏了工作的连贯性,新人缺乏经验不说,每周工作的时间又那么短,这种做法将严重影响研究进程。工程部经理说他很抱歉,但他对此爱莫能助。李杰马上又去向他的上司诉苦,这次他的上司也批评他在研究上花的时间太多,忽略了其他职责。李杰心里的烦乱可想而知。

第二天情况更糟糕。上午 10 点半左右李杰接到一个电话,通知他生产部门那个负责新产品成本预算的人现在正在西安处理一个工厂发生的一次小危机,什么时候能返回还不清楚。李杰又想找上司求援,但马上意识到那不见得是上策。三天后发生了另一件事,而且是最具灾难性的事件。那天下午四点钟,李杰的上司通知他营销部的人根据最新资料,对他正在研发的产品的市场前景重新做了一番分析,新的预测结果认为,市场规模只有原来预测的 1/5。根据这个新消息,李杰的上司告诉他,他们不准备再在这项研究上浪费时间了,还有更重要的事要优先考虑。李杰气极了。他在这项研究上投入了那么多时间和精力,从理智上讲他相信这种产品的重要性,从感情上讲他也丢不下它了。他想,公司怎么会这么愚蠢呢? 我真的愿意在这么一个愚蠢的公司里工作吗？

下午 4 点 45 分,李杰辞职回家了。第二天他的上司给他打了几次电话他都不接,过了整整一个星期他的愤怒才平息。又过了 6 个星期,他找了一份新工作。

【思考题】
- 1.你认为李杰应当辞职吗?
- 2.李杰是如何进行上行沟通的?
- 3.李杰的项目可以成功吗? 怎样才可能成功?

本章思考题

- 1.阐述沟通的定义和过程。
- 2.阐述管理沟通的定义和分类。
- 3.领导者应该如何更好地与下属进行沟通?
- 4.中层管理者面临哪些沟通困境? 如何提升中层管理者沟通能力?
- 5.试分析非正式沟通的利与弊。
- 6.管理者应该如何处理组织中的小道消息?

第二章　认识自我与他人

 引例

张一鸣的自我认知

2010年的张一鸣,还是一名普通的创业者。尽管没什么人跟他互动,但他挺爱发微博的。这一年他对自己的审视很多,基本上可以看到他的三观雏形。

27岁的张一鸣说:"我快30岁了,这几年又开始重新补习本应在青少年时间学习的东西:如何阅读、如何了解自己、如何与人沟通、如何安排时间、如何正确地看待别人意见、如何激励自己、如何写作、如何坚持锻炼身体、如何耐心。"

关键词:延迟满足感

现在大家只要一提到张一鸣,就会想到他的名言:延迟满足感。确实,这个理念跟他所提供的产品服务有一定的违背。这里面的缘由是什么? 除了在和记者的对话中,他正面回应过价值观的问题,还没有更多信息。相信未来,他还会有更丰富的阐述。在微博上,张一鸣2010年第一次提到延迟满足感。

9月,他在微博上写下:"延迟满足感和坚决告别惰性是'优秀'最重要的两块基石。"他觉得自己是有惰性的,因而经常反思自己。英文还不错的张一鸣11月开始咂摸一句话:sacrifice what we want now for what we want eventually,显而易见,他选择 what we want eventually。12月,他甚至还提炼了如何做到延迟满足感的经验:"涵容情绪,让自己静止,不要在沟通交流的时候走动、晃动,情绪跳动,思维失去精确控制。"

关键词:坦率、坦诚

有这么一个故事:一位西方沟通培训师20世纪初在中国香港开了一个班,教人如何沟通。其中有一个大爷非常痛苦,他有一个儿子已经成家了,都有孙子了,但是不认他,为啥呢? 因为他年轻的时候吸食鸦片,伤害了家人,儿子就跟他断绝了父子关系。后来这位大爷戒掉了鸦片,希望有一天能跟儿子重归于好,但是他作为父亲不好主动开口。

大爷说完这个事之后,这位西方培训老师表示很不解:是你自己的问题,为什么不能开口说这个事儿呢？但是其他学生都表示特别理解这位大爷。长辈怎么好主动请求晚辈的原谅呢？这种无法坦诚沟通的风格，分布在社会的各个角落，在现在的很多互联网公司也是如此——重视形式，而不重视实际。

7月，张一鸣转发了一条微博："一个公司最强的敌人是什么？韦尔奇说，是'缺失坦率'。深表认同。幸好，坦率是可以培育的。"他说转发的目的，是再度提醒自己和团队。

坦率、坦诚是张一鸣多次强调的关键词。据公开资料，在字节跳动内部的业务会上，张一鸣会给自己过去两个月的OKR逐项打分，没做好的地方都会直接告诉大家，对哪项业务不满意也会直言不讳，从不遮遮掩掩。

坦诚可以做到什么程度？进入字节跳动公司内部，大屏滚动播报公司内部的信息，很多人担心，这样会不会导致公司核心信息被泄露？一位高管是这样回答的，选择对员工开放的文化是有价值的，尽管风险同样存在，但这个风险是属于已经有预判的，即愿意"为了这个目标付出这个代价"。

当一个人在观看自己的时候，他的成长之路就真正开始了，哲学之路也就真正开始了。

资料来源：舵舟.2010年，张一鸣的自我认知和团队打造.凤凰网，有改动。

【思考题】
- 1. 张一鸣为什么会停下来反思和认识自己？
- 2. 张一鸣的自我认知可能对字节跳动的发展产生哪些影响？
- 3. 从案例中，你觉得张一鸣是通过哪些途径来认识自己的？
- 4. 认识自己和认识他人的途径有何异同？

虽然大家都对"我是谁"这个哲学终极问题并不陌生，但并不能够给出一个较准确的答案。一些诉说"人在江湖，身不由己""每天都被迫戴着面具生活"的朋友，常会说"做你自己吧"。"做自己"的第一步，需要对"自我"有很好的认知。那么，什么是"自我"呢？在心理学中，"自我"泛指个人对自己的总体看法。以往，有学者将"自我"看作像人格一样稳定。后来，有学者认为"自我"部分是稳定的，部分是不断变化的。近来，人们将"自我"看得更复杂，认为其具有这些特性：动态、多重性、可变化、受到情境或认知的影响、多维度、有层次、受到文化的影响。

第一节　何为自我

首先，有必要对"自我""自我意识""自我概念"做一定的说明，三者联系紧密又有一定的区别。"自我"是一个综合概念,泛指个人对自己的总体看法。"自我意识"(self-consciousness)是指个体对自己内在的身心状况以及自己与他人、与客观世界关系的意识。"自我概念"(self-concept)基本可等同于"自我认识"(self-knowledge),有学者认为二者为一个意思,亦有学者认为"概念"是"认识"中的一部分,不必过于纠结。二者均属于"自我意识"中的认知范畴,主要指个体对自己存在的认识,即对自己所具有的特征的认识,可以理解为个体对"我是谁"这个问题的解答。显而易见,"自我意识"和"自我概念"都涵盖于"自我"的范畴中,而"自我概念"又涵盖于"自我意识"的范畴中,接下来的讨论将不对"自我意识"和"自我概念"做严格区分。

一、自我意识

(一)自我意识的结构

自我意识由哪些心理成分构成?又有哪些基本的表现形式?关于自我意识结构的探讨一直都缺乏统一的说辞。威廉·詹姆斯(William James)将其分为"物质我""精神我""社会我"和"纯粹我"四个部分;高尔顿·奥尔波特(Gordon Allport)提出八个自我成分等。

目前,学者较广泛地从"知、情、意"的角度,对自我意识结构进行划分,即将自我意识分为"自我认识""自我情感"和"自我意向"。这里根据此三分法对自我意识进行探讨。

自我认识是"知"的层面,即自我认知,作为自我意识的首要成分,是自我调控的基础,主要包括自我感觉、自我观察、自我分析评价等。自我情感是"情"的层面,亦可理解为"自我体验",是一种自我认知的情感体验,强调的是自我感觉,如自尊、自信等。自我意向是"意"的层面,又称"自我意志",指的是个体对自己的思想、行为、态度等的调控,比如,自我监控、自我控制、自我调节等。

(二)自我意识的分类

可以从不同的角度对自我意识进行分类。下文主要探讨两种最常见的分类:一种将其分为生理(物质)自我、社会自我和精神自我;另一种将其分为现实自我和理想自我。除这两种分类方法之外,还有公我、私我、群体我的分法,以及现在的自我和可能的自我等分法,在此不逐一展开。

1. 生理(物质)自我、社会自我和精神自我

生理(物质)自我(material/physical self),指的是个体对自己的躯体、性别、身材、容貌、年龄、健康状况等生理物质的意识。有时人们也将个体对某些与身体特征紧密关联的穿着打扮,以及外部物质世界中与个体有密切联系的并属于"我的"人和物(如家属和所有物)的意识和生理自我统称为物质自我。生理(物质)自我在认知

上表现为"我相貌平平""我有一定的存款""我身体还不错"等形式；在情感体验上表现为自豪或自卑；在意向上表现为对身体健康、外貌美的追求，对自己所有物的维护等。

社会自我（social self），在宏观上指个体对隶属于某一个时代、国家、民族、阶级的意识；在微观上指个体对自己在群体中的地位、名声、受到爱戴、被人接纳的程度等的意识。社会自我在认知上表现为"我是一个中国人""我是班长""我人缘很好"等形式；在情感体验上表现为自豪或自卑；在意向上表现为追求地位和声誉、与人交往、与他人竞争、争取得到他人的好感等。

精神自我（spiritual self），是内心的心理自我（psychological self），指的是个体对自己的性格、爱好、智力、气质等方面心理特点的意识。精神自我在认知上表现为"我不很聪明""我喜欢慢跑""我亲和力很强"等形式；在情感体验上表现为自傲或者自卑；在意向上表现为追求智慧和能力的发展、追寻理想和信仰等。

2. 现实自我和理想自我

现实自我（actual self），是现实的自己，是现实存在的真实反映；理想自我（ideal self）是虚化的，是个体的希望和期待。不难发现，现实自我和理想自我之间存在着一定的差距，而差距可能导致不同的结果。若理想自我的形成是建立在理性认识的基础上，那么这个差距会对现实自我起到积极的调节作用，使其更好地适应社会环境，自我得到健康的正向发展。但若理想自我的形成是建立在非理性认识或者基于焦虑的基础上，那理想自我和现实自我之间的差距会使得个体感受到冲突和痛苦。此时易导致个体出现攻击、自卑、依赖、逃避、退却等脱离现实的消极心理倾向，严重时会影响个体的社会适应程度，导致心理疾病。因此，拥有基于理智认知的理想自我是非常重要的，需要理性地对待来自他人和环境的规范要求，避免价值强求。

在托尼·希金斯（Tony Higgins）的自我差距理论（self-discrepancy）中，除了"现实自我"与"理想自我"，还引入了"应该自我"（ought self）的概念，即社会规范等压力让自我产生"我应该成为怎样"的意识。三种自我各有差异，"现实自我"与"理想自我"的差别可能使人抑郁，"现实自我"与"应该自我"的差别可能让人焦虑，"理想自我"的形成受到"应该自我"的影响。人们会为了达到特定的目标努力改变自己的思想和行为，这一过程被定义为"自我调节"。调节焦点理论（regulatory focus theory）描述了两种自我调节的目标和方式——促进型（promotion focus）和预防型（prevention focus）。前者与提高需要有关，目标是理想和完成，关注积极结果的出现，采用积极的行为策略；后者与安全需要有关，目标是安全和责任，关注消极结果的出现，采用消极的行为策略。

大家可以通过表 2-1 所示的量表测量自己的自我调节倾向。

表 2-1　一般自我调节焦点量表 [①]

（General Regulatory Focus Measure, GRFM）

请根据个人的情况回答以下问题，在与您看法最一致的数字上打"√"，评价和判断的标准如下：

1 非常反对	2 反对	3 一般	4 同意	5 非常同意			

题目						
1. 我小心翼翼地避免生活中的负面影响。	1	2	3	4	5
2. 我很担心工作中的失职。	1	2	3	4	5
3. 我经常在想如何实现我的抱负。	1	2	3	4	5
4. 我经常会想一些我害怕发生的事情	1	2	3	4	5
5. 我经常会憧憬我的理想自我。	1	2	3	4	5
6. 我特别关注于未来要获得的成就。	1	2	3	4	5
7. 我经常担心实现不了自己的职业目标。	1	2	3	4	5
8. 我经常思考如何让自己成功。	1	2	3	4	5
9. 我经常想象：那些自己所害怕的坏事全落到自己头上。	1	2	3	4	5
10. 我经常考虑如何才能避免人生中的失败。	1	2	3	4	5
11. 我经常努力避免失败（而不是去争取成功）。	1	2	3	4	5
12. 我工作主要是为了实现自己的职业目标。	1	2	3	4	5
13. 我主要是防止在工作中出现失误。	1	2	3	4	5
14. 我认为我是一个为实现理想自我而努力奋斗的人。	1	2	3	4	5
15. 我认为我是一个为完成工作任务而努力的人。	1	2	3	4	5
16. 总的来说，我努力实现自己的人生目标。	1	2	3	4	5
17. 我经常想象世上的好事我都有份。	1	2	3	4	5
18. 总的来说，我倾向于争取成功（而不是避免失败）。	1	2	3	4	5

注：GRFM 包括促进型调节焦点和预防型调节焦点两个分量表，可以计算每个分量表所包括题目的平均分。每个分量表包括的题目为：

促进型调节焦点：共 9 道题项，包括 3、5、6、8、12、14、16、17、18 题。

预防型调节焦点：共 9 道题项，包括 1、2、4、7、9、10、11、13、15 题。

分别计算平均分，分值越高，该调节焦点越高。

① Lockwood P, Jordan C H, Kunda Z. Motivation by positive or negative role models: Regulatory focus determines who will best inspire us. Journal of Personality and Social Psychology, 2002, 83(4): 854-864.

二、自尊

（一）自尊的概念

自尊（self-esteem）是个体对自己整体性的评价，简单说，就是自己喜欢自己的程度，反映了人们对于自己的价值的判断与评价。有研究发现，整体自尊与心理健康更相关，特定的自尊与行为更相关。即虽然整体自尊与心理健康指标的关系更为密切，但学业自尊更能预测学校的表现。[①]

大家是否对自己的自尊高低感兴趣呢？那就一起来看看表 2-2 所示的自尊量表吧。

表 2-2　自尊量表 [②]

以下观点涉及你对自己的总体感受，请选择与你的情况相符的数字。

1 非常反对	2 反对	3 一般	4 同意	5 非常同意				
1. 我认为自己是个有价值的人，至少与别人不相上下。					1	2	3	4	5
2. 我觉得我有许多优点。					1	2	3	4	5
3. 总的来说，我倾向于认为自己是一个失败者。*					5	4	3	2	1
4. 我做事可以做得和大多数人一样好。					1	2	3	4	5
5. 我觉得自己没有什么值得自豪的地方。*					5	4	3	2	1
6. 我对自己持有一种肯定的态度。					1	2	3	4	5
7. 整体而言，我对自己感到满意。					1	2	3	4	5
8. 我要是能更看得起自己就好了。*					5	4	3	2	1
9. 有时我的确感到自己很没用。*					5	4	3	2	1
10. 我有时认为自己一无是处。*					5	4	3	2	1

注：* 号表示是反向计分测题。表格内的分数已做相应调整。
计分方法：五级评分，1~5 分；总分范围 10~50 分。分值越高，自尊程度越高。

你的自尊程度高吗？有趣的是，自尊量表测量的是外显自尊，而另一种形式的自尊即内隐自尊的测量要困难些，一般通过内隐联想测验（IAT）进行测量。有研究表明：

---

① Leary M R, Baumeister R F. The nature and function of self-esteem: Sociometer theory. In Zanna M P(Ed.), Advances in experimental social psychology, San Diego: Academic Press, 2000 : 1-63.

② Rosenberg M. Rosenberg self-esteem scale (RSE). Acceptance and commitment therapy. Measures Package, 1965, 61(52): 18.

两种自尊虽然具有一定的一致性,但外显自尊得分高,内隐自尊不一定高。

(二)影响自尊的因素

自尊是毕生发展的,对自尊有最强烈影响的是父母。除了遗传,父母的教养方式也起着重要的作用。通常认为自尊的建立有两条路径:一是让个体拥有自己成功控制环境的经验;二是让他人对个体有积极的评价。这里将影响自尊水平的因素大致归为三个种类:成败经验、社会比较、个体标准。

1. 成败经验

个体的成败经验会很大程度地影响人对自己的评价。成功带来的正向激励使人自信心倍增,失败带来的打击让人难过沮丧,这些经验都会影响人的自尊水平。在日常生活中,尽量要以平常心面对失败,谨防其对自我效能感的过度削弱,避免习得性无助的产生。

📖 知识拓展

(1) 自我效能感

自我效能感指的是人们对自身能否利用所拥有的技能去完成某项工作的自信程度。[①]判断自我效能感的一个简单方式是,当你要完成一项任务时,脑子里所想到的画面是成功时的喜悦还是失败时的场景,若是前者,说明为高自我效能感;反之,则说明为低自我效能感。

(2) 习得性无助

在美国心理学家马丁·塞利格曼(Martin Seligman)1967年做的实验中,狗被关在笼子里遭受了几次无法逃避的电击之后,当实验人员把笼子的门打开时,狗却放弃了逃出笼子。这便是"习得性无助",指由于重复的失败或惩罚而造成任由摆布的行为。常伴随着低自我概念、低自我效能感、消极定势等。

2. 社会比较

社会比较会带来羡慕、嫉妒甚至怨恨让人的自尊受挫,所谓的"人比人,气死人"便是这种情况。但是,又有俗语"比上不足,比下有余",所以社会比较得到的信息带来的影响是两面性的。举个例子,上课时老师让轮流发言,当前一个发言的同学见解独到、分析到位时,自己会感到压力颇大,这种比较让自己羡慕、嫉妒,甚至怨恨,从而导

------

① Bandura A. Self-efficacy: Toward a unifying theory of behavioral change. Psychological Review, 1977, 84(2): 191-215.

致自尊降低。反之,如果前一个同学支支吾吾回答不上来,自己便会觉得一阵轻松,自信心也增加了,从而促使自尊提升。

3. 个体标准

个体标准是什么呢?上文提到的自我差距理论中,"理想自我"和"应该自我"就是个体标准,"现实自我"与"理想自我"或"应该自我"之间的差距会对人的自尊产生影响。不难理解,差距越大,自尊水平越低。

(三) 自尊的影响结果

1. 心理调节

自尊的高低会让人产生不同的心境:高自尊的人期待成功,愿意处在可以表现自己能力的情境中,对自己持积极看法,并认为自己很有价值;低自尊的人对自己持消极看法,对自我的价值不太有信心。

低自尊的人对自我的负面想法不同于由于当前情绪状态而产生负面思考的人,前者更为持久和稳定,而处理自我信息时偏负面长期以来被认为是临床抑郁症发展和维持的核心特征。[1] 相对较低的自尊并不是犯罪、对他人施暴、吸毒、酗酒、教育不足或种族主义的风险因素;相对较低的自尊是自杀、自杀未遂、抑郁以及被他人伤害的风险因素。需要注意的是,这种风险因素可能与其他因素存在相互作用。

2. 自我提升

自我提升(self-enhancement),又称自我增强、自我美化,即个体为了维持较高的自尊水平,常会更多地关注有利于自我正面评价形成的信息,倾向于认为自己是优秀的、有魅力的。

有研究认为,与无意识的自我提升相比,有意识的自我提升让个体显得更加不道德、不友好和愚钝。[2] 即有意识的自我提升会引发负面的人际评价。

常见的自我提升方式有:①向下的社会比较,即和比自己差或者弱的人或群体进行比较,增强自信心,有利于自尊水平的维持甚至提高。②选择性遗忘,即更快速地遗忘掉消极事件,降低其对自尊水平的影响。③有选择地接受反馈,即对于消极的反馈的接受程度远低于对积极的反馈的接受程度。④缺陷补偿,即用类似于"上帝给你关了一扇门的同时会打开一扇窗"安慰自己,在某一方面虽然做得不够好,但在另一方面做得很好。⑤自我服务性归因,即倾向于把成功归于自己,而把失败归于外界因素,以此来保护自尊。⑥自我妨碍(self-handicapping),即当人们预料到失败不可避免时,积极搜寻或者制造导致失败的不利因素。比如,明天就期末考试了,小明一学期没有

---

① Fennell M J V. Depression, low self-esteem and mindfulness. Behaviour Research & Therapy, 2004, 42(9): 1053-1067.

② Lafreniere M A K, Sedikides C, Tongeren D R V, Davis J. On the perceived intentionality of self-enhancement. Journal of Social Psychology, 2015, 156(1): 28-42.

听课,什么也不会,他预料到自己肯定不及格,为了保护自尊,故意洗了个冷水澡,把自己弄发烧。这样,当成绩出来时,他就可以说是因为自己头晕影响发挥导致挂科,而非一学期没有学习。

3. 高自尊的负面性

高自尊就一定好吗? 答案无疑是否定的。

高自尊的人往往有更多的自利偏差(self-serving bias),经常想起个人成功的经历,并夸大个人的重要性,甚至自吹自擂。高自尊的人易自恋(narcissism),即拥有过于迷恋自己和自我膨胀的特质。这种人一旦受到他人的批评,便会做出敌对和侵犯性的反应。

另一个思考高自尊负面性的角度就是区分不同类型的高自尊。根据稳定性的区别,可以将高自尊分为安全性高自尊(secure high self-esteem)和防御性高自尊(defensive high self-esteem)。安全性高自尊的个人对自己持有积极的看法,对自己很有信心,不需要别人不断地赞美和确认来维持高自尊。防御性高自尊的个人对自己持有积极的看法,但很脆弱,容易受到打击和威胁。下意识里怀疑自我,缺乏安全感。一旦受到批评便做出消极反应,表现出浮夸、傲慢和敌对。

三、文化与自我

(一) 个体主义文化与集体主义文化

个体主义与集体主义有何区别? 可以通过以下两句话来感受一下:

我们认为这些真理是不言而喻的:人人生而平等,造物者赋予他们若干不可剥夺的权利,包括生命权、自由权和追求幸福的权利。——《独立宣言》

己欲立而立人,己欲达而达人。——《论语》

通过对代表两种不同文化的句子的分析,大家是否有所感知呢? 在个体主义文化中,孩子从小便被鼓励将自己视为独立的个体;在集体主义文化中,孩子则被教育要服从和尊重家庭,并遵守社会规范。

【小练习】
- 请写下 20 句以"我是……"开头的自我描述的句子。

可以通过"20 句自我描述实验"来分析大家写下的句子。有文化心理学家在1991年使用此方法进行了实验,让来自北美和中国的学生写下20个描述自我的句子。提及个人素质、态度、信仰或与其他人无关的行为的回答被视为以自我为中心的描述,而提及与参与者可能正在经历"共同命运"的人或群体的回答被视为集体自我的描述。前者为类似于"我是勤奋的"的描述,而后者类似于"我是中国人"这样的表述。结果发现,中国学生写下的关于集体自我的描述句显著多于北美学生写下的。自我概念的文化差异很大程度体现在个体主义文化和集体主义文化的差异上。[①]

(二)独立性自我与依赖性自我

由于所处的文化背景不同,还可将自我概念分为独立性自我与依赖性自我。如图2-1所示。

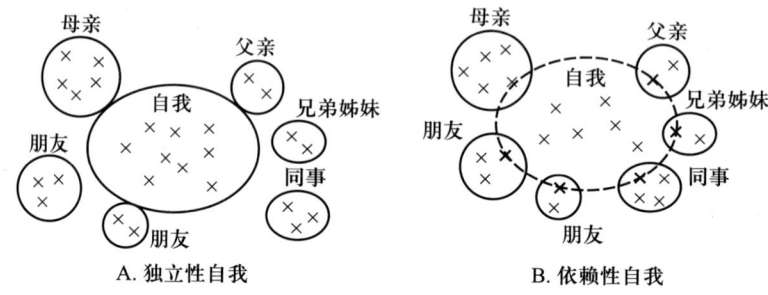

图2-1　独立性自我与依赖性自我[②]

独立性自我的圆是实线,并且与代表他人的圆是无重合的,是独立于他人的、强调自我的、独特的,且自我是稳定的、有较多自我指向情绪的;依赖性自我的圆是虚线,并且与代表他人的圆是存在重合的,是强调社会关系、共有特质的,且自我是随情境而变的、有较多他人指向情绪的。

第二节　如何认识自我

世界上没有完全相同的两片树叶,也没有完全相同的两个人。那么,与众不同的个体是通过什么途径认识自我的呢?人能够准确认识自我吗?是否会存在偏差呢?

一、自我认识的来源

(一)自我知觉

自我知觉(self-perception)指的是人们可以从自己过去的行为来推断出自己的内在状态或特征。那么,人何时会采取这种方式来认识自己呢?往往是在不确定自己的态度和感受是怎样的时候,人才会从自己的行为来推论自己的内在状态。

那么,人的行为是否能真实反映其内在状态呢?这需要对行为发生的情境进行分

---

① Trafimow D, Triandis H C, Goto S G. Some tests of the distinction between the private self and the collective self. Journal of Personality and Social Psychology, 1991, 60(5): 649-655.

② Markus H R, Kitayama S. Culture and the self: Implications for cognition, emotion, and motivation. Psychological Review, 1991, 98(2): 224-253.

析。举个例子，一个朋友问你是否喜欢看悬疑类的电影，你以前基本不怎么看这种类型的电影，但你想起自己最近好像看了几部不错的悬疑电影，于是你回答："我想是喜欢的，我最近看了几部悬疑电影呢！"那么，这个过程便是你通过自己的行为来进行自我认识了。你在回答之前，你对自己内心的状态和感受并不是很确定，所以，这时你通过行为来对自己内在的状态进行推论。你在分析的时候，并不只是关注于自己的行为，你同时还会参考行为发生的情境。比如，是朋友强拉着你去看的悬疑电影，还是你自己选择去观看的，前者便不能推论出内在的状态。

（二）依赖他人来认识自己

众所周知，社会交往活动对人来说必不可少，这个过程其实也是社会人的自我意识的重要来源。人在认识自己的时候，觉察到自己和他人的不同，他人对自己的评价，都是重要的线索信息。下面对社交中认识自我的两种重要途径进行探讨。

1. 反射性评价

他人对个人的评价是个人认识自己的重要途径。有些评价很清晰，比如，"你是个很聪明的人"。但有时候，他人的评价并不是如此一目了然。相较于直白地讲出来，他人对个人的态度、行为反应似乎更为常见。人们通过别人对自己所作出的反应来认识自己的过程，被称为"反射性评价"（reflected appraisal）。查尔斯·库利（Charles Cooley）提出类似的"镜像自我"（looking-glass self）概念，指的是个体以他人为镜子，在他人眼中所看到的自我。[①]

2. 社会比较

里昂·费斯汀格（Leon Festinger）提出社会比较（social comparison）的概念，并指出人们需要对他们的能力水平、态度准确性、情感、人格、表现等进行评估，可以通过与他人的比较来认识自我。[②] 换言之，人们希望正确地评价自己的观点和能力，并尽可能通过客观、可见的标准来评价自己。在缺乏直接的标准时，通过与他人比较进行自我评价。当然，个体一般倾向于将自己与同类别、水平的人进行比较，以便得出较为准确的信息。

但人并不是任何时候都会选择与自己相似的人进行比较，当人有不同的目的和动机时，会选择不同的比较对象。比如，当个人存在自我进步的动机时，会选择向上比较，即和比自己更优秀的人比较，"山外有山，人外有人"，告诉自己戒骄戒躁，积极进取；当个人有自我提升的动机时，会选择向下比较，即和比自己差的人进行比较，安慰自己"比上不足，比下有余"，以肯定自己，维持自尊。

---

① Cooley C H. Human nature and the social order. New York: Scribner's: 1902.

② Festinger L. A theory of social comparison processes. Human Relations, 1954, 7(7): 117-140.

（三）社会身份

作为社会人，社会身份也是人认识自我的一个重要来源，人们往往会根据自己所在的群体来描述自己。社会身份理论（social identity theory）认为，人们会对自己所属的群体给予积极的评价。这在一定程度上也是刻板印象的体现。刻板印象（stereotype）指的是个体对特定的事物存在简单概括性的、固定的看法，而忽略其中的个体差异。常见的如性别刻板印象（如男性多是独立的，女性多是有依赖性的）、地域或者种族刻板印象（如某地人都爱喝汤）等。

二、动机与自我

（一）三种主要的自我动机

"为了在世上取得成功，我们竭尽所能摆出我们已经成功的样子。"人摆出成功的样子，是出于怎样的动机呢？这样的动机和自我有什么关系呢？先来看看主要的三种自我动机。

1. 自我评价

自我评价（self-assessment）的动机源于个体对正确的自我认知的渴望，涉及个体的思想和行为等方面。人希望对自己能有正确的、全面的、较为客观的理解和认识，以更加合理地制定目标和做出决策。自我评价的途径可分为直接和间接两种，前者是认识到自身的自然条件并且比较自己在各领域的实践表现对自我进行评价，后者是通过与他人的行为进行比较对照，以此来对自我进行评价。

2. 自我证实

自我证实（self-verification）的动机源于人们希望能证实自己的感知是正确的，这样的反馈强化了世界的可预测感和可控感，会给人们带来稳定感和安全感。有实验表明，具有积极自我认知的参与者倾向选择对其有积极评价的互动伙伴，而具有消极自我认知的参与者倾向选择对其有消极评价的互动伙伴。[1]

3. 自我提升

自我提升（self-enhancement）的动机是由于人们在自我认知时存在产生积极自我偏见的冲动，希望找寻对自己能产生积极评价的信息源，从而保持较积极的自我概念和较高的自尊。

值得思考的是，这三种动机之间并非完全统一，甚至有一定的矛盾和冲突。尤其是对于低自尊的人来说，自我提升的动机让他们去寻找信息以达成积极的自我认知，但这却和包含了消极自我认知的自我评价和自我证实相矛盾。那么，到底哪种动机更

---

[1] Swann W B Jr, Stein-Seroussi A, Giesler B. Why people self-verify. Journal of Personality and Social Psychology, 1992, 62 : 392-401.

强一些呢？虽然大部分人都会寻求三者之间的调和，但有研究显示，自我提升似乎是最有力的自我动机。

（二）正向错觉

由于人有自我感觉良好和维持自尊的需要，所以，便会产生"正向错觉"（positive illusions）。自尊程度越高的人越有可能有正向错觉。下面讨论两种正向错觉。

1. 不现实的自我评价

许多人会认为自己在很多特性（如诚实、公平、忠诚、体贴、勤奋、礼貌、能干等）上比所在群体的平均水平要高。社会心理学中用"高于平均效应"来解释这种现象。类似的还有"杜宁 - 克鲁格效应""宜家效应"，在此不展开讨论。

2. 不现实的乐观主义

不现实的乐观主义是指人们倾向于认为好事更可能发生在自己身上，而坏事更不可能发生在自己身上。现实生活中的事例能很好地反映这个错觉，如"创业陷阱"，虽然看到有很多人创业失败了，但认为自己创业一定会成功；再如贪官污吏，认为别人贪腐被抓，但自己干坏事是不会被发现等。这种偏差代表个人对自己的积极看法，对于个人的生活而言有好有坏。

第三节　如何认识他人

一、社会知觉

知觉（perception）是个体为了给自己所在的环境赋予意义而组织和解释感觉印象的过程。人们的行为是以他们对现实的认知为基础的，而不是以现实本身为基础，这便是知觉的重要性所在。而认识他人是人们运用所能得到的信息形成对他人的印象，从而判断对方是什么样的人的过程。

（一）信息来源

1. 凸显的信息

由于很难在一段时间内接收所有的信息，所以，人们会选择关注凸显的信息。这可用主题背景原则进行解释，即人们的注意力转向那些在知觉域中突出的方面——主题，而非背景或场景设置。

2. 行为 - 特质推论

先来思考一个问题：你最好的朋友是一个怎样的人？

不知大家头脑里冒出来的是关于他／她行为的描述还是特质的描述呢？想必多为后者，因为行为是具体的，而特质是抽象的，人们对一个人的评价会更倾向于用特质来进行描述，即通过外貌、行为等信息来推断其所具有的特质。比如，在《非诚勿扰》

相亲节目中,男嘉宾出场后,女嘉宾们就会根据其外貌、动作、声音等信息来判断其特质是否与自己期望的相同,进而决定是否要深入了解。因此,对他人的知觉建构过程可以抽象为图 2-2。

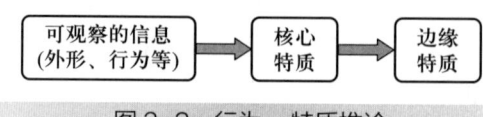

图 2-2　行为-特质推论

早在 1946 年,所罗门·阿希(Solomon Asch)让大学生听一组描述人的性格特征的形容词,并对被描述者形成印象。两组人各拿到七个形容词,其中有六个是相同的,包括:聪明、灵巧、勤勉、坚定、现实、谨慎;另外一个词不同,一组是"热情",另一组则是"冷酷"。结果,两组大学生对具备这些特征的人的特征的评价相差很大。仅仅因为一个形容词不同,大家对于此人的认知就有很大不同,甚至在一些特质(如宽宏大量的、幽默的)上有截然相反的建构。

如此看来,人对于他人特质的认知是非常易变的,且非常容易受到干扰。所以,在社会交往中,应时刻注意自己对他人特质推论的客观性和全面性。

3. 类别化

人们总是自动地把信息看作某组或者某类信息的一部分,而并非孤立的。比如"富二代""博士群体"等类别划分。人们倾向对个体作出与其所在类别的刻板印象相一致的评论,比如,对职场中的男性和女性做同样一件事却有着完全不同的理解。除此之外,人们往往觉得男性的竞争性远大于女性的竞争性,看看图 2-3 便能够更好地理解。

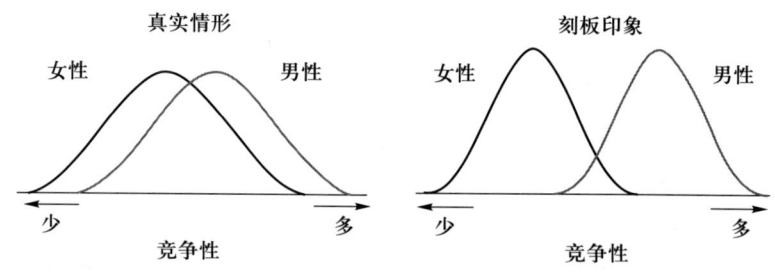

图 2-3　竞争性的真实情形(左)和刻板印象(右)

由于人的时间、精力和大脑运算能力都是有限的,所以,有时追求的并非准确信息,而是大概信息。为了节省时间和认知资源,人们常常强化群体之间的区别,弱化群体内部的差别,即倾向于强化男女之间的差别而弱化男性群体内部和女性群体内部的差别。类别化在加快信息加工过程的同时也可能导致偏差,在知觉过程中应予以注意。

（二）印象整合

人每天都要接收大量的信息,在社交活动中人对于他人的认知也是通过多方面的信息进行整合的。那么,人是如何将这些信息整合成对他人的印象的呢? 以下介绍三种主要的模式。

1. 意义转移

人们对于新信息的理解依赖于已掌握的其他信息。比如,你之前一直觉得 A 是一个很冷酷的人,B 是一个很热情的人,然后有人告诉你他们俩都是很聪明的人,但此时,将"聪明"整合进原有的印象时,就发生了意义的转移,即对于信息的理解依赖于已掌握的其他信息。再比如,如果你一直对某一个同学印象很好,今天又发现他很有幽默感,那么,你会更加欣赏他,觉得他又多了一个优点;如果之前你本来不喜欢他,那你则会更加厌恶他,觉得他就是在哗众取宠。

2. 赋予一致性

赋予一致性指人们倾向于对他人形成一致的评价,即在评价一个人的时候不会既是好的也是坏的,既是真诚的也是虚伪的,既是勤劳的也是懒惰的。这种对一致性的偏好常会导致晕轮效应（halo effect）的出现。晕轮效应是指以个体的某一种特征为基础,从而形成对一个人的总体印象。比如,小明成绩非常好,那么人们就会认为"小明很有责任心""小明非常聪明"等。晕轮效应并不是随机发生的。在以下状况中,最有可能出现晕轮效应:当被知觉的特质在行为表现上模棱两可时;当这些特质含有道德意义时,比如有责任心等;当知觉者根据自己有限的经历来判断特质时。

3. 运用图式

知觉过程涉及两种不同的加工方式:自上而下加工和自下而上加工。前者是"理论驱动",根据已有知识和大脑中的期待过滤处理新信息;后者是"数据驱动",根据大量的信息和刺激进行处理加工。而图式（schema）是一种大脑内已有的认知结构网络,是自上而下加工必不可少的东西。比如,"快餐店"的图式:连锁的、普通的商品、明亮的装饰、有限的选择、价格便宜等。在接收到新的信息之后,会将其映射到先前的图式中去。那么,什么决定了二者之间会发生联结呢? 最主要的因素是相似度,即匹配度,除此之外,还有期望、图式近期是否被激活等。运用图式能较快地将新信息与已有的图式进行联结,在一定程度上加快了社会知觉的过程,但也会带来一定的偏差。

（三）动机驱动的知觉

之前所探讨的主要是知觉中比较理性（对获得信息的处理）、比较被动的部分,但知觉中也有很多主动的成分,受到个人自己特性的影响。以下展开一些讨论。

1. 目标

目标影响人们对信息的收集。有研究者给两组随机分配的参与者展示同样一段描述某个人的材料,同时告知第一组这个人将会成为其合作伙伴,但告知第二组这个人将会成为其竞争对手。然后,让两组参与者对此人进行评价,结果如表2-3所示。[1]

表2-3 对于合作伙伴和竞争对手的评价

评价	合作伙伴	竞争对手
能力	强	差
表现	高	低

可以看出,当目标不同时,人们对他人的知觉也会不同。

2. 认知和情绪状态

苏珊·费斯克(Susan Fiske)与其合作者基于已有关于人类认知中采用启发式的思想,提出了"认知吝啬"这个观点,认为人们在认识现实时,并不像科学家那样理性地衡量得失、检验假设,并基于实验结果调整期望。[2] 相反,人们倾向于采用比较经济有效的方法,尽量节省认知资源。

"认知吝啬鬼"(cognitive miser)的策略主要为"启发式判断"(judgmental heuristic),涵盖三种主要的类型:代表性启发(representative heuristic),可得性启发(availability heuristic),锚定与调整式启发(anchoring and adjustment heuristic)。当需要判断某事物属于哪个类别或者过程的概率时,通常使用代表性启发策略参照相似性进行判断;当需要评估某类别的合理性时,通常会采用可得性启发策略,根据最容易在脑海中浮现的事例进行评估;锚定与调整式启发是指在进行判断时,从一个相关的基本点出发,再根据其他信息进行调整。这些启发式策略非常经济实惠而且在通常情况下是有效的,但它们会导致系统性和可预测的错误。更好地理解这些启发式以及它们所带来的偏见可以改善不确定情况下的判断和决策。

个体所处的情绪状态也会影响个体对信息的知觉。比如,一个刚失业的人面对自己感兴趣的杂志,可能也提不起精神;一个刚刚升职的人会觉得阳光格外明媚,每个人都很友好。这些都是情绪状态影响认知的情况。

(四)知觉陷阱

1. 选择性知觉

选择性知觉(selective perception),即人们对于周围信息的知觉有赖于自身的利益、背景、经历和态度。比如,在企业中,询问企业各部门的人,市场部是否是企业里最重要的部门。高达80%的市场部的工作人员认为市场部最重要,而公司其他部门

---

[1] Klein W M, Kunda Z. Motivated person perception: Justifying desired conclusions. Meeting of the Eastern Psychological Association, Boston, 1989.

[2] Fiske S T, Taylor S E. Social cognition. New York: McGraw-Hill, 1984.

的人中只有不到 30% 的人这样认为。既然如此,市场部的人在评估本部门对公司的贡献时,所强调的信息一定与其他部门的人看到的或者了解到的信息有所不同,进而导致他们对于市场部贡献的看法存在巨大差异。所以,人的认知是有选择性的,每个人的视角都会由于自身的利益、专业、背景、态度等而不同。

2. 对比效应

对比效应(contrast effect)是指人们对一个人的评价并不是孤立形成的,它常会受到最近接触到的其他人的影响。西方有句谚语:"不要跟在孩子与动物之后演出你的节目。"由于人们都非常喜欢孩子和动物,所以,如果你在其后面进行表演,那么对比效应就会使得人们对于表演的评价降低。

对比效应在面试中十分常见,在连续面试候选人时,面试官在评估过程中不可避免地会将正在面试的候选人与前一位面试的候选人进行比较。所以,当前一位候选人表现很好时,要达到面试官心中优良预期的难度就很大了;而当前一位候选人表现很差时,候选人就算只是中等水平,只要表现优于前者,面试官也会觉得表现不错。

3. 投射作用

投射作用(projection)是指将自己的特点归因到其他人身上的倾向。生活中的投射效应很是常见,比如,俗语所说的"以小人之心度君子之腹",意思便是说"小人"以为大家都是一样的"小人"。

4. 顺序效应

顺序效应主要包括首因效应和近因效应。人们所说的"先入为主",即首因效应(primary effect),是指人们由最初获得的信息所形成的印象不容易改变,甚至会影响对后续信息的理解。所以,第一印象非常重要,其在很大程度上决定了接下来的社交走向。近因效应(recency effect)是指人倾向于注意到对象的当前表现,而改变对其之前给自己留下的印象。

乍一看会觉得二者有些矛盾,这取决于对象信息出现的时间间隔。如果两种信息接连出现,那么,首因效应会强一些,而如果在接收了第一种信息之后间隔了一段时间再接收第二种信息,那么近因效应会强一些。所以,虽然第一印象会在一定程度上影响接下来的社交,但在不断的相处中,人对对方的判断便会发生改变。

二、归因理论

归因理论是关于人们如何解释自己和他人行为的理论。关注人们为什么以某种方式作出行为以及通过什么办法去改变他们的行为。通过归因,人可以理解特定事件发生的原因,评估人们对发生的结果所负的责任,对事件的归因也会影响人们对其态度以及对其未来的预期。归因可以针对自己,也可以针对别人。进行正确的归因特别重要,但一些偏差和错误会降低归因的准确性。以下介绍两种主要的归因理论。

（一）特质归因与情境归因

弗里茨·海德（Fritz Heider）是归因理论的创始人。他认为，现实生活中的人有两种需要：一是理解环境的需要；二是控制需要。所以，将归因分为指向内的特质归因和指向外的情境归因。特质归因，也称内部归因，认为个体的行为反映出自身的人格特质、态度、心情、能力、动机或其他内部状态。情境归因，也叫外部归因，认为个人的行为是外部特定情境（如任务难度、运气等）导致的结果。在归因时，需注意归因法则：如果存在外在因素，个人的行为往往就不能代表其个人的特征；当个人的言行偏离了其平时的行为模式的时候，应该尝试从外部寻找原因。

（二）共变理论

哈罗德·凯利（Harold Kelley）提出了共变理论（covariation theory）。[1] 该理论说明人们试图发现一个特定效应和一个特定原因是否在不同的情境下共同发生。所以，在归因时要考虑行动者、刺激物、环境背景，并从以下三个方面进行分析：①连续性（consistency），即个体在其他情境下是否会作出同样反应。②特异性（distinctiveness），即个体是不是只对特定刺激才有特定的行为反应。③一致性（consensus），即其他人在相同的情境下是否会有同样的反应。

尽管归因模型条理清晰、逻辑明确，但也存在应用于现实生活中的局限性和片面性，毕竟影响个体的情感体验和行为的因素众多，简单的归因并不能涵盖所有主客观因素的影响。所以，无论是哪一种归因模型，都不能完全依赖于此，应结合实际情况进行全面的理解和分析。

三、归因偏差

归因理论对于归因的解释和分析都是理性的、逻辑清晰的，对信息的准确性要求也较高，但现实生活中的事情并非都能通过归因理论进行很好的理解。在归因的过程中，会出现各种归因偏差（attributional bias）。接下来介绍几种比较常见的归因偏差。

（一）基本归因偏差

基本归因偏差指的是当对他人的行为进行判断时，人们常高估内在的或个人的因素（如人格或态度等特质），而忽视个人所处的情境（如社会规范、社会角色等）对个人行为的影响。人们在对事件进行分析时会自动产生这种倾向，尤其是当人非常忙的时候更容易如此。

（二）行动者－观察者偏差

行动者－观察者偏差指的是行动者对自身的行为原因的分析与观察者对行动者

---

[1] Kelley H H. Attribution theory in social psychology. In Nebraska symposium on motivation. University of Nebraska Press, 1967.

的行为原因的分析不一致。前者倾向于强调情境的作用,而后者倾向于强调行动者个人特征的作用。出现这种偏差的原因包括:①行动者与观察者的着眼点不同。行动者难于观察自身的行为,便将注意力集中到外部环境上,观察者则相反。②行动者与观察者的信息来源不同。行动者对自己过去的行为比较了解,倾向于认为自己的当前行为是对环境的反应,而观察者无法获得这些信息。

(三)自利归因偏差

由于个体倾向于做出保护自尊的归因,所以,个体倾向于将自己的成功归结为自己的内部因素,而将失败归结为外部环境。这便是自利归因偏差。

(四)虚假一致性偏差

人们常常高估或夸大自己的信念、判断及行为的普遍性,即存在夸大自己的态度和行为,认为他人的反应会和自己一样的倾向,就是虚假一致性偏差。比如,一个喜欢数学的学生会认为大多数学生都喜欢数学;一个喜欢喝咖啡的人会高估人群中喜欢喝咖啡的人的比例。导致虚假一致性偏差的原因有很多,其中一个重要的原因是人们没有意识到其选择反映了他们自己对客观环境的建构,而他人可能有不同的知觉。

 **本章综合案例**

年轻人拖延的背后

建功远道而来,拜访一位心理咨询师。建功虽说刚刚30多岁,却已经有了自己的一个不小的公司。初步沟通后,建功这样诉说自己的故事:"我大学毕业不久,就辞去了工作,出来闯荡快十年了。现在的公司不大,好的年景每年也就100万元的利润,这让自己很不满意。我是个特想干大事的人,总是渴望着更大的事业,那才能够证实自己,才是成功。我觉得自己是个有能力的人,也不怕挫折,可是,现在却遇到了困扰⋯⋯"

咨询师请他概括一下,通过心理咨询想解决什么问题。

建功说:"我现在就是感到压力很大,心里很不安,对未来有一种莫名的不安⋯⋯"

"压力很大? 心里不安? 是什么意思呢?"心理咨询师问道。

"有些事总是不能当机立断,总是往后拖延,拖一会儿,是一会儿。"

"拖延? 在什么情况下拖延? 能举个例子吗? 比如⋯⋯"

"比如,一次为了一个项目与一家公司谈判。都说对方是个很难搞定的人,但是,我们的第一轮谈判很成功,对方很赏识我。接下来,该第二轮谈判了,我却开始拖延。为自己找好多理由,迟迟不采取行动,不去和对方联系,几次想拨电话都放下了。最后,还是对方联系我们,经过第二次谈判,终于合作成功。可是,这种情况经常发生,遇到一些重要事情总是找理由拖延……"

"还有什么情况？比如……"

"比如，那次也是为了一个项目，需要准备一份文件。准备文件要查阅大量资料，我就是迟迟不动手。当然，会有很多理由。结果，这个项目就这样拖过去了……"

"就是说，虽然拖延，结果有些事还是办成了。当然，也有些事就拖过去了。是这样吗？"

"是的，是这样。"建功点头说。

心理咨询师笑了："如果我猜得不错，你上学的时候，面对考试之前的复习，也会这样拖延。是吗？"

"您怎么知道？"建功似乎遇到了知音。"没错。上学的时候，我自恃脑子快，平时学习就是瞎混。到了临近考试的时候，人家都忙着复习，我却拖着不干，不看书，不复习，总是拖到最后才翻翻书……"

"结果考得怎样呢？"

"我脑子好，结果常常考得不错。有些比我刻苦复习的人，还不如我。"

"这时候，自己会有什么感觉呢？"

"感觉自己脑子就是好，你看，那么多刻苦复习的，也没考过我。老师和同学们也这样评价我。于是，就自我感觉很好。当然，也有考砸的时候，我心里就想，谁让你不好好复习总是拖延时间……"

"现在呢？现在每次拖延之后有什么感觉？"咨询师把话题拉回到目前的问题。

"现在也是这样。如果拖延之后事情也成功了，就感觉自己很棒；如果拖延之后事情办砸了，心里就觉得都是因为自己拖延，要不凭自己的能力肯定没问题。"

咨询师点头表示理解："但是，不管怎样，你还是隐隐地感到如此拖延，自己心里很是不安，很有压力。是这样吗？"

"对，就是您说的这样！这种感觉让我很困扰。您说我这是怎么回事？"

现在，终于看清了建功的心理情结所在。建功为什么遇事拖延？他的拖延背后的心结，其实就是为了给自己设置障碍，而且形成了一种习惯的行为模式。这就是心理学上说的自我设障。

你也许大惑不解，人们不是都在为自己的成功清除障碍吗？难道还会有人主动为自己的成功设置障碍？事实正是这样，我们都会在某些时候给自己设置障碍。

资料来源：马志国.跨越你的自我设障.中国青年研究,2012(4).

【思考题】

- 1. 为什么建功会自我设障?
- 2. 自我设障有哪些常见的例子?
- 3. 如何帮助建功克服自我设障?

本章思考题

- 1. 自尊的正面和负面影响主要有哪些?
- 2. 为了更好地认识自己,你有什么建议?
- 3. 常见的知觉陷阱或者偏差有哪些?

第三章　个人特性与沟通效能

 引例

一次未被批准的请假

陈君是一家网络科技创业公司的CEO。"五一"小长假刚过,他就遇到了一件烦心事:公司市场部经理王霞和她的直接下属李静吵得不可开交,已经到了水火不容的地步,严重影响了市场部的正常运作。而之前,王霞和李静虽无多少私交,但工作上相处得还算融洽。眼前这一切都因4月底的那一次未被批准的请假。

事件追溯到该年4月29日上午,"五一"小长假即将到来,员工们忙工作的同时已经在盘算三天假期怎么过了。媒体主管李静半年前升级做了妈妈,想到家中只有6个月大的女儿,恨不能马上飞回家。她提前完成了手头的工作,便想向直接上司市场部经理王霞请假,提前半天回家。但当时王霞不在办公室。由于李静性格内向且担心打扰到王霞,不好意思直接给王霞打电话请假,便发微信给王霞说明了缘由,提出了自己想提前休假的请求。

微信发出去好一会儿,还是没有得到王霞的答复。眼看着临近中午,李静无奈之下找到了王霞的直接上级——公司副总刘涛。

"刘总,实在不好意思。我家中有点急事需要提前离开,恳请您批准半天假期。我已经把手头的工作都做完了。"李静低声说道。

考虑到李静已经完成了手头的工作,而且在公司一贯表现优秀,刘涛没有多想就直接同意了。于是,李静向下属交代完后续的工作安排就放心地回家了。

转眼到了5月3日,经理王霞结束了假期,回到公司准备开始工作。谁知刚到办公室,就有员工焦急地赶过来报告:"经理,出问题了!我们原计划趁着'五一'假期的机会做游戏推广,可是临放假前的下午出了突发状况,导致最终的营销工作并没有取得预期效果,现在可怎么办呀?"

王霞听到这个消息颇为奇怪,因为这类工作一向都是她的得力下属李静负责,从来没有出过差错,怎么会在这样的重要时刻出问题呢?

王霞问道:"怎么会出这种事呢? 李静是怎么处理的,让她过来找我。"

员工这才意识到王霞似乎并不知道李静请假提前离开的事情,于是吞吞吐吐地说:"经理,主管当时有事提前离开了。"

王霞有些不满,拍了下桌子说:"快去叫李静过来给我解释清楚究竟怎么回事。"

很快,李静进来了,问王霞:"经理,请问您找我什么事? "

王霞严肃地看着李静说:"你还好意思问我怎么回事! 游戏推广出问题了你不知道! 还有,没有经过我的允许怎么可以擅自离开! "

李静一向性格内向,并不擅长与人争论,更何况还是自己的顶头上司,于是为难地解释:"经理,不好意思,当时确实是家里有急事,我发微信跟您请假,只是一直等不到您的回复,就去请刘副总批了我的假。"

听了李静的解释,王霞大为恼火:"因为你的个人原因导致工作出现疏漏你还有理了吗? 跳过我越级请假你还好意思跟我说! 我的脸往哪里摆! 给我出去反省,我现在不想看到你! "

听王霞这么说,李静低声道歉并退出去了。

但事情并没有因为李静的道歉而结束。接下来的几天王霞天天让李静加班到很晚,还不停地指责李静。周围的员工私底下也开始对此议论纷纷。大家认为,王霞是公司游戏推广任务的第一责任人,现在出了差错却把责任全部推到李静身上。另外,王霞是公司一位董事直接招聘进来的,面试时的"女强人"形象和雷厉风行的第一印象,使其在入职初期颇受青睐。但是,她在公司工作两年下来,大家才发现她工作能力一般,而且为人比较刻薄挑剔、缺少担当,很多原本是她自己的任务都分派给李静去做。而李静做事稳重,工作能力较强,且性格比较柔和、不爱计较,这也是之前两人可以融洽相处的主要原因。现在李静出现了失误,王霞就翻脸不认人,丝毫不顾及往日的情分。

王霞和李静的矛盾愈演愈烈。一方面无论是副总刘涛还是CEO陈君都无法平复王霞的怒气,王霞甚至私底下不停地要求陈君开除李静;另一方面李静认为自己已经向王霞多次道歉,王霞一直这样针对她有些过分了。

面对王霞和李静之间的问题,陈君很是烦恼。

资料来源:中国管理案例共享中心案例库《一次未被批准的请假》,作者:蒋建武、陈钇君。有改动。

【思考题】
- 1. 王霞和李静的性格特点对其沟通效能有何影响?
- 2. 如果你是陈君,你会如何处理王霞和李静之间的问题?

王霞和李静之间的冲突反映了性格特点对沟通效能的影响。由于李静性格比较内向、柔和,在与上司沟通中不够主动,她选择以发微信而不是更直接的方式向王霞请假,在没有得到回复时也没有采取其他方式与王霞联系,而是选择了越级向公司副总请假。王霞的性格特点为强势、刻薄挑剔、容易情绪化、缺少担当,所以在她发现李静没有得到自己的批准就离开公司、越级请假且请假期间所负责的工作出现问题时,情绪反应非常强烈且表现出了报复行为。最终,一次看似很小的请假事件变成了双方的势不两立。可以看到,在事件的发展过程中,双方的性格特点起了很关键的作用。对于这家公司的 CEO 陈君来说,了解员工的特性及其对沟通效能的影响不但是处理这次事件的关键,也是公司甄选管理者、组建团队、建设内部沟通渠道的重要考虑因素。

在一定程度上,沟通可以被视作个人特性的展示过程。个人特性不但会影响沟通的结果,还会影响沟通媒介的选择以及沟通过程中的具体行为。由于个体的特性不同,其沟通风格也会有差异,进而会产生不同的沟通效能。要想实现有效的沟通,达到沟通的目的,我们就需要了解哪些个人特性会影响沟通过程和结果。现有文献中有大量关于个人特性及其影响的描述,出于突出重点、与管理情境高相关这两方面的考虑,本章探讨三种典型的个人特性与沟通效能之间的关系。这三种个人特性分别为觉知、主动性人格和情绪智力。

第一节　觉知与沟通效能

一、觉知的概念

在组织管理领域,觉知(mindfulness)是一个比较新的概念。我们首先需要弄清楚"觉知是什么"和"觉知不是什么"这两个问题。觉知来源于佛教思想,在佛教著作中又常被称为"觉照力""正念""正知"等。简单来说,它指的是"此时此刻(moment-to-moment)、不作反应(nonreactive)、不作判断(nonjudgmental)的觉察"[1]。觉知被引入科学研究后,获得了很大的发展,同时也引发了关于觉知内涵的讨论。

总的来说,我们可以从两种视角来探讨"觉知是什么"和"觉知不是什么"。其一是延续佛教思想体系中的觉知,把觉知定义为一种既关注当下外部环境又关注当下内心的意识状态。这一视角强调个体专注于并接受当下的知觉体验。虽然这一视角特别强调觉知是一种状态,但是一些学者指出个体之间存在觉知倾向性上的差异,也就

---

[1] Kabat-Zinn J. Mediation is about paying attention. Reflections, 2002, 3 : 68-71.

是说一些人比另一些人更可能处于觉知状态。[①] 所以，我们也可以把觉知看成一种个体特性，并使用量表进行测量。

在这一视角下，艾瑞克·戴恩（Erik Dane）根据时间导向（当下）和注意力广度两个维度对觉知和其他几种代表性注意力状态进行了区分[②]，如表3-1所示。

表3-1 觉知与其他注意力状态的区别

注意力状态		注意力广度	
		相对较广	相对较窄
时间导向（当下）	高	觉知	专注 心流
	低	走神	反事实思维 预期 幻想

（1）觉知与专注（absorption）。专注状态指的是人们全神贯注于某个特定的角色、活动或任务。在时间导向上，专注状态与觉知状态相似，都关注当下的现象。但是，在注意力广度这个维度上，专注状态比觉知状态要窄。专注状态下的个体通常会忽略掉与当前任务不直接相关的刺激，觉知状态下的个体则对内外部现象都高度关注。

（2）觉知与心流（mental flow）。心流指的是当人们做自己喜欢做且有挑战性的事情时所产生的那种注意力高度集中、投入忘我、感觉能够完全控制自己的状态。在时间导向上，心流与觉知状态、专注状态相似，也是关注当下；在注意力广度上，心流与专注状态相似，关注的范围较窄。在心流状态下，个体与所做的事情已经合而为一，不太可能去关注与当前事情没有直接关联的内外部刺激。

（3）觉知与反事实思维（counterfactual thinking）、预期（prospection）、幻想（fantasizing）。反事实思维指的是个体对过去事件加以心理否定并构建出一种假设可能的思维活动。预期和幻想则是指个体对未来行动结果的假想，或者说个体想象未来的自己对未来可能发生的事件采取行动或作出反应而产生的结果。无论是在时间导向上还是在注意力广度上，反事实思维、预期和幻想都不同于觉知状态。相比于觉知状态，这三种注意力状态关注的是过去或未来而不是当下，而且注意力范围较窄。

（4）觉知与走神（mind wandering）。走神指的是个体的注意力在各种想法和目标间频繁转移的状态。在走神状态下，个体的注意力范围比较宽泛，这一点与觉知状

① Hülsheger U R, Alberts H J E M, Feinholdt A, Lang J W B. Benefits of mindfulness at work: The role of mindfulness in emotion regulation, emotional exhaustion, and job satisfaction. Journal of Applied Psychology, 2013, 98：310–325.

② Dane E. Paying attention to mindfulness and its effects on task performance in the workplace. Journal of Management, 2011, 37：997–1018.

态相类似。但是,与觉知状态不同,走神状态下的个体无法将注意力集中在当下。

觉知的另一种视角是以艾伦·兰格(Ellen Langer)为代表的一批学者提出的。在这一视角下,觉知被定义为一种灵活的思维状态,反映了个体不断地主动对外部刺激进行区分和归类的过程。[①] 觉知状态有四种表现:①对所处环境更敏感;②对新信息更开放;③对当下情境不断进行新的归类;④对问题解决中的多种视角高度觉察。与此相反,无心(mindlessness)状态则表现为本能地、自动地依赖过去的经验或习惯对当下情境作出反应,无视新信息,以及单一、死板地看问题而意识不到其他的可选方案。有学者认为觉知兼具认知能力、人格特性和认知风格的特点,而且看上去与认知风格最为接近。但是兰格认为,认知风格是不会随着时间和环境的变化而变化的,而觉知的本质是变化,个体可能在某件事情上缺乏觉知,但是在其他事情上仍然具有觉知。不过,兰格也指出,有的人可能经常处于觉知状态,有的人可能很少处于觉知状态,而且她和合作者已经把觉知作为一种个体差异来测量。

两种视角下觉知的定义既有相同之处又有不同之处。相同之处主要有两点:①都强调关注当下和保持对刺激的广泛注意;②都强调觉知是一种状态,但又指出觉知也是一种特质或个体差异。不同之处也主要有两点:①前一种强调既关注外部环境又关注内心,后一种主要强调关注外部环境;②前一种主要强调对当下各种刺激予以觉察和接受,后一种则还强调对当下刺激不断地进行区分和归类以产生新的认识。

 **延伸阅读**

什么是管理觉知?

韩玉兰和张志学提出了管理觉知的概念,并将其定义为管理者在工作场合中所表现出来的对组织内外部的各种需求和信息保持高度觉察、将各种信息关联起来从多个角度进行深入思考并在行动过程中力求审慎的思维状态。[②] 通过定性和定量研究,他们开发了针对中基层管理者的管理觉知量表。该量表包括敏察、覃思和慎行三个维度。其中,敏察指的是经理人积极地知觉外界环境(包括对当下情境敏感和主动从环境中寻求新信息);覃思指的是经理人从多个角度、深入系统地思考问题;慎行指的是经理人在采取行动之前思虑周全、小心谨慎。研究表明该量表具有较好的会聚效度和区分效度。

---

① Langer E, Moldoveanu M. The construct of mindfulness. Journal of Social Issues, 2000, 56 : 1-9.

② Han Y L, Zhang Z X. Enhancing managerial mindfulness: A way for middle managers to handle the uncertain situations. Paper Presented at 2011 IACM (International Association for Conflict Management) Annual Conference, Istanbul.

此外，他们还考察了管理觉知在VUCA(volatile,uncertain,complex,ambiguous；不稳定、不确定、复杂、模糊)环境中对工作绩效和职业成功的影响，发现在角色冲突多或角色模糊性大的情境中，管理觉知正向地影响管理者所负责团队的工作绩效和自身的晋升潜力；在角色冲突少或角色模糊性小的情境中，管理觉知对团队工作绩效和晋升潜力的影响不显著。这说明，越是在不稳定、不确定、复杂和模糊程度高的环境中，管理觉知对管理有效性的影响越强[①]；在稳定、确定、简单和清晰的环境中，管理觉知的作用则受到限制。

谈判情境具有典型的不稳定、不确定、复杂和模糊程度高等特点。王敏和韩玉兰探讨了管理觉知在谈判情境中的作用，研究发现，觉知水平高的弱势谈判者在谈判中表现出了更多的间接信息交换行为，从而提高了谈判的联合收益。[②]

 【案例3-1】

有心的人力资源经理

A公司是一家国有通信企业。最近A公司与B公司计划合资建立一个新的公司。双方商定由A公司成立一个筹备组来负责新公司的筹建工作。在公司的高管会议上，副总裁李总被任命为合资公司筹备组的组长，分管人力资源工作的副总裁张总负责为李总提供组员名单。

会议结束后，李总与张总离开会议室，他说："张总，这次筹备组名单的事就拜托您了。我是这么想的，这些筹备组的人最好将来能留在合资公司工作，毕竟经过了筹备过程，他们对公司的情况更熟悉。"

张总回应说："李总放心，我一定给您办好这件事。"

以张总的经验来看，确定合资公司筹备组名单并不是什么难事，人力资源经理周全很快就能做好。于是，他回到办公室后，就安排周全尽快出一个筹备组名单，并让他把电子版的名单直接发给李总。

人力资源经理周全接到任务后，根据自己以往的经验列了一下筹备组都涉及哪些职能(包括人力资源、财务、市场、技术支持、资本运作等)，接着就与各个涉及的部门商量具体人选。初步名单确定之后，周全又检查了一遍，觉得应该没有什么问题了。但是，周全想着在最终名单确定之前还是给筹备组长李总过目一下更为妥当。于是，他拿着这个名单去找了李总。

"李总，这是筹备组的初步名单。您看有没有需要调整的地方？"周全说。

---

① 韩玉兰.觉知:提升管理注意力.北大商业评论,2013(4):124-128.
② 王敏,韩玉兰.个体特征在权力不均衡谈判中的影响.经济科学,2017(2):120-133.

李总拿着名单审视了一会儿,说:"财务这个有问题啊!"

"您是觉得一名财务人员不够?还是……"周全疑惑地问。

"我的设想是,这些筹备组的人,现在确实是负责合资公司的筹建工作,但下一步这些人可能留在合资公司里。你们推荐的这个人年龄有点大了,不适合将来留在合资公司做财务经理。这个我跟你们张总提过啊!你再找你们张总反馈一下吧。"李总解释说。

"好的。我跟张总反馈一下。李总,不好意思,我工作没做好,给您添麻烦了。"周全愧疚地说。

从李总办公室出来之后,周全就去找了张总,并向张总解释了与李总的沟通过程。

张总听完周全的解释,像是突然想起来什么似的说:"噢!李总好像是说过一句想把这些人留在合资公司工作。但是我的想法是,财务这块儿一时半会儿可能找不到这么合适的人,我们就先找一个人进入筹备组。完了之后呢,再找以后能当财务经理或财务总监的人。既然李总这么明确地提出要求,那我们就换人吧。"

后来,周全再次与财务部门商量,最终选出了让李总满意的人员。

事后,周全这样总结他的这次经历:"通过这件事情,你会发现,工作中要多去了解信息,这样才能发现彼此理解上的差异性。如果我没有去找李总,最后名单交上去,李总可能就会觉得我们人力资源部办事不力。作为一个人力资源经理,你不能只看到表面的要求,还要去挖掘背后深层次的要求;你不能只看到具体的任务,还要去了解大的背景,看到部分和整体的关系。我感觉,只要你有心,就能看得到。"

【思考题】
- 周全的"有心"表现在哪些方面?

二、觉知对沟通效能的影响

组织中的许多问题都是由低觉知沟通或无心沟通(mindless communication)造成的。在沟通过程中,人们可能只是选择性地听取或了解了部分信息,且没有经过深入思考就妄加判断。例如,一家公司的销售副总向老板提出辞职,老板在没有经过任何调查的情况下就判断副总是想另攀高枝,于是约副总面谈。他在面谈中几乎不给副总解释的机会,一味地强调自己如何信任对方,给了对方多好的平台和待遇,做人要懂得感恩等,结果导致双方不欢而散。最终销售副总毅然决然地离开了公司而且带走了公司的大量客户。由此可见,低觉知沟通或无心沟通可能给组织带来不可挽回的负面影响。在职场上,无论是管理者还是一般员工都有必要减少低觉知沟通或无心沟通。

那么,觉知能否提高沟通效能呢?如果上文事例中的老板觉知水平较高,他就不会自动将副总的辞职判断为对自己不忠,而会在约副总面谈之前先从各方面了解一下副总近期的情况,在面谈中多听听副总的解释,并控制自己的情绪。虽然他不一定能够挽留住副总,但也不至于让两人的关系彻底破裂。目前已经有研究直接证实了觉知对沟通效能的正向影响,包括:①觉知能够增加换位思考和同理心关怀;②觉知能够增加倾听,减少对沟通伙伴的评判;③觉知能够增加沟通中的积极评价,进而减少对别人的指责;④无论是在接收还是发送信息时,觉知水平高的人更可能有效地管理语言信息。此外,学者们在理论上分别从自我调节过程(self-regulation processes)和认知过程(cognitive processes)的角度对觉知进行了探讨。

(一)从自我调节过程看觉知对沟通效能的影响

通过自我调节过程,觉知有助于提升表达的准确性、提高理解力、减少冲突。自我调节过程包括调节注意力和调节反应两个部分。具体来说,在沟通过程中觉知水平高的人擅长调节自己的注意力,对于自己和沟通对象当下每一刻的言行举止都高度敏感(或者说更会察言观色),而且会同时考虑相关的情境信息,因此他们能够觉察到更多的信息,意识范围更宽,对自己、沟通对象以及所处情境有更全面的认识。此外,觉知水平高的人擅长调节自己在沟通过程中的反应,他们不会对自己当下的体验作出习惯性的评判和自动反应,而是倾向于接受当下的体验并耐心地对沟通情境进行再评估,因此他们更可能采用积极的沟通策略,与沟通对象进行建设性的对话,并能够更好地控制自己的情绪。与此相反,觉知水平低的人在沟通中往往会对对方的言行进行主观臆断或内心推定(往往是负面的推定)、执着于过去的经历并以此作为判断当下的依据,而且他们一旦作出判断就很难再接收新的信息;他们在沟通过程中会有更强烈的情绪表现,这会进一步破坏沟通效果。

(二)从认知过程看觉知对沟通效能的影响

这一视角基于兰格对觉知的认识来讨论其在沟通过程中的作用。当人们进行沟通时,语言和非语言沟通通道为他们提供了丰富的潜在信息。互动各方需要对语言信息的内容、结构和顺序以及与此相伴的语气语调、手势、面部表情、肢体动作和周围物理环境所提供的线索等加以理解和解释。觉知在这个复杂而连续的过程中可能发挥着重要作用。

觉知状态表现为积极流畅的信息加工、对背景信息的高度敏感性、多角度思维以及不断发现新的差异。在觉知状态下,人们对沟通中的语言和非语言信息会非常敏感,不会在信息不足的情况下就自动作出判断,较少受到知觉偏差(如刻板印象、首因效应、近因效应、选择性知觉等)的影响;他们倾向于持续、密切地关注沟通过程,表现出更多的倾听和提问行为。所以,他们更可能准确地理解和解释沟通伙伴传递的信息,并据此作出更恰当的回应。此外,处于觉知状态的沟通者更可能将所关注到的各种信息与沟通目标联系起来，并有效地传递信息。与此相反，无心状态下的人们在沟通中更可能仅根据有限的信息判断对方想要表达的意思或意图，也更可能受到知觉偏差的影响，这会导致人们错误地理解和解释对方传递的信息，进而导致作出不当的回应。

无论从自我调节过程还是从认知过程来看，觉知对于提升沟通效能都具有重要作用。通过提升觉知水平，沟通者可以更好地应对各种沟通情境，如面试、绩效反馈、说服他人、跨文化沟通、管理人际冲突、开展商务谈判等。

三、如何提升觉知水平

提升觉知水平的根本在于增加注意力或意识的广度并能够自主地将注意力调配到当下，进而能够更深入地理解当下的情境或事件。综合现有研究，人们可以通过三个途径来提升觉知水平，分别是冥想练习、高成效实践（high-leverage practices）训练以及有意调配自己的注意力并养成习惯。

（一）冥想练习

简单来说，通过冥想练习来提升沟通效能包含以下五个步骤。[1]

第一步：以舒服的姿势坐好，眼睛轻轻闭着，维持头部和背部正直，将全部的注意力都集中在自己的呼吸上，客观、如实地体会自然的呼吸以及气息的进出和变化，不作习性反应，不评价。

第二步：如果注意力被身体其他部位的感受、其他想法或情绪带走了，就接受这个事实并把它拉回来，重新把注意力集中到自己的呼吸上。通过持续不断的练习，外在干扰的力量会越来越弱，直到消失。

第三步：把注意力转移到自己的身体上，从头顶移到脚尖，再从脚尖移到头顶，一小部分一小部分客观、如实地体会身体表面各部位的感受。无论是什么样的感受，都保持耐心，一视同仁，不作习性反应，不评价，全然地接受它；如果注意力被某种强烈的感受拉走了，就把它拉回来，继续按照某个固定的顺序扫描全身。就这样持续不断地练习，直到身体不再感到紧张。

第四步：现在开始聆听自己的内心。保持关注呼吸的状态，每当有想法跳出来时，体会它、接受它，然后回到呼吸上来。如果产生了强烈的情绪，就体会这股情绪，直到接受它，然后再次回到聆听状态。如果感觉自己的注意力在聆听中开始涣散，就注意它，把它拉回到呼吸和聆听内心上。接受任何冲动和打断，持续地引导与自己内心对话的方向。

第五步：结束冥想后，选择自己想改善或修复的人际关系，与对方进行有觉知的交流。此时正是进行沟通的好时机，享受沟通的过程和体验，放下关注结果的冲动，让自

---

[1]　B H Gunaratana. Mindfulness in plain English. Boston: Wisdom, 2002.

己重新认识对方。

（二）高成效实践训练

有学者提出了三种训练人们觉知水平的高成效实践，分别是引导人们仔细观察（looking closely）、探索多种可能性和视角（exploring possibilities and perspectives）以及引入模糊（introducing ambiguity）。[①]

1. 仔细观察

尽管人们总是自认为能够接纳新的信息，但事实却是人们在认识外部世界时经常会筛选出一些信息而忽略掉另一些信息，甚至会用之前已经获得的信息来填补空白，从而构造出一个想象出来的世界。为了提高效率，人们在认知过程中往往会对很多信息不敏感，并使用例行程序和认知捷径来快速作出判断。这样做虽然能够提升反应速度，但是却可能因为没有关注到新的信息而作出错误判断，不能提出具有创造性的问题解决方案。因此，培养开放性的关键在于培养人的敏感性。我们可以通过一些手段来引导人们仔细观察周围的环境，培养他们的环境敏感性，进而提升他们的觉知水平。例如，对于司空见惯的事物，让人们思考"这让你想到什么其他的东西"，这就像使用放大镜观察事物，人们在思考这类问题的过程中能够捕捉到更多新的信息。

2. 探索多种可能性和视角

换位思考或多视角思考是觉知的重要表现。虽然探索世界是人的本性，但换位思考或多视角思考却不是。采纳另一个视角和考虑不同的视角是必须培养的一种能力。我们可以引导人们从不同的视角或站在更高的层次来观察事物或事件，从而训练他们多视角思考问题的能力。例如，向人们描述发生在一家公司的销售部门和技术部门之间的冲突，引导大家分别从两个部门的角度以及站在公司的层次分析当前的冲突，从而训练大家多视角思考问题的能力。此外，也可以通过引导人们讨论年龄、性别、性格、情感和文化等是如何影响人们观察世界的角度来培养人们多视角思考问题的能力。

3. 引入模糊

由于在模糊的情境下人们需要处理更多的信息，所以模糊的情境比熟悉的情境通常会让人们变得更有觉知。我们可以通过"引入模糊"来提升人们的觉知水平。其中一个重要的途径是以开放的形式（如"可能是""也许是"）而不是绝对的形式（如"是"）呈现信息。例如，让人们分析一次产品质量事故背后的原因，就可以用"可能是什么原因造成了此次质量事故"这个问题启发人们从多个方面解读此次质量事故（如产品设计、生产流程、员工工作状态、组织氛围等），而不是让人们寻找唯一的正确答案。通过这种方式，人们能够更积极地参与到信息的解读中，努力建立信息之间的关联，思维的

---

① Ritchhart R, Perkins D N. Life in the mindful classroom: Nurturing the disposition of mindfulness. Journal of Social Issues, 2000, 56 : 27-47.

灵活性和创造性可以因此得到提升。

（三）有意调配自己的注意力并养成习惯

有学者发现人们的一些工作习惯与其觉知水平显著相关。[①] 这些工作习惯包括查看行业新闻、利用工作中零碎时间静下心来思考工作中的问题、利用工作间隙收集工作相关资料并加以分析整理、主动读书学习、写工作日记以总结感悟和体会，以及每天下班前列出第二天工作清单。人们可以有意调配自己的注意力以训练自己重复做出上述行为直至形成习惯。

第二节　主动性人格与沟通效能

世界上存在三种人：一类人促成改变，一类人看着改变发生，还有一类人在回忆已经发生过的改变。主动性人格就是用于形容促成改变的那类人的概念。

一、主动性人格的概念

以往的组织研究者往往把员工当作消极适应、被动接受任务的角色，比如弗雷德里克·温斯洛·泰勒（Frederick Winslow Taylor）在《科学管理原理》一书中将员工视为机械的工作单位，将标准化的工作委派给每位员工，以达到最高的工作效率。但事实上，员工并不总是简单地接受工作或完成组织分配的工作，他们会试图改变现状，采取一系列主动行为来了解环境、获取信息，提高自己对组织和工作的适应能力。现代组织制度及工作性质的变化，如组织中的分权制度、团队建设、组织扁平化的管理形式等，也向员工提出了更多的主动性要求，这就需要员工依靠自己的主动性来识别问题、解决问题。近年来，越来越多的研究涉及了员工的主动行为，例如，员工的主动社会化（proactive socialization）、主动职业生涯管理（proactive career management）、员工的组织公民行为（organizational citizenship behavior）等。

阿尔伯特·班杜拉（Albert Bandura）提出，人、环境、行为会持续交互影响。[②] 人和环境的互动受到特质差异的影响，不同的个体表现出不同的行为倾向。基于个体与环境互动的视角，学者们提出了主动性人格（proactive personality）的概念，即个体不受环境阻力制约，主动采取行动以改变外部环境的一种相对稳定的性格倾向。[③] 个体在面对周围环境时，有的人喜欢适应环境，有的人喜欢改变环境。主动性

---

① 韩玉兰. 中国情境下的意义建构：中层管理者的管理觉知及其影响. 北京大学博士学位论文, 2010.

② Bandura A. Social foundations of thought and action: A social cognitive theory. Englewood Cliffs, NJ: Prentice-Hall, 1986.

③ Bateman T S, Crant J M. The proactive component of organizational behavior. Journal of Organizational Behavior, 1993, 14：103-118.

高的个体擅长识别有利的机会并积极推动环境变革,如创建新的组织、解决长期存在的组织问题、找出市场机会并加以利用;主动性低的个体倾向于被动地适应甚至消极地忍受所处的环境。主动性高的个体具有更高的自我决定感(sense of self-determination)和自我效能(self-efficacy)[1],他们会选择甚至创造条件以尽可能获得较高的工作绩效,常常参加职业生涯管理活动(例如,搜寻工作与组织信息、获得职业相关支持、制定职业计划、坚持不懈地解决职业生涯中的障碍),更容易识别自我提升的机会并且不断努力(例如,不断学习晋升所需要的知识和技能)。主动性包含三个关键要素,即自我驱动(self-starting)、变革导向(change oriented)、聚焦未来(future focused)。[2]

二、主动性人格对沟通效能的影响

主动性人格对许多个人及组织结果都有积极的影响,包括工作绩效、职业生涯、领导能力的表现、团队沟通等。主动性人格对组织内沟通的影响可以从沟通前阶段、沟通中阶段和沟通后阶段三个方面来看。

(一)沟通前阶段

人们在沟通开始前会有意识或无意识地考虑并预测沟通的结果,想象沟通中各种可能的情况,然后开始沟通。这种想象力具有指导和跟踪功能,即设想事情将如何展开。此外,这种想象力还具有理解功能,有助于人们理解和处理信息。当人们想象一个沟通场景时,他们会构建出合理的沟通过程并暂时认为这个过程是比较合理的。因此,预测和想象未来的状态能够促使或阻止人们开启一段新的对话。主动性高的个体在沟通前就存在优势。他们能够提前察觉到形势或者团队中个体状态的变化,主动开启对话,增强沟通,在问题变得严重之前就将其解决掉。例如,主动性高的管理者会主动选择定期与下属进行互动,以求了解下属的工作状态和重要的反馈意见,将问题解决在萌芽阶段。

(二)沟通中阶段

主动性人格会影响个体在沟通过程中选择相应的方式来调整沟通的方向,避免没有效果的沟通。主动性高的个体在沟通过程中,能够积极地将之前预期的愿景转变为成果,并在沟通中不断学习如何预防沟通不畅或促进沟通进行。因此,主动性在将愿景转化为行为方面发挥着关键作用,主动调整沟通的策略可以增加实现沟通目标的可能性。

---

[1]　Seibert S E, Crant J M, Kraimer M L. Proactive personality and career success. Journal of Applied Psychology, 1999, 84: 416-427.

[2]　Parker S K, Bindl U K, Strauss K. Making things happen: A model of proactive motivation. Journal of Management, 2010, 36: 827-856.

（三）沟通后阶段

由于主动性高的人具有变革导向和聚焦未来的特征,他们会非常关注沟通能否给今后的工作和生活带来有意义的改变,积极寻求沟通结果的反馈。他们不仅会考虑自身行为的短期影响,还会考虑自身行为的潜在长期影响。他们会变得有远见,随时准备防范未来可能出现的问题并抓住未来的机会。

三、主动沟通策略

无论事件发生之前有多少准备和计划,都可能出现意想不到的因素。但是,管理者可以通过建立主动的沟通计划来应对管理中可能出现的沟通问题。

（一）主动与员工进行一对一交流

许多组织和领导者都提倡开放式政策,管理人员鼓励有需求的员工主动找自己沟通。但是,开放式政策并不像主动式一对一沟通那样有效。许多员工宁愿不说话,也要避免与管理层进行不必要的互动。所以,管理者可以选择主动定期与所有员工互动,以便了解到员工真实的工作状态、重要的反馈意见或存在的疑虑。这种积极主动的互动不仅可以让管理者将问题解决在萌芽阶段,还可以让每个员工都感到自己被重视。

（二）建立主动、开放的组织文化

管理者和员工之间积极主动的纵向互动至关重要。跨部门或业务单元的主动横向沟通也很重要,因为部门或业务单元之间的协同是提升组织效能的关键。领导者可以通过建立主动和开放的组织文化来促进部门或业务单元之间的有效沟通、减少冲突,从而加强整个组织的整合和协调。当跨部门的员工以积极主动的方式进行协作时,能够有效地防止由于缺乏协调而出现的效率低下、延误和失误等问题。

（三）通过主动沟通提高客户忠诚度

主动沟通还是提高客户忠诚度、维护客户关系的策略。该策略可以用于提高客户关怀、进行个性化客户管理,从而帮助企业建立可信度、减少客户的挫折感、预测可能发生的问题并在发生问题之前缓解客户的情绪。积极主动的沟通是对客户满意度的承诺。

第三节　情绪智力与沟通效能

一、情绪智力的概念

彼得·沙洛维(Peter Salovey)和约翰·梅尔(John Mayer)在 1990 年首次正式提出情绪智力(emotional intelligence)的概念,即一种监控自己和他人的情绪、区分和恰当地识别不同的情绪以及使用情绪信息指导思维和行为的能力。[①]后来他们对情绪智力的内涵进行了多次修正,把情绪智力定义为一种推断和理解情绪以提升思维的能力。他们把情绪视为一种有用的信息来源,能够帮助人们解读和应对社会环境。他们提出的情绪智力能力模型包含四个维度:①情绪知觉和表达能力——通过面部表情、声音、姿势和相关沟通渠道来识别和表达情绪的能力;②使用情绪提升思维的能力——利用情绪促进各种认知活动的能力,如利用情绪提升思维和问题解决的能力;③情绪理解能力——分析情绪、意识到情绪可能的变化趋势、理解情绪之间的复杂关系和情绪的结果的能力;④情绪管理能力——根据个体的目标、自我认识和社会觉察等情境因素来调节自己和他人情绪的能力。

以丹尼尔·戈尔曼(Daniel Goleman)和鲁文·巴昂(Reuven Bar-On)为代表的学者倾向于把情绪智力看作一系列促成成功的素质和技能而不局限于认知范畴,属于混合模型。戈尔曼在《情绪智力》一书中较系统地阐述了情绪智力的内涵、生理机制、对成功的影响以及情绪智力的培养等问题,并提出了包含五个维度的情绪智力模型:①自我觉察——了解自己的情绪、情感、优势、劣势、动机、价值观和目标的能力;②自我调节——控制或调整自己的破坏性情绪和冲动以及适应变化的环境;③社会技能——妥善管理人际关系的能力;④同理心——了解并考虑他人的情绪、情感;⑤自我激励——进行自我鞭策、保持高度热忱以实现自己的目标。巴昂认为情绪智力是决定一个人在生活中能否取得成功的重要因素,直接影响人的整个心理健康。他把情绪智力定义为一系列影响人们有效应对环境的情绪的、社会的素质和能力,并提出了一个包含五大维度的理论模型:①觉察情绪以及理解和表达情感的能力;②理解他人的感受以及与他人互动的能力;③管理和控制情绪的能力;④管理变化、适应和解决个人和人际问题的能力;⑤产生积极的情感来提高自我激励的能力。

二、情绪智力在职场中的影响

情绪智力可能对许多工作行为都有影响,包括员工承诺、团队合作、人才发展、创新、服务质量和顾客忠诚度等。与情绪智力低的人相比,情绪智力高的人擅长以更有趣和决断的方式与别人沟通自己的想法、目标和意图,从而让沟通对象感觉更舒服,这有助于与沟通对象建立良好的人际关系,也有助于双方更有效地合作;情绪智力高的个体能够采用更积极的方式适应环境要求、应对环境压力,这有助于他们取得职业成功和保持健康的身体;情绪智力高的个体能够以积极的态度处理工作事件,这有助于提升个体的发散性思维,从而找到更多创新性的解决方案;情绪智力高的个体能够更

---

① Salovey P, Mayer J D. Emotional intelligence. Imagination, Cognition and Personality, 1990, 9:
185-211.

好地理解他人的情绪、更恰当地表达和控制情绪,这有助于与他人进行信息共享和交流,产生更多创新性的构想。

有学者特别探讨了情绪智力与领导有效性之间的关系并指出,通过准确地识别下属的感受,领导者能够更好地评价和影响下属的情绪,让下属支持领导者的目标,形成共享的愿景;情绪智力高的领导者善于引导下属的情绪,让大家满怀激情,乐观和兴奋地工作,并通过建立高质量的人际关系来保持团队的合作和信任氛围;情绪智力高的领导者能够让下属认识到工作的重要性,而且会让下属感觉到领导很在乎他们的个人贡献。[1]

学者们对于情绪智力在职场中的影响也做了一定的实证检验,发现下属和领导者的情绪智力对下属工作态度和行为有显著的影响。例如,有学者以华人为样本开发了适用于领导和管理研究的情绪智力量表,并发现下属的情绪智力正向影响其工作绩效和工作满意度,领导者的情绪智力影响下属的工作满意度和角色外行为。[2][3] 现有元分析的结果也表明情绪智力能有效地预测工作绩效,而且情绪智力和工作绩效之间的关系会受到情绪劳动、文化差异、情绪智力测量工具等的调节作用。[4][5]

【 测一测自己的情绪智力:情绪智力量表 WLEIS 】

请根据您的实际情况,使用 1~7 的数字来表明您对下列说法的同意程度(1=完全不同意,7= 完全同意)。请务必根据您的真实情况而不是您的预期作答,分别针对四个维度和总量表计算平均分。分值越高,情绪智力越高。

- 自我情感评价(self-emotions appraisal,SEA)
  通常我能知道自己为什么会有某些感受。
  我很了解自己的情绪。
  我真的能明白自己的感受。
  我常常知道自己为什么觉得开心或不高兴。

① George J M. Emotions and leadership: The role of emotional intelligence. Human Relations, 2000, 53 : 1027-1055.
② Law K S, Wong C S, Song L J. The construct and criterion validity of emotional intelligence and its potential utility for management studies. Journal of Applied Psychology, 2004, 89 : 483-496.
③ Wong C S, Law K S. The effects of leader and follower emotional intelligence on performance and attitude: An exploratory study. The Leadership Quarterly, 2002, 13 : 243-274.
④ Joseph D L, Newman D A. Emotional intelligence: An integrative meta-analysis and cascading model. Journal of Applied Psychology, 2010, 95 : 54-78.
⑤ 张辉华, 王辉. 个体情绪智力与工作场所绩效关系的元分析. 心理学报, 2011(2): 188-202.

- 对他人的情感认识及评价（others-emotions appraisal, OEA）
  我通常能从朋友的行为中猜到他们的情绪。
  我观察别人情绪的能力很强。
  我能很敏锐地洞悉别人的感受和情绪。
  我很了解身边的人的情绪。
- 情绪运用（use of emotion, UOE）
  我通常能为自己制定目标并尽量完成这些目标。
  我经常告诉自己是一个有能力的人。
  我是一个能鼓励自己的人。
  我经常鼓励自己要做到最好。
- 情绪控制（regulation of emotion, ROE）
  遇到困难时，我能控制自己的脾气。
  我很能控制自己的情绪。
  当我愤怒时，我通常能在很短的时间内冷静下来。
  我对自己的情绪有很强的控制能力。

三、情绪智力对沟通效能的影响

一些学者从理论和实证上探讨了情绪智力与沟通效能的关系。总的来说，情绪智力对沟通效能的影响可以通过以下三个方面来实现。

第一，情绪智力有助于增进沟通双方之间的理解。情绪智力高的人具有更强的情绪知觉、表达、理解和管理能力。他们在沟通过程中能够更敏锐地觉察到对方言行中的情绪信息、准确地理解对方的感受并恰当地调整与对方的沟通方式，他们也能够以更有效的方法表达自己的想法和意图，引导对方的情绪。这有助于促使双方更充分地交流信息，进而增进双方的相互理解。例如，情绪智力高的领导者在与员工沟通企业的愿景时，会将企业的愿景与员工的个人需求融合在一起，以充满感染力的方式表达出来，并根据员工的反应适时调整自己的情绪表达和措辞，从而激发员工的热情、赢得员工的理解和认同。

第二，情绪智力有助于提升沟通双方的决策质量。情绪智力高的人能够有效利用情绪来提升思维和问题解决能力。他们在沟通过程中擅长利用情绪信息帮助自己判断对方的诉求，这有助于提升知觉的准确性。此外，他们能够以更积极的态度管理双方的沟通，这有助于双方之间的信息共享和相互理解。准确的知觉、充分的信息共享和相互理解则有助于沟通双方找到满足双方需求的决策方案。

第三,情绪智力有助于沟通双方建立良好的人际关系。情绪智力高的人擅长察言观色,擅长调整自己的情绪以适应沟通情境,在沟通中表现出更强的同理心和合作性,这些都有助于他们给对方留下善解人意、值得信任的好印象。此外,当自己的意见不被对方接受或与对方存在分歧时,情绪智力高的人更可能以积极的态度应对,如对事不对人、倾听对方、理解对方并争取对方的理解。这些表现有助于双方建立良好的人际关系。与此相反,情绪智力低的人在沟通中则很少顾及对方的感受;当自己的意见不被对方接受时,容易产生抵触情绪。显然,这会破坏双方之间的合作关系。

▶ 本章综合案例

A公司不同寻常的年会

A公司是一家跨国大型化工涂料企业,是全球同行业中绝对的领跑者。A公司的产品在市场上一直供不应求,使得A公司一直处于不断的扩张之中。数据显示,A公司在中国的业务正处于爆炸性增长阶段,其位于上海某工业区的一家工厂在2016年的业绩骄人,产销率较上一年度有近50%的增长。为了进一步扩大市场占有率,A公司和另外一家跨国化工企业H公司达成一项收购协议,定于2017年4月正式接手H公司位于上海市某工业区的一家工厂。

一、人物介绍

陈总,男,"70后",国内某高等学府的EMBA学员;曾任A公司其他事业部华北区总经理,于2017年1月上任A公司上海工厂新一任总经理。陈总在工作上说一不二,雷厉风行;工作之余谈笑风生,平易近人。

孙总,男,"60后",担任A公司上海工厂运营总监已半年有余;曾任多家大型跨国化工企业生产、运营总监,可谓资历深厚、经验丰富。孙总的管理风格比较人性化,温和而不失原则,与下级的关系非常融洽。

张总,男,"60后",担任A公司上海工厂人力资源总监一年有余;曾任A公司其他事业部人力资源总监多年,是一名资深的管理人员。张总对工作兢兢业业、勤勤恳恳;在平时的工作中不苟言笑,话语不多,与同事始终保持着一种若即若离的关系。

二、年会来临,风波乍起

A公司与H公司于2016年年底达成一项公司收购协议,该协议规定自2017年4月1日起,H公司将旗下位于上海某工业区的一家全资工厂转让给A公司。协议规定,所有原H公司员工将无条件自动成为A公司的员工,享受A公司员工的同等待遇。可以说,这是一个企业和员工皆大欢喜的结局。H公司员工一直紧绷着的神经在这一刻也得以放松。与此同时,为了表达对H公司员工的欢迎之情,A公司决定邀请H公司员工参加 A 公司于 2017 年 1 月底举办的年会。H 公司员工为了答谢 A 公司的盛情邀请，也积极准备了精彩的文娱表演以助兴。所有的一切似乎都进展得非常顺利。然而，在这平静的背后，一场激烈的暴风雨正慢慢地形成……

转眼间，到了年会的这一天。上午，当 A 公司所有的员工都在兴奋地谈论即将到来的年会的时候，突然，一则爆炸性新闻在同事之间迅速传开。

"知道吗？ H 公司的员工不参加年会了。"

"什么？ H 公司员工拒绝参加年会！"

……

这则消息震惊了所有 A 公司的员工。正当大家议论纷纷的时候，又一则新闻传来："听说是因为 H 公司员工得知他们不能参加幸运抽奖，就要联合抵制。"

三、你来我往，据理力争

就在大家热烈地议论时，H 公司的员工代表出现了。他们的出现一下子吸引了所有人的注意。在大家的目送下，H 公司的员工代表走进了运营总监孙总的办公室。

"孙总，为什么我们没有资格参加年会抽奖？ 太过分了！ 我们要退出年会！"H 公司的员工代表怒气冲冲地质问孙总。

孙总面对 H 公司员工代表的质问，非常惊讶，他还不知道到底发生了什么，问："怎么回事啊？"

H 公司员工代表发现孙总并不知道年会抽奖的事情，于是一五一十地向孙总说明了事情的缘由。原来，人力资源部在年会的最后一刻决定将 H 公司的员工排除在幸运抽奖的名单之外，这导致了 H 公司员工强烈不满，并最终由员工代表向孙总提出欲集体退出年会的决定。

听了 H 公司员工代表的解释，孙总心想："人力资源部这是干的什么事啊！ 这不是成心给别人添堵、给自己找不痛快吗？"

面对当前的情况，孙总当场表示了对 H 公司员工代表的认可，并希望他们先冷静一下，不要做出过激的行为。然后，孙总决定向人力资源部的张总进一步了解情况。

于是，孙总带着 H 公司的员工代表敲开了张总办公室的门。

张总一看孙总和 H 公司员工代表一脸严肃的样子，以为发生了什么重大事件。正在疑惑间，孙总问张总："张总，咱们这次年会抽奖到底是怎么安排的啊？"

"为什么不让我们参加年会抽奖？""这是不把我们当自己人啊！"……H 公司的员工代表也开始七嘴八舌地质问起来。

这时张总才明白原来孙总和 H 公司的员工代表是来为年会抽奖的事讨说法的。他没想到自己再三考虑之后做出的决定，居然引来了 H 公司员工如此强烈的抵触情绪。

"大家先冷静一下。之所以做出这样的决定，最主要的原因是年会上的幸运抽奖是为了感谢 A 公司员工一年以来的辛勤付出,其参与主体应该是公司所有在职的正式员工。现在 H 公司的员工还不算是 A 公司的正式员工,如果让 H 公司员工参与幸运抽奖,不符合规则,这对 A 公司员工也不公平。当然,在这件事情上我没有做好沟通工作,我向大家道歉。希望大家能够理解公司的决定。"

"我们不能接受这种说法!我们怎么就不是 A 公司的正式员工了?"

"如果不能与 A 公司员工一起参加抽奖,我们就拒绝参加今晚的年会!"

H 公司的员工代表听了张总的解释,看上去更生气了。

对于 H 公司员工的反应,张总非常意外,他看似无奈地对 H 公司的员工代表说:"大家先不要冲动,大家以后毕竟都是一个公司的同事,凡事还是应该好好协商嘛。"

这时孙总说话了:"抽奖就是一种形式嘛,最终的目的还不是调节年会气氛、调动大家的积极性、提高公司的凝聚力。干嘛那么死板!"

张总觉得孙总这样说很不合适,公司怎么能不按规则办事呢?抽奖这件事,该怎样就怎样,不能因为 H 公司的员工来闹就改变规则。于是,张总又向孙总和 H 公司员工代表解释了一遍抽奖安排的理由。

对于张总的解释,H 公司的员工代表仍然不接受,并再次表示如果不能给出一个合理的说法,就坚决退出年会。

孙总见三方协商已然陷入僵局,于是示意 H 公司的员工代表暂行离开张总的办公室,他要与张总单独商量一下。

待 H 公司员工代表走出张总的办公室,孙总赶紧把门关上,对张总说:"张总,既然我们邀请了 H 公司员工参加年会,就是承认了 H 公司员工是我们的一部分,他们自然应该享有参加抽奖的资格。如果我们在这个问题上搞区别对待,那会让 H 公司的员工产生一种不公平、不信任的感觉,这会给我们今后的工作带来很大的压力!"

"孙总,如果让 H 公司的员工参加抽奖,岂不是对 A 公司员工不公平!"张总也不甘示弱。

双方僵持了一会儿后,孙总提出:"让 H 公司员工参加抽奖,所有 H 公司员工抽中的奖品由我来买单。这总行了吧!"

听了孙总的提议,张总心中十分犹豫。他觉得如果接受了孙总的提议,势必会引起 A 公司员工的不满,况且,这样对孙总也不公平。但是,万一 H 公司员工真的做出什么出格的举动,造成的后果对大家都没有好处。

"让你出钱买单显然不合适,不合规矩。我们还是请示陈总做最后的定夺吧。"张总犹豫再三地说。

"我觉得这种小事不需要请示陈总。最好在我们之间就能解决掉。毕竟到了陈总那里,很多事情就失去回旋的余地了。"孙总若有所思地说。

张总觉得孙总说的也有道理,他也不愿意把事情搞大,于是就同孙总商量先安抚一下H公司的员工,容他再想想对策。

孙总打开门,招呼着H公司的员工代表又一次走进了张总的办公室。

"我跟张总商量好了。你们还是按计划参加年会,准备节目,抽奖的事情基本上搞定了,只不过需要请示一下陈总。你们放心,答应你们的事情一定会办到,希望你们不要产生心理隔阂。"孙总看了一眼张总,对H公司的员工代表说。

四、折中收场,心生隔阂

陈总在年会即将开始的时候才知道由抽奖安排而引起的这场风波。他当即要求孙总和张总务必尽一切可能请H公司的员工参加年会,否则,后果自负。

最后,张总提出了一个折中的办法——将A公司和H公司员工分开抽奖,为H公司员工单独设立一个大奖。他觉得这样一来,H公司员工也有了参加抽奖的资格,A公司员工也不会有太大意见。孙总表示这个方案可行,并表示愿意和H公司的员工代表再一次沟通。H公司的员工最终接受了这个提议。

年会开始,当A公司的员工缓缓走进年会的现场时,发现H公司的员工早已来到现场,并整齐地坐好。随着主持人的一段精彩开场白,一场原本开开心心、热热闹闹的年会就在这异样的气氛中开始了。

在陈总的一番慷慨激昂的演讲及各主要部门领导的共同祝贺之后,H公司的员工代表被邀请上台与大家正式见面。H公司的员工代表在一阵寒暄之后,只用了一句话表明了他们的想法:"我们希望能够真正成为A公司的员工!"

听了H公司的员工代表发言,陈总的内心真可谓七上八下。为了表示对H公司员工一视同仁,他当即表示:"A公司是一家跨国大公司,有着深远的多文化背景,我们欢迎所有来自不同国家,不同民族和肤色的员工,我们珍惜每一个员工的付出,我们尊重每一个员工的劳动。我在这里向大家保证,请相信我们的承诺,如果有做得不对的地方,欢迎大家积极提出意见和建议。如果大家还有什么顾虑,可以直接来找我。"

之后的进程可以说是按部就班。然而,H公司准备的精彩节目却始终没能上演。就在年会即将结束的时候,陈总快步走上舞台,向H公司的员工表示了真诚的谢意,并宣布年会将临时增加一个特别幸运大奖,参加抽奖的仅限H公司全体员工。最终,来自H公司的一名生产线上的工人抽中了大奖,本次年会也在这名员工的答谢声中落幕了。

年会结束了,H公司员工心中的隔阂却并没有就此消失。尽管A公司在后来的工作中采取了一些措施力图挽回此前失去的信任,但是在公司整合过程中还是出现了很多问题。在后来的几个月中不断地有H公司的资深员工离开,给公司的交接带来了很大的阻碍。而且,H公司的员工对A公司的各项制度和福利都表现出了前所未有的挑剔,有些甚至可以说是唱反调,这给公司的日常工作带来了极大的压力。另外,A公司原有的员工感觉在平时的工作中很难与H公司的员工进行沟通合作,导致工作效率低下。

资料来源:根据华东理工大学商学院 MBA 学生白云樵、蔡华兵、陈继、贺爱宾、黄海涛、吴敏、项菲和周鑫浩提供的事例改编。

【思考题】

● 1. 为什么张总和孙总在该不该让 H 公司的员工参加抽奖这个问题上持不同看法?

● 2. 如果你是 A 公司的人力资源总监张总,你会如何处理此次年会抽奖问题?

● 3. 试分析孙总、张总和陈总在此次沟通过程中的表现。

 本章思考题

■ 1. 阐述觉知的概念,并思考觉知与专注、心流、走神、反事实思维、预期、幻想的区别。

■ 2. 觉知是如何影响沟通效能的?

■ 3. 阐述主动性人格的概念。

■ 4. 主动性人格是如何影响沟通效能的?

■ 5. 阐述情绪智力的能力模型和混合模型。

■ 6. 情绪智力是如何影响沟通效能的?

■ 7. 结合本章所阐述的三种个人特性及其对沟通的影响,制定你培养某种特性的计划,并有意识地将其用于沟通当中。

第二篇
人际沟通

2

第四章　人际关系的建立与发展

 **引例**

《非诚勿扰》——人际交往的"表演"

"Can you feel it?"开场音乐响起,第一位男嘉宾乘透明电梯下降至舞台。和主持人孟非进行简短的介绍性对话后,男嘉宾们便锁定自己的第一印象:他们从台上24位女嘉宾中选择1位心动女生。反过来,如果女嘉宾对男嘉宾失去兴趣则可以按灭她们身前的灯。接下来,男嘉宾将通过三个VCR来展示自己不同方面的魅力。首先第一段VCR会介绍男嘉宾的生活方式、事业、爱好及性格。忠实于节目的相亲哲学,《非诚勿扰》的VCR表现的是中国人在现实相亲时的真实经历。现实中的相亲通常由朋友、同事或婚介机构安排,有时也通过"相亲广场"进行——这是一种公共相亲大会,父母会在其中为孩子做广告。节目的VCR也有同样的推广作用。制片人强调,尽管每段VCR包含了相同的基本信息——年龄、地点、职业等,但制作团队把注意力集中在提高其质量,以做到使每位嘉宾独一无二,或者用一位嘉宾的话来说"添加些能使我更受欢迎的元素"。

视频环节过后,主持人会挑选女嘉宾来问男嘉宾问题,中间穿插着专家的点评。通常女嘉宾和专家会让男嘉宾就VCR中他的外表、行为及自我陈述回答问题。

第二段VCR介绍男嘉宾的情感生活、他理想伴侣的品质,以及他的爱情观。女嘉宾可以随时灭灯。最后一段VCR采访了男嘉宾生活中可证实他的品质(通常是正面品质)的亲友。

最后一段VCR播完后,如果没有灯亮着,男嘉宾便相亲失败,这也是经常出现的结果。如果仍然有多位女生对其感兴趣,男嘉宾可以选择其中两位,加上他在节目一开始选择的心动女生。这个时候,他可以从基本资料中选择一项来进一步了解这三位女生。选中率最高的问题有:闺房真容、最不能容忍的男嘉宾缺点、素颜照和兴趣爱好。之后,男嘉宾有权问一个自己最关心的关于与未来女友的问题。许多男嘉宾最想了解的话题包括:女方是否介意异地恋;女方对婚姻生活和为人妻的期许是什么;女方未来五年(或两年、三年,甚至十年)的计划;如果老公没有太多时间陪女方,她会怎么办。最后,男嘉宾做出选择,被选中的女嘉宾做出最终决定,牵手成功的男女嘉宾带着主持人的祝福离场。他们接下来会接受一个简短的采访。整个节目的流程是快节奏的、充满"决策点"的,从男嘉宾选择自己的心动女生,给他留灯到最后的两位女生和他的最终决定,到24位女生可以随时拒绝男嘉宾的权利,无一不说明这点。

几年来,《非诚勿扰》的工作人员为了实现维持版式新颖和提供更好服务的双重目的,对节目进行了改版。例如,台下的"爱转角"给24位想找到爱却没有被选为女嘉宾的女生提供向没有牵手成功的男嘉宾告白的机会。如果一位男嘉宾遭到台上所有的女嘉宾拒绝,而"爱转角"的女生喜欢他的话,她可以站起来告白。男嘉宾有一分钟的时间来决定是否跟她离开。"爱转角"增加了节目的"有用性",添加了一个决策点,引进了制造惊喜的元素。还增加了一个受欢迎的环节就是"爆灯",女嘉宾可以明确表达她在任何情况下都愿意跟男嘉宾离开。

资料来源:孟睿思,杨一婧,尹珏林. 非诚勿扰. 哈佛商学院案例研究,2013(11).

【思考题】
- 1.《非诚勿扰》节目各环节的设置体现了人际交往怎样的过程?
- 2. 改版后的《非诚勿扰》主要从哪些方面对人际交往过程进行了改进?
- 3.《非诚勿扰》中展示的人际交往过程与现实生活中真实的人际交往有何差异?

《非诚勿扰》之所以能取得巨大的成功,一方面是节目本身的精彩设置,另一方面则是借助了人们对人际交往的强烈关注度。社会中的个体都身处于与他人的各种关系之中,包括朋友关系、同事关系、情侣关系、婚姻关系等,这些关系与个人的幸福紧密相连。同时,由个体构成的团体或组织也应重视各种人际关系的良好发展,以增加团体中个体的满意度、提高工作的效率进而增加团体的利益。因而,人际关系对个人、组织及社会的发展都至关重要,值得我们对其进行全面、深刻的分析和研究。

人际沟通的一个重要目的在于建立良好的人际关系,为此理解人际关系建立和发展的机理和影响因素,有助于提升沟通的效能。本章从人际关系的概念和基本特征出发,详细阐述人际关系的内涵,然后根据人际关系发展的过程,从人际吸引、人际沟通与关系发展直到关系的终结等各个环节进行具体的分析,展示人际关系从建立、发展甚至终结的全过程。

第一节　人际关系的概念与基本特征

一、人际关系的概念

人作为群居动物，无法离开群体而独自生活。亚里士多德曾说："能独自生活的人，不是野兽，就是上帝。"生而为人，群居是一种本能，也是一种经时间验证过的有力的生存法则。人在群体中生活免不了要与群体中的其他个体进行接触与沟通，这也就预示着人际关系的建立与发展。

然而，人际关系在组织管理中的作用长期不被重视。在工业革命期间，人类逐渐从农业社会转向更多以工厂为据点、以机器和技术的大量使用为生产特点的工业型社会，这一历史时期标志着一个巨大的变革，管理层开始关注最大化生产的方式，在这样的社会背景之下，大量围绕组织管理和高效生产的研究如雨后春笋般涌现出来。美国哈佛大学教授乔治·梅奥（George Mayo）最初也是以研究工业产出为目的而在西屋电气公司（Western Electrics）的芝加哥工厂进行了一系列实验研究。[1] 该研究始于1924 年，梅奥通过隔离两组工人来研究不同的工作条件对工人生产率的影响，包括研究工厂的物理环境、工作时间、工作长度等的影响。实验结果基本验证了梅奥的猜想：改善工厂的物理环境或合理调整工作时间等激励措施确实能提高工人绩效。

与此同时，实验结果带来了一个意外之喜：梅奥发现无论采用何种实验，工人的产量都提高了。梅奥对这一现象进行了更深入的研究，通过一系列访问和进一步实验，发现在开展实验期间这些工人的态度发生了明显的改变。实验建立的工作组更像一个社交单元，在这个单元里面，工人与工人之间的互动以及领导、观察者与工人之间的互动影响了工人的认知、情感，进而对工作态度和工作绩效都有了积极的影响。这些实验进一步验证了工人对管理者们的额外关注非常敏感，而这样的感知会显著地影响工人的生产率。因此，梅奥提出尽管财务动机很重要，但群体互动关系的影响也同样不能被忽视。由此，梅奥创立了"人际关系理论"，为人际关系研究奠定了坚实的理论基础。这是人们第一次将人际关系放到了组织管理研究的视线中来，在梅奥的理论贡献基础之上，人际关系的研究得到了进一步发展。

概括地说，人际关系是指人们在共同生活或互动中彼此为寻求满足各种需要而建立起的相互间的心理关系。人际关系的这一概念包含着三方面的重要信息，分别是：人际关系是在人际互动过程中建立和发展的；人际关系是一种相互间的心理关系，体现了交往双方的亲密性、融洽性和协调性；人际关系的建立与维持是彼此为了满足某些需要而采取的行动。

---

① Mayo E. The Human Problems of an Industrial Civilization. London: Routledge, 2003.

理解了什么是人际关系之后,进一步思考为什么要有人际关系。梳理现有的研究,可以发现人际关系产生的原因主要有以下三点:归属或亲和的需要、获得回报以及摆脱孤独。

(1) 归属的需要。作为一个社会人,除了满足自身的生理需要、安全需要等,也会有社交和归属的需要,即希望在群体中找到归属感,与人亲近,进而能够受人尊敬和爱戴。为了实现这一归属需求,就需要与周围的人建立友好的人际关系。从个体生命开始的那一刻起,人们就不断地寻找陪伴,如父母、朋友、同事的陪伴,而人们也不满足于陪伴,更希望能够与那些真正关心自己的人建立持久亲密的联系,这是人类的一种普遍需求,就像对饥饿、干渴的满足需求一样。

若没能与人建立起和谐的人际关系或未能妥善处理人际关系,则容易出现社会排斥(ostracism)的现象,即被人拒绝或忽视的体验。大量研究证明,社会排斥减少了人们的归属感,而这可能让人们更能意识到社交的重要性,就像一个饥饿的人更容易感受到食物相关的刺激一样。因此,为了满足归属的需要,避免社会排斥的出现,人们会倾向于采取一系列积极主动的交际行为来尝试融入群体。生活中这样的例子很常见,比如,刚入学的新生、刚入职的员工都会有强烈的意愿与身边的同学或同事进行沟通交流,希望能够开展新的人际关系以尽快融入新的环境。

(2) 获得回报。人们也会因为想要获得某种回报而与群体中的其他个体建立人际关系。这里的回报指的是从人际交往中获得的任何收益,回报的形式可以有很多,有学者从两个维度对回报加以划分:①在特定性维度上,可以分为普遍的回报与特定的回报。比如金钱和爱,金钱回报的价值是具有普遍性的,而爱的价值则取决于提供回报的人,具有特定性。②在具体性维度上,则又分为有形的回报与无形的回报,比如物品和信息。人们工作中常说的"应酬"就是基于获得回报而开展的人际交往活动,应酬的双方表面是通过营造一个较轻松和谐的沟通环境来加深双方的交流,提高关系的亲密性、融洽性和协调性,实则希望通过这样的人际交往来从对方身上获取某种回报,可能是投标的项目、巨额的订单、长期的商业协作等。[①]

同时,人们通常还会进一步衡量在一段关系中的绝对收益或者相对收益来做出是否进行交往的决定。而若要衡量绝对收益或相对收益,还有一个不可绕开的关键因素就是成本,这里的成本指的是人际关系所带来的负面后果。因此,人们在考虑是否发展一段人际关系的时候,会同时衡量获得的回报和付出的成本来判断关系的建立和发展是否是有利可图的。

(3) 摆脱孤独。摆脱孤独也是人们渴望与外部建立人际关系的重要原因之一。孤独(loneliness)和独处(aloneness)是两个不同的概念,独处是个体与群体分离的一

---

① Foa U G, Foa E B. Societal structures of the mind. Springfield, IL: Charles C Thomas, 1974.

种客观的物理状态,而孤独则是人们感知到的一种心理状态。人际关系数量不多或质量不够都可能导致孤独,人们为了摆脱这种孤独感,最直接有效的方法便是改善与他人之间的关系,可以是寻求建立新的人际关系,也可以是改善、加深已有的人际关系。遇难后漂流到孤岛的鲁滨逊,他所要面对的困难不止有生存的艰难,还有无尽孤独感带给他的煎熬,所以,他决心营救小野人"星期五"的一个很强的动力便是渴望摆脱孤独而与人交往的心情。在这之后"星期五"很快成为他的好帮手、忠心的仆人和知心的朋友,不可否认这种人际关系的建立和加深也是鲁滨逊能够坚持在孤岛上生存下来的一个重要因素。

　　孤独在生活中非常常见。孤独通常被分类为两种截然不同的形式:情感孤独(emotional loneliness)和社会孤独(social loneliness)。情感孤独来源于亲密关系的缺乏,如儿童因缺乏父母的关爱或同龄朋友的友谊而感到孤独。社会孤独则来源于社会群体融入感的缺乏,如新入职的同事可能因为无法快速融入部门团队而感到孤独。总而言之,孤独是每个人都会体验的感受,孤独的普遍存在也从侧面反映了人际关系的重要性,摆脱孤独的唯一路径就是与他人建立良好的关系,而这也是我们开展人际交往、建立并发展人际关系的又一个主要原因。

二、分类与特征

　　按照不同的分类标准,人际关系可以有不同的类型。早在春秋时期,儒家创始人孔子便提出按社会角色来划分的人际关系,即"君君、臣臣、父父、子子",在社会中扮演好每个角色都需要处理好相应的人际关系。20 世纪初,人际关系学说创立后,许多学者对人际关系的类别进行了细致的划分。威廉·舒茨(William Schutz)提出人际交往有三种不同的需求:包容、控制和情感需求,还有主动和被动两种不同的态度,这些不同的需求和态度预测、决定了人际行为,这就是"人际关系三维理论",并由此提出了六种人际关系类型:主动包容型、被动包容型、主动控制型、被动控制型、主动情感型和被动情感型。[1]

　　结合中国独特的社会情境,我国学者对人际关系进行了本土化研究,并提出更适合中国本土情境的人际关系分类。张志学通过访问得到 37 种人际关系,并初步了解中国受访者在关系进行认知时所依据的标准,然后采用多维度法,提炼出这 37 种人际关系背后的三个维度:关系的远近、个人与关系伙伴交往时的自主性、个人对关系伙伴的依赖性。进一步研究表明中国成年人对于自己与别人形成的社会关系的判断与认知可以在三维几何空间上表示出来。[2]

---

[1]　Schutz W C. FIRO: A three-dimensional theory of interpersonal behavior. Oxford, England: Rinehart, 1958.

[2]　张志学. 中国人的人际关系认知:一项多维度的研究. 本土心理学研究, 1999(12): 261-288.

不论人际关系处于何种形态,都具有一个基本特征:相互依赖,即交往双方的行为能够互相影响。相互依赖理论(interdependence theory)是社会行为学领域最经典的理论之一。该理论强调人际交往双方的行为互相影响,提出了一个全面的情境分类,人们可以从中了解各种心理过程、行为和社会互动。相互依赖理论提出了一个六维结构模型,人们根据这六个维度的不同情况来定义所处的人际关系的具体情境。这六个维度分别是:①依赖程度,即一方依赖于另一方的程度,或一个人的结果受到对方行为的影响程度;②相互依赖关系,即两个人是否平等地相互依赖;③依赖基础,即互动双方影响彼此结果的方式;④利益一致性,即互动双方的利益是否相符或冲突;⑤时间结构,即人际关系的动态和顺序;⑥信息可用性,即双方对彼此信息的掌握程度。

第二节　人际吸引和人际关系建立

人际关系会受到人们各种心理成分(如认知、情感或行为成分)的影响,同时因为存在相互依赖性,人际关系会根据一方行为、态度等的改变而发生动态变化。人际关系开始于人际吸引,彼此因某些因素而产生趋近的倾向,进而建立人际关系,之后经由相互的沟通交往使关系得到进一步的发展和巩固。但若在这个过程中,其中一方或双方出现了观念不一致或需求得不到满足的情况,人际关系就会被损害,若没有及时修补,最终会走向关系的终结。这就是人际关系发展的基本脉络。在接下来的章节内容中,我们将按人际关系的发展脉络对其中的各个阶段进行详细的阐述。本节主要对人际吸引展开分析。

一、人际吸引的基本规律

人际吸引(interpersonal attraction)是人际交往的第一步,是决定人际关系能否建立的首要环节。人群中的个体会被什么类型的人吸引而产生与之交往的意愿呢?答案往往不尽相同,因为决定人际吸引的因素错综复杂。社会心理学家通过大量研究后归纳出影响人际吸引的四大主要因素,即人际吸引的四大基本规律——接近性、熟悉性、相似性和个人特性。

(一)接近性

接近性指的是个体间物理距离的趋近程度,而非心理距离的远近。心理学家利昂·费斯汀格(Leon Festinger)等人通过一项在学生宿舍内开展的研究探索了物理接近性与友谊形成的关系。他们将学生随机地分配到宿舍公寓内,一段时间后向 270 名学生询问了关于他们三位密友的情况,结果发现 41% 的密友都来自被询问者的隔壁,22% 的密友住在被询问者隔壁的隔壁,而来自间隔两个或三个房间的同学被提及成为密友的概率分别只有 16% 和 10%。这项实验研究有力验证了物理距离的接近程度对人际关系的影响,即距离越趋近,人际关系往往就越紧密。[1]类似的还有围绕大学生宿舍的空间设计对人际交往的影响而展开的研究,研究结果清晰地表明,两种设计结构即长条形和圆弧形的宿舍对学生的人际交往分别产生了不同的影响,住在圆弧形宿舍楼层中的学生出现了更频繁的人际互动,而长条形宿舍楼层中的学生之间进行互动交流的频率相对少了很多。

接近性规律的主要原因在于,物理距离越接近的个体之间,越容易相互接触和交流,这就很大程度上减少了人际交往的成本。在获得回报相同的情况下,发展这样的一段人际关系就显得更为有利可图,"近水楼台先得月"说的就是这个道理。

(二)熟悉性

人们倾向于喜欢在群体中出现频率更高的个体,即熟悉性可以增强人际吸引。在20世纪60年代,西方心理学家进行了一个实验,他向参与者展示了一些人像图片,有些图片被重复展示多达20多次,而有些图片只被展示了1~2次,实验最后询问参与者对每个人像的喜爱程度,结果表明参与者更倾向于喜爱被展示次数较多的人像图片。心理学家将这种现象称为"单纯展露效应"(the mere exposure effect)。

了解熟悉性规律之后,思考这样一个问题:越熟悉的人,关系就越亲密吗?各种生活经验告诉我们,答案是否定的。虽然熟悉性在一定程度上可以促进人与人之间的相互吸引,但这种促进并不是无止境的,它也有一定的局限性。比如,接触过多,则可能导致厌烦和过度满足,也会对人际关系带来损害,"七年之痒"的说法则印证了其中的道理。同时,还要注意,只有在初始印象是正面或中性时,增加接触频率才能提高喜欢的程度,而如果预先存在冲突,进一步接触反而会导致冲突的升级。熟悉性的局限性告诉我们,根据人和环境不同而进行适当的接触才可能促进人际关系的建立和进一步发展。

(三)相似性

人际吸引的另一个基本规律是相似性,即人们喜欢那些和自己在态度、兴趣、价值观、背景和人格等方面相似的人。"物以类聚,人以群分"说的就是相似性在人际交往中的作用。

对相似性作用机制的解释也有多种,从获得回报的角度看,与和自己相似的人交往也是在一定程度上对自己的一种肯定,这种自我肯定增加了从人际关系中获得的回报,因此,人们会更愿意与和自己相似的人建立关系。而从认知失调理论的角度来看,人们倾向与相似度较高的人交往是因为相似度越高,彼此需要的心理调适就越小,不舒适的感觉也就越少。

---

[1]　Festinger L, Schachter S, Back K. Social pressures in informal groups: A study of human factors in housing. Stanford, CA: Stanford University Press, 1950.

提到相似性，人们总会想到它的反面，即互补性。人们会喜欢那些与自己不同、在性格上与自己互补的人吗？对这个问题的解答，学者们莫衷一是，但与互补性相关的人际关系研究始终只是理论推测或零星观察，没有被系统地证实，因此，目前研究暂无法确切地给出互补性对人际吸引的影响。

回到人际吸引中的相似性规律，尽管相似性通常会增加好感值，但与熟悉性对喜好程度的影响类似，相似性也存在局限性。在某些情况下，相似性也意味着威胁性的存在。比如，在组织中，与自己的能力越是相似的人，越容易成为自己的竞争对手，如感慨"既生瑜，何生亮"的周瑜与对手诸葛亮。有时，差异性的存在也会有正面的影响，在团队中适当提倡多元化可以有多方面的益处，比如，促进团队成员分享不同的知识和体验、有利于团队间相互的学习、有利于碰撞不同的观点而产生创新的想法等，而这些差异性带来的益处恰恰就是相似性的局限性。

接近性、熟悉性和相似性并非是完全孤立的特性，三者之间有着微妙的联系，并随着时代的发展而呈现不同的关联。比如，在以往的认知中，物理上的接近往往是熟悉性建立的基础，两者有着较强的相关性，但随着互联网络的发展，熟悉性与接近性的关系变得更为灵活，相隔千里也能缘牵一线。因此，判断这三者之间的联系还应从更深层次的理论着手，探索人们与之相关的心理机制或行为规律。

（四）个人特性

除了上文提到的接近性、熟悉性和相似性之外，人们还会因为对方的某个特性而对其产生好感，因此，个人特性也是影响人际吸引的重要因素。那么，究竟是个体的哪些特性对人际吸引有重要影响呢？这个问题并没有统一的答案。有些人认为不同的个体会被不同的特性吸引，正所谓"萝卜白菜，各有所爱"；有时候在不同的文化背景下，产生人际吸引的个人特性也不尽相同。有吸引力的个人特性有时还会因交往对象的角色不同而有所差异，比如，在选择理想的工作伙伴时，人们往往倾向于与能力超群的、有魅力的人共事，而在选择理想的婚姻伴侣时，能力超群、有魅力可能并不是最主要关注的特性。

尽管影响人际吸引的个人特性错综复杂，研究者们仍试图从中找出对人际吸引产生主要影响的某些普遍特性，并归纳出四种有吸引力的个人特性，分别是：热情（warmth）、能力（competence）、可信性（trustworthiness）和外表吸引力（attractiveness）。

在人际交往中表现热情的人更容易引起别人的注意和好感。相关研究证明，给予积极评价的人被认为比给予否定评价的人更具吸引力。在该研究中，实验中的参与者通过收听一系列人物访谈从而对这些人物进行评价，这些人物（受访者）给出了对各种态度对象（如人物、城市、电影和大学课程等）的积极评价与消极评价，结果证实，给予积极评价确实会导致参与者对刺激者（受访者）更加满意，说明积极热情的个性特征更为人所接受,在人际交往中更容易促进相互吸引。

另一种有吸引力的个人特性是能力。一般而言,人们更喜欢有能力的个体,因为与优秀的人建立友好关系有利于自身能力的提高。从进化论的角度,与能力强的人同行能增强自身的竞争力。能力涵盖的范围较广,哪方面的能力更有吸引力还要看交往双方之间关系的性质。互为同学关系的交往双方更加倾向于对方是个学习能力较强的人,而互为同事关系的交往双方则会希望对方是个综合职业能力较强的人。

可信性也是在人际吸引中起到重要作用的个人特性之一,指的是人际交往中对方让人们产生的可以信任他的感觉。一个人若比另一个人拥有更高的可信性,那么,他在群体中就能产生更大的吸引力。

最后一个普遍有吸引力的个体特性为外表吸引力,即当其他条件都相同时,人们倾向于喜欢长相好的人。其背后的一个重要原因是,人们的刻板印象认为具有外表吸引力的人一般也具有优良的品质、较高的收入、健康的心理等。有时,人们还相信与一个有吸引力的人在一起,可以提升自己的社会形象,这一心理现象又称"美丽辐射效应",但这种效应存在的前提是互动双方具备一定的关联。①

虽然每个人对美丽的外表特征的偏向不尽相同,但某些吸引人的外表特征似乎具有跨文化相似性,比如,大眼睛、娃娃脸、五官左右对称等。这种较趋同的外表吸引力一方面来源于生物演化因素的影响,如娃娃脸使人联想到婴儿,对称代表健康等;另一方面则来源于社会价值建构的影响,大众传播媒体的灌输,在群体中形成相似的标准和认知。

综上所述,接近性、熟悉性、相近性以及个人特性是影响人际吸引的四大重要因素,掌握每个因素对人际吸引的作用机制以及效果,对群体中人际关系的建立非常重要。

 【案例 4-1】

解读百合网的爱情模式

百合网创始人兼副总裁慕岩也是百合网的忠实会员。慕岩第一次见到于丽莎(慕岩的妻子)的时候,两个人都没有给对方留下什么好印象。那是在 2009 年 1 月 13 日北京建外 SOHO 的味千拉面馆里,连续加班两天两夜的慕岩胡子没刮、目光呆滞,于丽莎心想,"这人可真够邋遢的";匆匆赶来的于丽莎,裹着深褐色的大衣,也没有刻意打扮,一坐下来就大聊自己的工作情况,慕岩心想:"这姑娘有点傻啊!"

当时谁也没有想到,8 个月之后,两人闪婚了。让慕岩坚持这段第一印象并不算好的恋

① Kernis M H, Wheeler L. Beautiful Friends and Ugly Strangers: Radiation and Contrast Effects in Perceptions of Same-Sex Pairs. Personality and Social Psychology Bulletin, 1981, 7(4): 617−620.

情的最重要理由,是百合网心灵匹配测试系统给出他与于丽莎的匹配指数高达94%,与大学同学田范江(百合网 CEO)联合创办百合网的慕岩知道,百合网成立这么多年来,如此高的匹配指数也很少见。

百合网创建之初,慕岩就申请了账号,昵称"慕容岩岩",几年下来,也累计收到过上千封女用户的来信。起初注册回信是为了测试系统的运行和用户体验,直到2008年,百合网的工作已经步入正轨,马上就要奔四的慕岩开始为自己的婚姻大事着急。他能想到最靠谱的解决单身问题的途径,当然是自己创办的百合网了。

2008年,慕岩先后见了几次网友,但都没有后续。直到12月的一天,一封只写了"你好"两个字的来信引起了他的强烈关注。心灵匹配测试系统显示,两人的匹配指数达到了94%。慕岩抑制不住内心的激动。经过两三个回合的通信,两人决定见面。

第一次见面没有擦出火花,但眼睁睁看着"最匹配"的爱人有可能与自己擦肩而过,慕岩不甘心。"怎么也不能辜负了这么高的匹配度!"两人都是抱着这样的念头见了第二次、第三次,在第四次见面的时候确定了恋爱关系。他们发现,原来那个邋遢的胡须男这么幽默、善良,原来那个傻里傻气的姑娘这么优雅、知性,两人的感情迅速升温。

当得知"慕容岩岩"就是百合网的创始人之一后,于丽莎的第一反应是:"你不是在做调研测试吧?"慕岩也是在此时才得知,自己是太太注册两年多以来主动发的第一封信的收信人。他自豪地说:"还是我自己的这套系统靠谱啊!要不然茫茫人海,我要寻找多久啊。"

像慕岩夫妇这样的"百合夫妇"已经超过了上万对。田范江经常会拿这些成功牵手的会员举例子:"你看,这对要是没成得多可惜啊,人们已经连自我认知的时间都没有了,又怎么可能找到一生的伴侣呢?我们就是要帮助用户首先认识自己,再帮他们认识别人。所谓知人知面不知心,我们要做的就是'知心'这部分的生意。"

不过,想要知心谈何容易。大多数人真正了解他人都需要花费多年时间,尤其是在婚姻大事上,人们往往需要打一场旷日持久的信息收集战,最后成功的概率也未必高。

"你不觉得这样太浪费时间了吗?"田范江对这种凭着感性和体验来寻找配偶的方式提出了质疑,"人们总说'世间人有千万,总有一个属于我',照这种方法,按照千万分之一的概率,要多久才能觅得知心人?如果你能一开始就知道对方大致是个什么样的人,那效率就高多了。我相信婚姻可以通过一套精密的算法达到完美的匹配,这一点我们已经通过数据证实了。"

田范江所说的精密算法,就是百合网的心灵匹配测试系统。简单来说,心灵匹配测试系统是把人通过恋爱类型、个性特征、价值观念、关系互动四个方面进行数据剖析,形成数据模型,再根据特定的心理学匹配算法,在百合网庞大的用户资料数据库中进行筛选,以匹配度数值为标准进行排名,将匹配者由高到低推荐给用户。

心灵匹配测试系统可以在恋爱前起到匹配的作用,让系统筛出匹配度高、未来幸福概率高的对象,然后培养感情,缩短两人互相了解的时间,减少犯错误的概率。调查表明,通过"心灵匹配"方式找到伴侣的夫妇婚后 48 个月的婚姻满意度高达 83%。也可以在恋爱之后来做这个测试,它就像一张体检表,展示了激情背后,两人在个性价值观上存在哪些差异,婚后可能出现什么问题和争端,以供预防。

资料来源:叶雨晨.百合网的爱情模型.公关世界,2012(12):54—57.

【思考题】
● 1. 慕岩和于丽莎的关系升温体现了人际吸引的哪些规律?
● 2. 百合网的爱情模式是否存在局限性?

二、关系中的分配法则

人际关系从人际吸引开始,到关系初步建立,再到关系进一步发展或者是关系的下降,直到关系终结,这是一个动态变化的过程。社会心理学家们试图揭示这一过程背后人际关系变化的普遍法则。

在相互依赖理论的影响下,人们会更希望维持社会关系的公平,以保证双方都得到满意的结果,通常有几个重要的分配法则便于人们判断一段关系公平与否。首先是平均法则(equality rule),即在交往关系中将利益均等分配来保证关系的公平。简单的例子是,在小朋友过生日分蛋糕时,一般会先将蛋糕切成均等的或看起来均等的小块,再分给到场的每一个人。因平均法则的简易可操作性,此种分配方法在儿童群体中更为常见。另有研究证明,亲近的朋友关系更容易让人忽略对方美德和绩效上的差异而采取平均分配的法则,类似的情况发生在陌生人之间时则不会采用平均分配的方法,因此关系的类型与分配法则的选择紧密相连。[①]

另一种在人际关系中常用的分配原则是需求法则(need rule),顾名思义就是按照个体需要的多少来进行分配。这种分配往往出现在关系亲密或者彼此非常信任的人之间。同是过生日分蛋糕的例子,若在分蛋糕前,有人表明自己很喜欢吃蛋糕或者有人表明自己不能吃蛋糕,那么分蛋糕者就倾向于按需分配来满足不同客

---

① Austin W. Friendship and fairness: Effects of type of relationship and task performance on choice of distribution rules. Personality and Social Psychology Bulletin, 1980, 6(3): 402–408.

人的喜好。

还有一种普遍被人们接受的分配法则即为公正法则（equity rule），这个法则表明人们通过衡量自己与他人在关系中各自获得的结果与所作贡献的比例来判断关系是否公平。[①] 用科学的等式则表现如下：

$$A 的产出 /A 的投入 =B 的产出 /B 的投入$$

在人际关系中，即便两人获得的结果是无差别的，但因为其中一方觉得自己比对方付出多，那么他也可能感受到不公平的待遇，导致关系出现偏斜，引发不满或矛盾。

值得注意的是，上述三种分配法则都是建立在社会交换关系的假设基础之上的，故也称"社会交换原则"。离开交换关系的前提，分配法则就并不一定成立。有学者区分了交换关系（exchange relationships）和共有关系（communal relationships）。[②] 交换关系是指人们在关系中的付出都是以获得回报为最终目的的，而不存在无私奉献的责任感。而与交换关系相对的是共有关系，在这种关系中人们认为自己有责任满足同伴的需要，并不在乎是否能获得回报或是获得回报的多少。现实生活中，家人、朋友、伴侣之间的关系往往就是共有关系，交往双方达成一种默契，关心对方的需要和幸福，并期望与之建立长久的亲密关系。而与陌生人、偶尔认识的人、业务往来的人之间的关系通常则是交换关系，交换双方只关心自己的个人利益，不会无偿地为别人做任何事。基于这种区别，在交换关系中获得的收益会比在共有关系中获得的收益更具吸引力，因为在共有关系中，给予别人好处并不是以获得回报为目的的，若受惠者坚持给予同等的回报，反而会让施惠者对其好感降低，而在交换关系中，给予回报的人比未给予回报的人更具明显的吸引力。

在不同的人际关系中，关系的分配法则各不相同，并且在不同的文化背景中也是如此。许多学者对文化差异影响下的关系分配法则进行了一系列的研究，研究发现：中国人对朋友和对陌生人往往采取不一样的分配法则，对朋友采用平均法则，对陌生人则更多采取权益法则。[③] 黄光国则认为社会交易或分配社会资源的三种基本法则即权益法则、需求法则、均等法则，并不能很好地解释中国本土情境中的人际关系。他认为中国人社会交往的第一步是进行关系判断，根据工具成分和情感成分所占的不同比例，将人际关系划分为情感型关系、工具型关系和混合型关系，并定义了符合中国情境

① Hatfield E, Traupmann J, Sprecher S, Utne M, Hay J. Equity and Intimate Relations: Recent Research. In Ickes W (eds), Compatible and Incompatible Relationships. Springer Series in Social Psychology. Springer, New York, NY, 1985.

② Clark M S, Mills J. Interpersonal attraction in exchange and communal relationships. Journal of Personality and Social Psychology, 1979, 37(1): 12-24.

③ Leung K, Bond M H. The impact of cultural collectivism on reward allocation. Journal of Personality and Social Psychology, 1984, 47(4): 793-804.

的三个法则:权益法则、人情法则和需求法则(如图4-1所示)。尤其是人情法则定义,很好地解释了中国社会中区别于西方社会的独特的人际互动,人们之间的相互回报有时并不是一种普遍的交易关系,而是个人在特定社会情境中的一种义务,人们注重义务的履行。因此,人情不仅是中国社会中一种规范社会交易的准则,也是个体在人际交往过程中可以用来争取资源的一种社会机制。黄光国的研究启示学者不应只考虑简单的、有普遍性的人际关系法则,而应结合人际义务的文化、社会背景以及日常生活中的具体应用来进行研究。

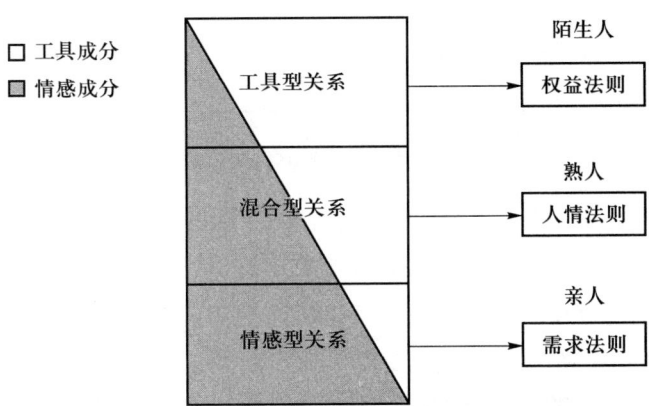

图4-1　中国人对待不同关系伙伴的关系分配法则[①]

三、信任

　　人际关系的建立和发展始终离不开信任。什么是信任? 研究学者从不同层面进一步解释了信任的含义。从社会科学的角度,信任(trust)是指不管个体有无监控对方的能力,都将自己的脆弱性暴露于对方行动的意愿。基于这样的定义,董事会将公司管理委托给有能力的管理者,这是不是信任? 并不是。所有严格撰写的委托代理协议以及监事会的存在都证明了这不是信任。

　　掌握了信任的内涵后,还应进一步了解什么因素能影响信任水平。Mayer和合作者提出了著名的信任模型,并指出信任方的信任倾向和被信任方的值得信赖的程度决定了信任,而被信任方的值得信赖的程度又取决于能力(ability)、仁慈(benevolence)和正直(integrity),如图4-2所示。

---

① 黄光国.人情与面子:中国人的权力游戏.北京:中国人民大学出版社,2010.

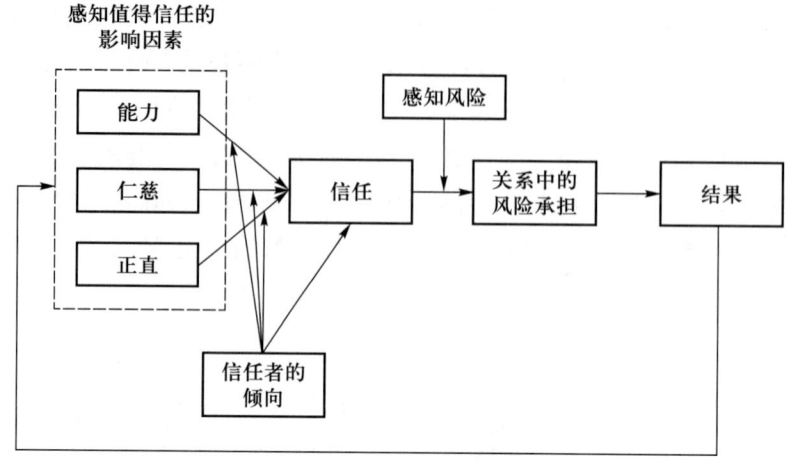

图 4-2　信任模型 ①

具体地,第一,相比能力不足的对象,人们更倾向于信任那些表现出优秀能力的个体,因为委托其行动或与其一起行动成功率更高,从而让自己减少风险带来的损失。第二,人们也会因为存在对个体的特殊情感而选择信任对方,比如,对家人的信任便是出于对这种亲密关系中的对象怀有仁慈的心理。第三,即便个体没有表现出出众的能力,你也与之没有亲密的关系,但你可能因为个体诚实、正直的行为而选择相信对方。信任的存在,会让人际关系的建立和发展更为顺利,而人际关系发展至深的结果又能带来更高水平的信任。

尽管信任在社会生活和商业活动中扮演着至关重要的角色,但是国际问题研究专家弗朗西斯·福山(Francis Fukuyama)认为,中国是一个低信任社会,因为中国人一旦跨出家门,对陌生人的信任就急剧下降。2013 年的中国社会心态研究报告也显示,被采访到的中国居民只有不到三成表示愿意信任陌生人。我们在多种社会生活的场合中,也被提醒不要轻易与陌生人说话或交往,这进一步加剧了人们对于陌生人的不信任。

社会学家费孝通在《乡土中国》一书中用"差序格局"形容中国人的社会互动。他认为在中国人与人之间的关系是以亲人关系为主轴的网络,每个人都以自己为中心结成网络,这就像把一块石头扔到湖水里,湖面会以这个石头为中心形成一圈一圈的波纹,而波纹的远近就标志着社会关系的亲疏。在这个理论的基础上,姚晶晶和张志学等人推测,中国人习惯与圈内人打交道的社会互动方式,很可能降低他们对熟人圈

---

① Mayer R C, Davis J H, Schoorman F D. An integrative model of organizational trust. Academy of Management Review, 1995, 20(3): 709-734.

子之外的陌生人的信任。① 他们进一步推测，一旦让人们主动跨出熟人圈子，和圈外人进行积极的交流和互动，就能提升他们对于陌生人的信任。他们的系列研究一致证实，与圈子内的人打交道，无论是正面还是负面的经历，都不会影响人们对于陌生人的信任水平；只有和圈子外的人打交道并且产生积极的体验，人们对陌生人的信任才会显著提升。这个研究的启示在于，个人要鼓励自己走出狭小的社交舒适区，适应与不同的陌生人打交道，既可以了解更多的信息，也有助于降低自己对他人不必要的戒心。同样，企业的管理者要创造机会鼓励员工与小圈子之外的人开展非正式的交流或者正式的合作，通过社会交往产生的体验会潜移默化地改变人们的信任行为和信任态度。

第三节　沟通与人际关系发展

如果说人际关系是成功路上必须占领的一座座堡垒，那么，沟通就是通往这些堡垒的最直接的路径。失去了人与人之间的沟通，人际关系就无法建立，更得不到发展。大量研究都发现人际沟通对人际关系以及组织管理的重要性，沟通不畅的组织很可能面临员工工作积极性不高、组织生产低效率的困境，长此以往甚至会导致组织破产倒闭。如果管理者能及时发现其中存在的沟通不畅问题，并采取积极的措施加以整改，促进人际沟通，改善人际关系，就能给组织重新注入新的活力。

【小练习】

乔 哈 里 窗

乔哈里窗（Johari window model）是心理学家乔瑟夫·卢夫特（Joseph Luft）和哈林顿·英厄姆（Harrington Ingham）在 1955 年提出的意在帮助使用者认识自我、提升人际关系质量的心理学工具。该工具以个体的自我概念为分析对象，将其划分为 2（自己知道 vs. 自己不知道）×2（他人知道 vs. 他人不知道）共 4 个区域，分别为公开区（open area）、隐藏区（hidden area）、盲区（blind area）与神秘区（mystery area），具体如图 4-3 所示。

---

① Yao J, Zhang Z X, Brett J, Murnighan K. Understanding the trust deficit in China: Mapping positive experience and trust in strangers. Organizational Behavior and Human Decision Processes, 2017, 143：85-97.

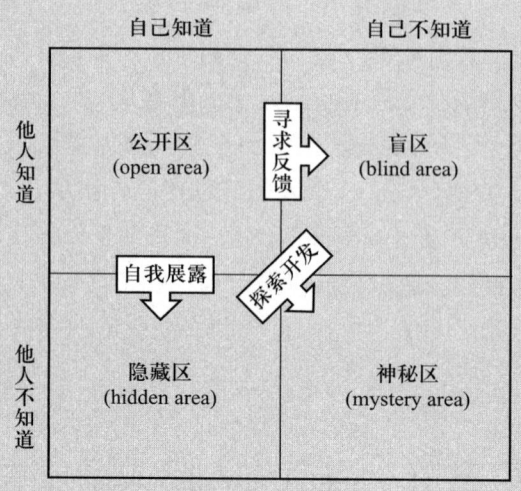

图4-3 乔哈里窗[1]

应用乔哈里窗的关键在于绘制自己的乔哈里窗,主要包括以下两个步骤。步骤一为自我意识诊断,要求使用者诚实地列出自己的优缺点,并判断自己愿意将哪些内容与他人进行分享。步骤二为征求他人对自己的认识,使用者需邀请其他人参与进来,倾听并思考他们对于自己的看法,并向提供反馈的人表示感谢。在该步骤中,使用者可以考虑采用一对一的形式,也可以采用小组讨论的形式。通过对比使用者自己所列出的优缺点与其他人反馈得到的优缺点,使用者便可以知道自己的公开区、盲区以及隐藏区。

在绘制完乔哈里窗后,使用者可据此来扩展自我、提升人际关系质量。公开区被认为是个体与他人进行有效沟通的黄金区域,使用者在与他人沟通时应多参照这一区域的内容。正因如此,使用者也有必要不断地扩展自我的公开区。具体地,隐藏区向公开区转变需要使用者进行合理的自我展露,逐步向他人分享自己的兴趣爱好、价值态度、人际关系以及隐私等内容;盲区向公开区的转变则需要使用者不断获取他人的反馈,了解他人对自己的看法,丰富对自身的认识;在开发神秘区上,使用者可以考虑有意识地做一些之前没有做过的事情,并且不轻易给自己下定义。

总之,乔哈里窗是个体认知自我、提升人际关系质量的一个有效工具,值得大家去尝试与探索!

---

① Luft J, Ingham H. The Johari window, a graphic model of interpersonal awareness. In Proceedings of the Western Training Laboratory in Group Development. Los Angeles, CA: UCLA, 1955.

一、自我展露

人际沟通中必须先有一方采取主动积极的行动来开启交谈,若在交谈中个体向对方透露了自己私人的信息和感受,我们就称其为"自我展露"[①](self-disclosure)。自我展露与自我呈现(self-presentation)不同,后者所描述的信息是别人可以从其他途径获得的。在食物面前,我们可以通过人们的面部表情、声音、动作等来获得关于对方是否喜欢这个食物的信息,但是我们无法知道对方为什么喜欢或者不喜欢这个食物,除非对方接下来主动向我们坦白。这就是自我呈现与自我展露的区别。

自我展露可以划分为描述性展露和评价性展露。如果人们向交谈对象描述了关于自己生活的经历,如一次旅行、一场看过的电影、一件发生在自己身上的印象深刻的事情等,这种展露就是描述性展露。而人们就一个人或一件事表露自己的观点、看法,这种表露就是评价性展露,因为人们并不是在描述自己的故事,而是在对人和事发表个人的评价。

在人际沟通和人际关系的建立过程中,自我展露有诸多好处。[②] 首先,自我展露增加了沟通的准确性,比起从别人口中得到关于自己的描述或评论,更可信的信息是我们自己的陈述,这就是为什么人们在寻求某些信息时最好能找到信息的第一发送者,也就是找到自我展露这些信息的人。其次,适当的自我展露还能帮助人们减少压力,特别是困扰自己的事情或消极情绪的展露,这对人们来说是一种情绪的释放。同等重要的是,普遍观点还认为,自我展露可以帮助我们建立起更加稳固的人际关系,有可能是因为自我展露之后得到了对方的接受和喜爱,比如,双方发现了兴趣爱好的一致,或态度、价值观念的相似等。也有可能是因为自我展露的坦诚让听者对展露方产生了较强的信任,上一节的内容告诉我们可信性的提高能增强人际吸引,从而加深和巩固人际关系发展。

然而,自我展露也要注意在适当的场合对适当的人展露适当的信息,否则就会面临自我展露的风险。[③] 一个人若过多地向别人诉说自己的故事或表达自我的感受,可能引起对方的漠然或排斥。因此,不恰当的自我展露会造成人际关系的疏离。自我展露也面临着信息被过度曝光的风险,可能是对方有意或无意地向别人泄露了秘密,也可能是沟通渠道本身存在不隐蔽性。随着社交网络的发展,人际沟通虽然更加便捷了,

---

① Dindia K. Self-disclosure research: Knowledge through meta-analysis. In Allen M, Preiss R W, Gayle B M, Burrell N A (Eds.), LEA's communication series. Interpersonal communication research: Advances through meta-analysis. Mahwah: Lawrence Erlbaum Associates Publishers, 2002: 169-185.

② Derlega V J, Grzelak A L. Appropriate self-disclosure, In Cheluned G J (Ed.), Self-disclosure. San Francisco: Jossey-Bass, 1979: 151-176.

③ Derlega V J. Self-Disclosure and Intimate Relationships. In Communication, Intimacy, and Close Relationships. New York: Academic Press, 1984: 1-10.

但个人信息被泄露的风险也加大，"秘密不再是秘密"，网络"人肉"往往伴随着网络暴力，让人们遭受来自外界的批判和指责。在这样的社会大环境下，人们需要警惕，以避免自我展露的风险。

二、关系的损坏与终结

人际关系发展的过程并不总是顺利的，交往双方可能因为个体认知的差异、情感态度的不一致、利益之间的冲突或者是周围环境的变化等各种原因，而使人际关系遭受损害，关系水平下降，此时人们之间的关系就发展成了"不良关系"。因人或环境的变化而产生不良关系的过程通常经历以下几个情况或阶段。

双方最初缺乏了解或在特定情况下原有的关系状态发生变化。人与人之间都会存在个体认知的差异，良好的人际关系都是建立在求同存异的基础上的，但是有时双方对彼此缺乏了解或者无法理解别人与己不一样的行动，此时关系状态就会有转变的趋势。人总是在特定的环境中进行一系列的行动，而当环境发生变化时，人也需要改变自己的相关行为以适应环境的动态变化，因此，不同环境下人们对同一段关系也可能持有不同的想法，这些不理解或环境因素导致关系状态发生变化往往就是不良关系萌芽的征兆。

一方未能满足另一方的要求或期望。从人际关系的定义可知，人际关系建立和发展的动机都是个体寻求满足自身的某些需求，只有当双方的需求都被合理满足且双方都因此感到获得了公平的回报时，人际关系才能得以建立和维持。而当人们的认知出现了偏差或者环境发生了变化后，很容易出现一方的需求未能得到满足的情况，这就导致了原本公平的关系出现失衡。

怀疑对方的能力或动机。一旦关系中的一方感受到了不公平的对待，很容易产生怀疑他人的情绪，人们会思考：自己的需求未能得到满足是因为对方的能力水平不够，还是因为对方以损害他人的利益来寻求自身利益的最大化？简言之，归因理论证实了人们倾向于怀疑他人而不是审视自己。

对方感到愤怒，并采取消极行动。感知到对方的怀疑或不信任的人，也会做出一些反应，如果这些反应也是消极的，比如因对方的不信任而产生了失望、愤怒的情绪，那么他就会通过责备或者冷战的方式来表示自己的不满情绪，这些消极的行动加速了关系往不良关系的方向发展。如果交往双方出现了矛盾并都不采取任何补救措施的话，双方的关系水平就会不断下降，不断加剧冲突，最终导致关系走向破裂和终结。

综上可知，不良关系的产生并不是一个瞬间的动作，而是一个持续的过程，若没有及时处理这个过程中发生的问题，不良关系发展到最后就演变为冲突，甚至导致关系终结。

▶ 本章综合案例

信息泄露——社交网络的风险

2018年3月,脸书(Facebook)卷入了史上最大的个人信息泄露风波。根据一名剑桥数据分析公司员工的爆料,该公司在用户不知情的情况下,秘密分析了大约5 000万脸书用户的个人资料,以此制定个人化的政治宣传,预测并影响选民投票,帮助美国总统特朗普赢得2016年的大选。

全球用户超过20亿的脸书,很快受到了来自股市的惩罚。受丑闻影响,短短几日脸书的市值蒸发接近500亿美元,CEO亚历山大·尼克斯(Alexander Nichols)被停职调查,严重性可见一斑。不止于此,因为涉及干预大选,信息泄露风波上升成政治事件,英国政府表示"强烈不安",两名美国参议员要求脸书创始人马克·扎克伯格(Mark Zuckerberg)前往国会接受质询,欧盟委员会要求对这一丑闻展开认真调查。

奉行政治不干预技术的脸书,将数据接口开放给了政治分析的数据公司。尽管有相关权威人士表示,"这些数据的精确度被严重夸大了",但是如此海量的个人资料,被脸书当作倒手挣钱的工具时,人们有理由焦虑:掌握私人数据的社交媒体到底有多危险?要知道,此时距离苹果iCloud信息泄露风波,才过去不到一个月而已。

对互联网公司而言,数据可以说是产品的地基,社交媒体尤其如此。国外如脸书,国内如微博、今日头条这种媒体产品,为了提供准确的定制化信息服务,让资讯的推送与用户的偏好吻合,都需要对用户进行画像。而画像的基础数据,就是个人的身份信息、浏览习惯等。这种个人信息喂养算法、算法优化推荐的模式,一个后果是很容易形成信息茧房,另一个后果,就是海量的个人信息被互联网公司掌握,被储存到数据"云"里。

随着移动互联网普及,手机可以一站式解决衣、食、住、行,很多线下场景也被搬到了线上,而线上意味着会留下数据痕迹。以往去便利店买个商品,不存在信息交换过程,付完钱就走,但现在你的支付习惯,时时刻刻都被记录,被分析,被用来给你画像。而且,这样不断重复的过程,你可能完全没有意识到。

互联网公司的数据安全问题是全球性的,某种程度上是新技术无可避免的风险。中国移动支付走在世界前列,对移动互联网的依赖更深,所以人们对脸书泄密一事表现出如此关心的姿态。

然而所谓网络社交,尤其是在完全基于陌生人社交的平台上,人们的初衷之一,便是将自己隐藏在互联网的面具之下。这也许是一个悖论,用户越是想隐藏,越需要贡献更多的数据给互联网公司,以便于它在海量的用户中,通过提供的个人信息、行为偏好和标签,将用户投放到与其兴趣相吻合的小圈子。

这可能是无法回避的风险成本。对互联网公司而言,其未必都像脸书那样,有通过数据泄露获利的动机,甚至是"操控大众心理",但风险依旧不容小觑。海量的信息收集和存储,实际上赋予了互联网公司一种超乎经济垄断的权力,这种权力如果不关进笼子,那么在社交网络上裸奔的用户,可能随时都会被出卖到镁光灯下,成为被围观猎奇和收割的一个流量。

资料来源:李海洋.大数据时代个人隐私安全困局亟待破解.中国商报,2018-04-12(1).

【思考题】
- 1.人们愿意在互联网平台上进行自我展露,为什么又对信息泄露如此愤怒?
- 2.不同文化情境下人们对信息泄露的看法有何异同?
- 3.互联网时代中人们可以如何有效地减少或避免信息泄露的风险?

本章思考题

- 1.如何提高个人的人际吸引?
- 2.信任的本质是什么?如何提高他人对自己的信任?
- 3.乔哈里窗能够帮助人们改进人际关系的机理是什么?
- 4.自我展露是什么?它的正面和负面影响主要有哪些?

第五章 冲突及冲突处理

 引例

李文和张力

通辉公司的高级管理团队正在举行战略规划会议。高级副总裁张力突然站起来,说自己要陪妻子去医院,需要先走一步。张力的妻子最近检查发现脑部的良性肿瘤又复发了,医生认为她生存两年的可能性不到 1/3。

总裁李文努力克制自己不要在会议上发作。会议结束时,他和公司的兼职战略规划顾问、某大学教授姜亮一起返回自己的办公室,对他说:"这个公司除了我以外,张力的职位是最重要的了。但过去几个月,他一半时间都缺勤,很多会议也临时改期,公司的全国销售会议也因为他没法确定时间。他本来经常需要出差,有些新的地区经理做得不好,比如武汉和西安,但是他没有时间,就让手下的杨克去处理。我知道杨克不错,但他毕竟不是那些人的老板。我们今天开会是因为董事会要求我们制定新的五年规划,虽然我们业绩还是行业最好的,但像我们这个规模的公司一定要做得更好,才能避免被收购。张力在公司的这八年,确实没有谁能比他做得更好了,虽然我有时候对他不太注意细节和用人不当有些意见,但他的总体工作结果还是很令人满意的。可是他现在经常请假,我很担心他的工作态度。公司的一些董事也向我提出这个问题了。"

姜亮想:"如果不了解李文的人听了他刚才的那番话,一定会觉得他是个非常苛刻的人,但实际上李文是个大好人。"李文其实很腼腆,但工作要求他经常出现在众人面前,于是他就用严肃来掩盖自己的腼腆。虽然他经常鼓励下级发挥创造性,但他对这些人的工作总是进行严格的审核。他也会用高标准来要求自己,大家都说他是一个完美主义者。有些不太了解他的人以为他是一个无趣且严肃的人,但那些与他关系亲近的人都知道,他其实是一个有爱心又出色的公司领导。

"你和他谈过吗?"姜亮问。李文说,"我对他提过有些会议非常重要,而且我也提醒他有哪些重要的事情必须处理。他说,他在家的时候也通过电话处理了很多问题,一直通过电话与手下的人保持联系,还说他没有解决的问题并不多。但是我认为实际情况没有这么好。"

姜亮对张力有一定的了解:张力是一个典型的销售出身的人,非常热情友好,是个乐天派,有讲不完的笑话,尽管有时候不太注意场合。他也很愿意帮自己的下属,但他实在太忙了,人们总是抱怨很难找到他。李文认为应当遵守规则和条例,但是张力不喜欢受规则的约束,无论对他自己还是对别人都是如此,只要工作完成了就好,并不主张对下属管得太严。

一周之后,姜亮邀请张力在会议结束后与自己共进午餐。他们聊了一会儿工作,姜亮把话题转到张力的妻子上。张力对医院提供的新疗法抱有很大的希望,需要做手术,术后需要住院一个月。其他的家人都由于各种原因没法来帮忙,张力要经常陪妻子住院,他不想把妻子一个人留在医院只让护工陪伴。

姜亮问道:"那你怎么处理工作呢?"张力说:"我已经作了充分的考虑。我每天可以抽出3个小时来处理大区经理们的问题。最近我每天都是凌晨三四点的时候起床,登录公司办公系统处理工作,效率很高。"

姜亮又问:"你自己现在感觉怎么样?"张力显得有些疲惫:"我现在的确非常困难。我知道自己没有全身心投入到工作当中,但我也真是没有办法。去年,翔龙公司的总裁突发心脏病,他们董事会请猎头帮他寻找总裁人选,负责这个业务的合伙人正好认识我,当时谁都觉得我是这个职位最有力的竞争者。仔细考虑之后,我没有去跟他们聊。当然其中有很多因素,但关键是,我觉得通辉公司,特别是李文,在我遇到困难的时候帮了我,就像我的家人一样,一家人就是要互相支持。"

姜亮把他和张力谈的情况告诉了李文,并建议李文直接找张力谈谈。可李文似乎只关心一件事:张力提到自己被另一家公司看中,究竟是一种隐含的警告呢,还是一种真实的感情表露?

两周以后,姜亮突然接到张力打来的电话。张力正在武汉,这里不仅是最重要的大区中心之一,也是张力的老家。张力在电话里兴奋地说:"姜亮,我太兴奋了,武汉的地区经理王锐终于把客户搞定了!至少是2500万元,差不多是我们整个销售目标的4%!先别告诉李文,我想给他一个惊喜,这笔业务一直是他最关心的。"

几个小时以后,李文对姜亮说:"你都想不到张力又干了些什么,我昨天早晨有个重要的事情要找他,王锐说他不在办公室,去他母亲家了。他直到下午才跟我联系,说他要取消几个重要会议,因为他周五要待在武汉。显然他又在钻空子。"姜亮说:"你为什么不直接与他谈谈呢?"李文答道:"谈了又有什么用?你也听了他说的那些话了。他现在把我们给架起来了。他之所以待在这里,是因为我们对待他像家人一样。"

【思考题】

● 1. 李文和张力各自的性格特点是什么？这些特点对他们的交往有什么样的影响？

● 2. 李文没有与张力直接讨论自己作为公司总裁的感受和忧虑,而是让姜亮与张力谈。请评估李文这样处理的优点和缺点。

冲突及其管理对员工个人、团队和组织有着重要的意义。冲突是如何产生并发展的？分为哪些类型？人们在面对冲突时,有哪些冲突处理方式？不同的处理方式会带来怎样的结果和影响？本章就这些问题进行梳理和讨论,结合相关的理论和实例,为有效管理冲突提供启示,并将进一步针对中国组织中常见的冲突回避,以及与其相关的员工进言匮乏等现象的成因和影响,进行更详细的讨论。

第一节　冲突的定义、类型与功能

一、冲突的定义

冲突是由社会主体之间实际存在或感知到的差异引发的一种充满张力的过程。只要两个或两个以上的社会主体有着不同的兴趣、意见或偏好,就隐含着冲突的可能性。冲突起源于人们之间潜在的相反或不相容,这种相反或不相容可能来自以下几个方面:

(一) 结构互斥

组织中的成员所从事的任务可能相互影响,而其角色责任可能不相容,导致彼此之间出现冲突。这样冲突常见于不同部门的员工之间,例如在保险公司中,销售人员与核保人员之间可能产生冲突,这是由他们的任务和角色特点决定的——销售人员以保单的签量为业绩考核依据,因此他们会尽可能地多签保单,其中有些被保险人可能并不符合资质要求,核保人员需要对被保险人各方面的资质进行核查,一些不符合资质要求的保单因此会被拒保,销售人员的业绩受到影响,因而双方可能出现结构性的冲突。这种结构互斥产生的冲突有时也会和由于其他原因(如沟通不畅、个体差异)产生的冲突混合在一起,形成更加复杂的冲突场景。

(二) 沟通不畅

有些冲突双方对彼此缺乏了解,或者尽管以往维持了一定的关系,但在情况发生变化时,如果双方未能就这些差异进行有效的沟通,可能引起彼此间的冲突。另外,在工作场合中,人们由于外在"噪声"的影响,常常不可避免地出现沟通不畅——重要的信息可能并未被及时或准确地传递,某一方或双方的意图可能被误解,或者人们可能基于不同的信息对某个事项做出了不同的判断,等等。沟通不畅引起的冲突在早期是能够通过双方澄清已有信息,或添加新的信息而得到解决的,并且这种冲突解决得越早,引起的情绪反应(如反感、愤怒等)越少,对个体、团队、组织的负面影响越小。

📖 知识拓展 5-1

数字化技术让沟通更顺畅吗?

数字化技术提高了人们的沟通效果和效率,有助于减少冲突或更快速有效地处理冲突。例如,谷歌推出的 Gmail 智能回复功能,利用递归神经网络对海量邮件内容数据进行结构化处理,学习用户的语言习惯,根据邮件中的语境提供一些自动回复建议。例如,用户如果打下"感谢你的……"AI 会引导用户输入"真的给了我很大帮助";微软也试图用 AI 从邮件中识别出负面情绪,在用户按下发送键之前进行再一次的询问。一些企业沟通协作平台也开发了帮助用户处理消息的 AI,加入大量的自然语言处理技术,将更多的语气词、礼貌用语等新词汇融合到任务分配中,使得整个分配过程看上去更加人性化,更易被接受。这些功能不仅节约了用户的时间,也能在用户处于负面情绪时起到缓冲和引导的作用。

然而,数字化技术也加大了人与人之间的数字距离,对沟通造成了阻碍。数字化使得沟通更加结构化,传递的人际线索、表情和非语言暗示变得更少,降低了沟通的丰富程度,甚至减少了人们用其他更具丰富内涵的沟通方式的频率。这种去人化的沟通不利于人与人之间发展持久的情感联系,组织中的员工会因此发展出更多任务导向的工具型联系(例如,成员间的共享认知)而不是情感型联系(例如,团队凝聚力)。由于这种沟通模式减少人际情感支持和共情,也会引发更多的社会抑制。不仅如此,在线上沟通,如邮件交流之时,人们更不容易受到社会规范的约束;缺少表情、声调等非语言线索也使得沟通双方难以及时澄清沟通中的误解,可能进一步引发情绪和生理上的紧张反应,增加了冲突的可能。

(三) 个体差异

组织中的人们常常来自不同的背景,受到他们过去所经历的社会化过程(如文化和家庭传统、受教育程度、社会和工作经历)的影响,形成了不同的价值观、需求,进而产生了对某个事项的不同解读、对于他人之间关系的不同期望。这样的个体差异带来的冲突容易引起较强烈的情绪反应,使得冲突难以解决,并带来负面影响。不仅如此,有时,人们还会将结构引起的冲突或沟通不畅引起的冲突归因为对方的性格或价值观等个人因素,引起冲突升级,由原本聚焦在任务上的冲突演变为更加个人化的关系冲突。接下来,我们将对这两种冲突——任务冲突与关系冲突进行区分,讨论它们的差别与关联,以及对冲突双方、对团队或组织的影响。

二、冲突的类型

按照冲突的焦点,可以将冲突分为任务冲突和关系冲突。凯伦·A.詹恩在对这二者进行区分时指出,任务冲突是指团队或者组织成员之间关于工作事项持有不同的观点、想法或意见。[①] 例如,在一家医疗服务公司中,行政主管与临床业务主管对于如何管理医生们的工作记录存在着分歧。行政主管认为,临床团队的医生们必须及时对工作时间进行记录和提交,以便保险公司报销,有利于公司现金流;临床业务主管认为医生们需要大量时间跟病人待在一起,并且病人的情况大多很棘手,填写工作时间记录表需要一定的弹性,以便更好地满足病人的需求。

关系冲突是由于成员之间个人特性的不相容引起的,通常涉及诸如紧张、敌对等情感成分。由于这种冲突是个人化的,发生冲突的双方会对彼此产生不喜欢、恼怒、沮丧等感受。比如某公司产品工程部门的一名员工行事比较严谨,而他的一位同事不喜欢循规蹈矩,两人互相看不惯对方的行为方式,时常在工作中发生冲突,彼此关系不断恶化,直至互不理睬。

值得注意的是,在某些场景中,任务冲突与关系冲突的相关性较高。任务冲突如果处理不当,可能引起关系冲突,而激烈的关系冲突往往伴随着任务上的不合作或恶性竞争。研究发现,任务冲突是否会引起关系冲突,受到团队内信任程度的影响。具体来说,团队内信任程度越高,人们在面对任务冲突时越是就事论事,而不是揣测对方行为背后的隐藏含义或者将其解释为针对自己的个人攻击。而当他们彼此不信任对方时,对一些意义模糊的行为的解释就更负面,任务冲突更有可能被解读为关系冲突。通过这种认知偏差以及自我实现预言(self-fulfilling prophecy),双方进一步产生了关系冲突。

另外,文化心理学的研究结果也发现,比起区分型文化(specific culture),在弥散型文化(diffuse culture)中,任务冲突与关系冲突之间的关联可能更紧密。弥散型文化中的人们倾向于采用整体性的思维方式,如认为"我不喜欢你的报告"意味着"我不喜欢你这个人";特定型文化会对不同的刺激物(stimulus)进行区分:"我不喜欢你的报告"和"我不喜欢你这个人"之间没有关系。

---

① Jehn K A. A multimethod examination of the benefits and detriments of intragroup conflict. Administrative Science Quarterly, 1995, 40 : 256-282.

三、冲突的功能

冲突究竟是有益的还是有害的？这一问题贯穿了管理学许多理论的发展。对于冲突功能认识的演变，反映了管理思潮的变化。当代的冲突理论和研究认为，冲突既有其积极功能，也有其消极功能；具体某个冲突给个人和团队带来有益还是有害的结果，取决于一系列边界条件。

（一）冲突的积极功能

总体来说，关系冲突被认为对团队会产生消极影响，而任务冲突被认为能够对团队的过程和结果产生一定的积极影响。

1. 冲突对团队过程的积极作用

在发生任务冲突时，团队成员阐明自己关于任务的看法，这一过程能够增强他们对于该任务的承诺。并且，当团队中的成员表达出不同的想法时，有助于他们更全面地理解所从事的任务，并对彼此的想法进行批判性的评估，团队能够更好地克服决策过程中的证实性偏差（confirmatory bias），提升决策质量。经过充分讨论后得出的团队决策也更容易被接受，这体现了程序公平的效果——如果人们有机会就工作事项发表自己的意见，他们对决策结果的满意度会更高。

2. 冲突对团队结果的积极作用

任务冲突对团队绩效，特别是对创新也可能起到提升的作用。第一，多元化的观点意味着更多的非冗余信息，这对于团队任务，特别是复杂的、非常规的任务来说，构成了更好的信息基础。第二，由于需要对不同的观点进行协调或处理，迫使团队更加全面地处理这些信息，避免团队过快地形成一致，甚至出现群体盲思等偏差。第三，当人们接触到彼此发散的，或者是自己从未想到过的观点时，他们会受到这些信息的激发，产生更加富有创造性的想法。

（二）冲突的消极功能

1. 冲突对团队过程的消极作用

冲突对团队过程的消极作用可以用自我证明理论（self-verification theory）来解释：人们在面对异议或质询时，如果将之理解为外界对自己能力的负面评价，就会感到沮丧、压力和不满意。因此，一个团队中如果有冲突，不管是哪种类型，都会使得其成员对团队的满意度、对其他成员的喜爱程度有所降低。特别是如果异议或质询针对的是个人化的事项，即涉及关系冲突，会加剧人们的紧张感，使得他们感到自我遭受威胁，因为这些事项与他们的自我概念相关。自我威胁感常常滋生敌意，使得冲突更加难以处理，损害人们对团队的认同感和团队内的信任感，削弱他们对团队的承诺感，导致他们离开团队的意愿增强。

2. 冲突对团队结果的消极作用

过多的任务冲突可能损害团队有效性、创新、决策等。这些消极作用的背后逻辑反映了信息处理的观点：冲突是一种干扰源，它需要人们投入资源来进行处理，而这些资源本应该用于完成任务。并且，正因为冲突增加了人们的认知负担，干扰了有效的认知过程，导致人们的思维变得狭隘、非黑即白，因而妨碍团队创新和有效决策。

关系冲突则通过三种机制产生消极影响：第一，关系冲突使得人们的认知处理能力受到限制，损害了他们去评估他人提供的新信息的能力；第二，关系冲突引起成员之间的敌意、不信任、冷漠或不合作，他们更加不愿意接受彼此的想法，不愿意共同解决问题；第三，与任务冲突的负面影响相似的是，人们本应付诸完成任务的时间和精力被消耗在与任务无关的事情上，阻碍了核心任务的完成。

📖 **知识拓展 5-2**

管理学思想中关于冲突功能的观点演变

古典管理思想：运用组织结构消除冲突

在大工业生产的时代，工人与管理者的冲突时常演化为罢工、破坏机器等激烈对抗。与之相对地，古典管理思想认为，冲突是有害的，是暴乱、破坏和非理性的代名词。因此，管理者应当清楚地划分组织的权限、层级结构、职责分工等来实现组织控制，减少冲突。这一类观点强调组织结构的作用，并不重视组织中人的因素。例如，泰勒的科学管理思想否认人们个性的存在，认为没必要通过沟通来传播困惑，员工们只需工作，甚至必须不去感觉和体会。马克斯·韦伯认为，组织运行起来应该像一台机器，系统中的每一个螺丝钉——组织中每一个成员——都担负着明确界定的职责。福特公司的管理体制是这类思想的典型实践，该公司以严格的纪律和控制而著名，甚至成立了"社会部"，专门侦察工人的行为，一度有 50 个调查员，那些支持工会的工人都会被解雇。公司管理者这样解释道："我们希望工人按照要求做事……没有严格的纪律，我们就会陷入极大的混乱。"

新古典管理思想：改变组织的社会系统以减少冲突

然而，从 20 世纪 20 年代后期开始，企业发现，当其引进大规模生产和科学管理技术之后，工人的士气通常有所降低。以人际关系学派为代表的新古典管理思想开始关注人的方面。艾尔顿·梅奥(Elton Mayo)及其同事在霍桑工厂开展了一系列的实验，其初衷是研究人们如何在工厂里工作，人们在实际工作中关心什么，什么因素能激励人们工作，哪些因素会影响人们的精神和生产力。研究人员发现了以往被古典管理思想和实践遗漏的重要影响因素之———工人的人际关系。他们在继电器绕线机组工作室进行试验,发现看起来组织得很好,管理得也很好的工作小组,其实并没有得到严格的控制,并不容易管理。人们在一起工作一段时间后,很容易形成自己的地位系统、文化和结构,且通常是与正式的组织结构相背离的。有时候,这些非正式系统中流通的信息与事实不相符合,但对于工人的工作态度和行为有着重要影响。比如,研究人员发现,这些工人不了解公司的薪酬制度,这种误解由一个人传给另一个人,很快就被大家当作事实。

梅奥指出,管理层需要对非正式组织中的结构和人际关系有所理解,"如果不考虑到企业管理中人性本质和社会激励的重要性,我们就不可能告别罢工、破坏等行为"。值得注意的是,新古典管理思想仍然认为冲突是"罪恶"的,但不同于古典观点对于组织结构和正式控制的重视,这一思想流派认为冲突的起因是人际关系上的摩擦、社会激励的失效,或人们缺乏社会技能。因此他们主张,通过改变组织的社会系统来减少或消除冲突,以增强组织效率。

现代观点:冲突是不可避免的,其功能性存在边界条件

现代的理论界和实业界渐渐意识到,由于组织的复杂性、组织中人们相互依赖,冲突是自然的、不可避免的。有研究认为,冲突带来有益还是有害的结果,取决于冲突的类型、团队的结构,例如他们所从事的任务类型、成员之间是否相互依赖等。总的来说,这些观点认为:一方面,关系冲突对个体和团队都会带来负面影响:使得个体感到压力;降低人们之间沟通和合作的意愿,形成不信任和怀疑的气氛;人们对于改变的抗拒倾向增强,对于团队的承诺和忠诚度下降。另一方面,关于任务的适当冲突与论辩对个体和团队都有所裨益。特别是当人们从事的任务是复杂的、非常规的任务时,如果冲突水平过低,人们因过于熟悉而缺乏思想上的相互刺激,逐渐同质化,团队因此变得平庸而呆板,缺乏创新。而适度水平的冲突能够激发创新思考,提供新信息,提高工作绩效。如果人们从事的是常规的任务,那么任务冲突对完成任务并没有益处,不利于团队的有效性。并且,任务冲突仍然会对人们之间的关系、团队之间的凝聚力带来不利影响。

以上观点在提出伊始引起了许多学者和企业实践的兴趣,但越来越多的研究显示,冲突与绩效之间的关系远远比以上观点要复杂。比如,一项元分析结果发现,不同类型任务中的任务冲突与团队绩效之间的关系并没有显著差异。[①]

任务冲突与关系冲突之间的相关性对于任务冲突与团队过程、团队结果之间的关系有着调节作用。任务冲突与关系冲突之间的关联越强,任务冲突越会导致团队成员不满意、削弱团队的凝聚力、妨碍团队绩效,这是因为关系冲突伴随的敌意阻碍了团队

---

① de Wit F R C, Greer L L, Jehn K A. The paradox of intragroup conflict: A meta-analysis. Journal of Applied Psychology, 2012, 97(2): 360-390.

成员充分利用任务冲突中的不同观点来促进团队任务的开展。在控制了关系冲突和过程冲突的影响之后,任务冲突与团队绩效之间呈现正相关的关系。

另一个有趣的结果是关于团队层次对任务冲突与团队绩效之间关系的调节作用。比起非高管团队,高管团队中的任务冲突对绩效有着积极作用。研究者进一步发现,高管团队中的任务冲突与关系中间之间的相关性要比非高管团队中的相关性低,这可能是任务冲突能够发挥积极影响的一个原因。而这种低相关性,可能是因为高管团队通常面临着较大的时间压力,不得不集中于任务本身。也可能是因为高管们在冲突处理方式上更加成熟,避免了任务冲突升级为关系冲突。

第二节　冲突的处理方式

一、冲突处理方式的划分

如何处理冲突对于个体和团队结果、冲突各方的关系有着重要影响。在组织管理研究中,冲突处理也一直是最重要的研究问题之一。其中常用的一种分析框架被称为"双重关注模型"(dual-concern model),以冲突中的个体利益为关注焦点,在两个维度上进行区分:一个维度是个人在多大程度上关注自己的利益,另一个维度是个人在多大程度上关注冲突中对方的利益。M·阿弗扎勒·拉希姆(M. Afzalur Rahim)根据个人在这两个维度上的水平高低,将冲突处理方式分为五种:竞争(dominating)、顺从(obliging)、妥协(compromising)、整合(integrating)、回避(avoiding),如图5-1所示。

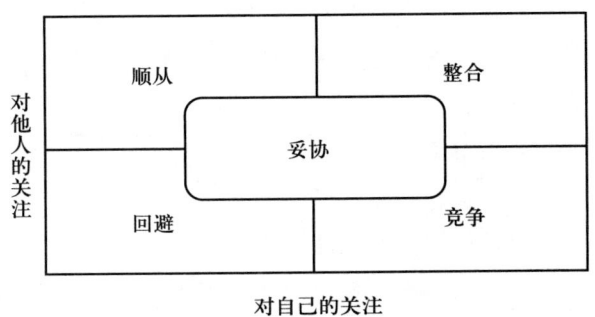

图5-1　冲突处理方式 ①

---

① Rahim M A. A measure of styles of handling interpersonal conflict. Academy of Management Journal, 1983, 26 : 368-376. 有改动.

【小测验】

你偏好的冲突处理方式是什么?

请仔细阅读下面每个题目的说法,根据你的真实情况,在每个题目的前面写下相应的数字:1= 非常不同意,2= 不同意,3= 意见中立,4= 同意,5= 非常同意。

- _____ 1. 我一般会去设法满足同事的需要①
- _____ 2. 为了避免尴尬及成为他人谈论的话题,我会把和同事间的冲突隐藏起来
- _____ 3. 我尝试结合我和同事的想法,以达成一个共同的决定
- _____ 4. 我会尝试找出一条中间路线以打破僵局
- _____ 5. 我会运用影响力使同事接受我的想法
- _____ 6. 我通常会按同事的意愿办事
- _____ 7. 我通常会避免与同事公开讨论双方之间的分歧
- _____ 8. 我会尝试与同事一起寻找能满足双方期望的解决方法
- _____ 9. 我会尝试淡化和同事之间的分歧,以便达成妥协
- _____ 10. 我会运用权力做出一个有利于我的决定
- _____ 11. 我会按同事的意愿做出让步
- _____ 12. 我会尝试避免与对方意见不合
- _____ 13. 我会与同事交换准确的信息以便共同解决问题
- _____ 14. 我通常会为打破僵局而提出折中性的建议
- _____ 15. 我会运用专业知识来作出有利于我的决定
- _____ 16. 我通常会向同事让步
- _____ 17. 我会避免与同事发生冲突
- _____ 18. 我会尝试公开讨论双方所有关注的事情,以便以最佳方式解决问题
- _____ 19. 我会与同事谈判以便达成妥协
- _____ 20. 我一般会坚定地设法达到自己的目标
- _____ 21. 我会尝试满足同事的期望
- _____ 22. 我尝试将自己的分歧意见保留在心,以免大家不愉快
- _____ 23. 我尝试与同事一起讨论,以便对问题有恰当的理解
- _____ 24. 我采用“每人让一步”的策略以便达成妥协
- _____ 25. 我有时会利用权力在竞争中取得胜利

---

① 每道题目中的“同事”也可改为“同学”。

现在请按照下面的方法计算你对每种冲突处理方式的偏好：

第 1、6、11、16、21 题的分数加总平均分 = 你对"顺从"方式的偏好

第 2、7、12、17、22 题的分数加总平均分 = 你对"回避"方式的偏好

第 3、8、13、18、23 题的分数加总平均分 = 你对"整合"方式的偏好

第 4、9、14、19、24 题的分数加总平均分 = 你对"妥协"方式的偏好

第 5、10、15、20、25 题的分数加总平均分 = 你对"竞争"方式的偏好

计算平均分，分值越高，对该方式的偏好程度越强。

二、每种方式的适用情境

尽管每个人对于这五种冲突处理方式有一定的偏好，但它们没有绝对的好坏之分，而是适用于不同的情境，给个体、团队、组织带来不同的结果。

（一）竞争

竞争式的冲突处理方式，是指个体在冲突情境中更关心自己的立场或利益，试图"压制"对方，迫使对方接受自己的观点或方案。这种冲突处理方式适用的场景包括：①需要快速、决定性的行动；②需要对重要的事件采取不受欢迎的行动；③在涉及组织利益的关键事件上，知道自己是正确的；④为了打击利用非竞争行为的便利的人；⑤不需要与对方建立长期的关系；⑥打击不可信任的人以保护自己；⑦事关自己的切身重大利益。

但需要注意的是，竞争式的处理方式在许多情境中容易引起对方的屈辱感和挫败感，引发对抗，也有可能由任务冲突引燃关系冲突，对长期关系的维持是一个挑战。例如，一家公司的首席执行官喜欢鼓动高管团队内部采用竞争的方式来解决冲突，他还常常故意给团队成员设定彼此冲突的目标，认为竞争能筛选出最好的创意。但长期的恶性竞争让团队内信任下降，成员之间钩心斗角严重，故意向彼此隐瞒信息。一旦工作进展不顺，他们就相互指责，没人愿意承担责任。团队也几乎没法做出重大决策并顺利执行。

（二）顺从

采取这种冲突处理方式意味着，人们对自己的关注较低，而对他人的关注较高。这种处理方式适用的情境包括：①发现自己错了；②该事件对对方来说更重要，因而满足对方；③为以后的交往建立信用；④在失败的情况下最大限度地减少损失；⑤和谐与稳定特别重要；⑥让别人从中获得学习和发展的经验。另外，顺从也常常见于权力不对等的情境中，权力较小的一方顺从于权力较大的一方。在中国的传统文化中，人们往往认为顺从体现了谦让的品格，是一种受到推崇的处理方式。但是，在团队或组织

中，一味顺从容易滋长"群体盲思"，降低决策质量，不利于团队或组织有效性（参见第七章相应的知识点）。

（三）妥协

妥协适用的情境包括：①当下的情境不值得采取决断的行为；②双方的权力相当，但目标不一致；③对复杂的问题需要一个临时的解决方案；④时间紧迫，需要采取便利的解决问题方案；⑤有时也作为竞争和顺从的备份处理方式。

中国传统文化重视人情和互惠的原则，"让他三尺又何妨"常常能换来对方也做出相应的让步或者将来投桃报李，许多企业家推崇这样的冲突处理方式，认为能够体现"人情练达"。

（四）整合

整合的冲突处理方式对自己和他人的利益都很关注，试图将双方的利益最大化。这种适用的情境包括：①双方关注的事情都很重要而无法进行妥协；②需要综合双方的不同观点；③需要通过整合意见、达成一致来获得双方的投入；④需要弥补被破坏的关系。

此外，采用整合的方式需要有充分的时间、充分的信息共享，以便了解双方的利益焦点和优先级别；要进行坦率的沟通来促进在具体问题上的交流；有熟练的协商技巧。冲突领域的许多研究认为，整合是最为有效的冲突处理方式，冲突双方通过充分讨论和沟通，更有可能将彼此的偏好和兴趣整合到解决方案之中，对结果更加满意。

【案例 5-1】

某小区所在街道居委会最近接到小区业主们的一则投诉：小区正门内一家商户正在装修，拟建成茶座（一楼）与酒店式公寓（二楼）。令业主们不满与担忧的是，这一对外营业场所的大门设于小区公共空间内，外来人员来往频繁，小区居民担心随之带来的安全风险，坚决抵制茶座和酒店式公寓开业。该商户也是小区业主之一，认为商铺的规划并不违章，并且承诺建成后，一楼茶座将主要服务于社区居民。但其他业主指出，小区门前的公共空间将会被来往的酒店住户占用，是对本小区业主利益的侵占。双方为此争执不下。城管、派出所及居委会多方调查和协调后，发现茶座旁边的茶叶店也是该业主名下的房产，而茶叶店的大门设于小区外临街，不必经由小区正门出入。于是提出这样一个方案：将茶座与茶叶店打通，茶座与酒店式公寓的客人都可以从茶叶店的入口出入，这样可避免外来人员从小区出入，打消其他业主的顾虑，该商铺的拟经营业态也得以继续进行。这个方案得到了双方的认可，该商户也进一步承诺，今后将合理合规经营，并将一楼玻璃房打造成一个文化交流会客大厅，为社区举办小型活动提供场地支持，服务于社区居民。

（五）回避

在有些情况下,回避不失为一种方法,例如:①事情很小,或者有更紧迫的事情要做;②处理冲突所带来的潜在破坏大于好处;③发现自己的要求不可能得到满足;④用收集信息代替立即的决策;⑤避其锋芒让对方冷静下来去重新思考;⑥其他人能够更有效地解决冲突;⑦该事件与其他事件相关。

但是,在许多并不适合采用回避的场合中,人们也往往倾向于回避冲突,有话不直说。有人认为,回避是东方文化中另类而有效的冲突处理方式,它让人们得以维持东方社会崇尚的人际和谐。那么,回避到底是不是有效的冲突解决方式? 它是否真的有利于和谐? 人们为什么不愿意开诚布公地沟通,宁愿避而不谈? 应当如何改变人们回避冲突的倾向? 下一节将对这些问题进行讨论。

【课后练习】

● 请根据自己的经历,为本节提到的每种冲突处理方式写出一个例子,并对该方式带来的结果进行评价(每个例子至少300字)。

第三节　冲突回避

设想你处在下面这个情境中,你将怎么做?

有一天你和你的一位同学(与你性别相同)一起逛街,他很喜欢店里的一双鞋,便决定买下来。可是,他发现自己忘了带信用卡,钱包里的现金也不够,还差30元。于是他向你借了30元钱,高兴地将鞋买了下来,并说回头很快将钱还给你。

然而,在接下来的几周里,尽管你和这位同学多次遇见,他却没有把钱还给你,也没有提到打算什么时候还钱。

这是一个包含了隐性冲突(implicit conflict)的典型场景:要回自己的钱可能冒犯对方,但如果不要钱,自己就会蒙受损失。张志学等人将这一场景改编成发生在同事之间(借钱的数额也做了相应调整),对工作场合中的员工进行调研,结果发现,仅有8.9%的人会直接向同事要回自己的钱,其他人要么压根不提此事,要么想方设法、拐弯抹角地试图以其他方式要回自己的钱。比如,假装在闲聊时称赞同事的鞋子,以期对方能够想起借钱这码事。或者,向这位同事借相同数目的钱,等到对方"讨账"时,提醒对方之前也借过自己的钱。无论是避而不谈,还是迂回路线,都是在回避可能的冲突。那么,人们为什么不愿意有话直说? 一方面与组织的结构有关,另一方面源于人们对直面冲突的负面预期。

一、冲突回避的结构性原因

在科层制的组织结构中，人们回避冲突的可能性更高。在马克斯·韦伯看来，组织所面临的外部环境差别并不大，那么组织内部如何运作就成了区分其效率的关键。要保证一个庞大组织的正常运转，必须保证各部门井然有序。韦伯认为，理想的组织应当通过一套有层级的权力系统和制度规则去要求人们按照某种规定的方式做事，每个人必须摈弃个人情感，遵守组织制度和规则，这样就能有效而低成本地协调各个成员的行动，保证组织目标的达成。

许多企业、政府、医院、军队中至今仍然采用科层制的组织结构。这种结构以其严密的等级制、明确的命令链保证了组织内部的有序运作，从长远来看有利于组织的稳定和连续发展，对于组织公平性也起到了一定的促进作用。但是，科层制的运行并不像韦伯当初所设想的那样平稳高效，而是逐渐变得笨拙、缺乏弹性。在这样的组织中，信息的流向受到限制，员工不能越级上报，不可避免地滋生了繁文缛节、形式主义、反应迟钝和拖沓低效。而且，缺乏个人化的员工关系形成了一道道屏障——正因为有了严密的制度、规则和流程，员工的自主性受到限制，个人的活动空间变小，形成一种铁笼子式的组织。这使得信息的流向单一，仅仅是自上而下，而缺少自下而上、横向的信息流动。员工即便发现了问题，但由于结构的限制和僵化，不能及时传递信息，产生了冲突回避的现象。

为了避免科层组织的弊端，有机的组织结构得到了越来越多的应用。这类组织结构松散、灵活、具有高度适应性，没有标准化的工作规则，因而能够根据需要做出迅速调整。更重要的是，强调上下级双向的沟通，以及横向和斜向的沟通，采用探索式的决策过程，有着分权化的特点。那么，这种结构上的调整，能够缓解甚至扭转员工回避冲突的倾向吗？最新的研究显示，除了结构性的原因之外，冲突回避还受到过程性原因的影响。相比起结构性的原因造成人们"不能"直说，过程性原因则使得人们"不敢"直说。

二、冲突回避的过程性原因

负面预期是个体在冲突情境中对于直面冲突的结果的认知，反映了他对冲突中的关系成本的考虑。具体来说，个体认为如果自己采用决断性的（assertive）冲突处理方式，对方会以负面的方式进行回应，损害彼此之间的关系。张志学与同事的一系列研究发现，个体的负面预期越高，越倾向于采用回避的方式来处理冲突。与之类似，研究者比较了中国人和美国人在一个具体冲突情境下的处理方式 [1]，发现中国人更倾向

---

[1] Friedman R, Chi S C, Liu L A. An expectancy model of Chinese-American differences in conflict-avoiding. Journal of International Business Studies, 2006, 37 : 76-91.

于回避冲突的原因在于中国人较高的负面期望（negative expectation）——他们在意与另一方的关系，担心直面冲突会破坏这种关系。这些研究揭示了与传统的"双重考虑模型"不同的结果：双重考虑模型认为，回避意味着冲突中的个体对于自己和他人的利益都不太关心；关于负面预期的研究显示出，回避并不是因为不关心自己和他人，恰恰相反，这种方式反映了个体对于关系的重视，害怕关系受到损害给自己带来损失，出于自我保护的动机而避免直接的冲突处理方式。

但研究发现，如果直接提醒忘记还钱的人、请对方还钱，对方的负面反应远远低于要钱的人关于对方如何反应的负面预期。很多时候人们是在以"小人之心"臆想对方的负面反应，而这些臆想的关系成本使得他们不敢如实传递自己的真实观点，甚至可能出现结果与初衷背道而驰的情况。下面的这个例子反映了组织中的回避冲突和对他人的臆想是如何导致低质量组织决策的。

 【案例5-2】

　　一家从事软件开发的私营企业近年来业务发展很好，吸引了许多优秀的大学毕业生。按照公司人力资源委员会的规划，今年只招收软件工程和市场营销两个方向的人才，管理类的应届毕业生暂时不招收。在一个偶然的场合，公司的一把手徐总的大学同学向他推荐了一位管理专业的应届大学毕业生。徐总觉得不能违背公司制定的招聘规划，但希望由人力资源委员会的成员来做出具体的决策，便将被推荐人的资料转给了人力资源委员会。

　　于是委员会的5位成员开会讨论这位被推荐人的申请。一开始，大家都不发表意见。过了一会儿，其中一位委员说："徐总从来不为部门推荐人，这次他一定是觉得这位大学生很出色才推荐的。徐总的眼光不会错，我们应当给予申请人面试机会。"其他4位委员一致认为他的分析有道理，最终委员会决定给申请人一次面试机会。面试结束后，一位委员说："这位申请人知识面很宽，尽管对管理实践不太熟悉，但她应当很有潜力。"其他人纷纷赞成，最终决定录用她。

　　过了一段日子，这位被录用的大学生来到公司上班，向徐总当面言谢。徐总很惊诧：为什么人力资源委员会违背了招聘政策，将一位素质平平且公司并不需要的人招了进来？委员会的几位成员开始指责那位首先发言的委员，这位委员满腹委屈地说："我看你们在会上都不发言，而我还要去主持另外一个会，而且我们既然开会就要形成共识、做出决策，所以我才率先说出那样的话。如果我的想法不对，你们怎么没有一个人站出来提出不同意见呢？"①

① 张志学. 人情与冲突：防止好心办了坏事. 北大商业评论, 2005（5）: 132-137.

三、负面预期的来源

负面预期反映了个体对冲突情境的评估和解读,受到个体动机与情境的交互影响。

(一)预防调控焦点与认知闭合需求

"动机驱动的社会认知"(motivated social cognition)理论认为,人们的社会判断和决策是受到动机驱动的,而这种动机驱动下的社会认知影响了他们的行为。基于这一理论,负面预期的动机来源之一是个体的预防焦点。这种倾向使得个体追求安全和保障,对损失非常敏感,规避可能的风险。人们的预防焦点越高,在面临冲突场景时,越容易以负面的方式来解释当下的情境,对直面冲突的结果形成负面预期,因此回避冲突。

但预防调控倾向对负面预期和冲突回避的影响受到个体的一种基本的认知动机(epistemic motive)——认知闭合需求(need for closure)的调节作用。这种需求是指个体在一个模糊的情境下希望得到对某个问题的确切答案,然后对其他可能选项封闭起自己的认知。换句话说,个体试图快速"抓住"(seize)信息并将之"冻结"(freeze)。因此,认知闭合需求高的个体更依赖于已有的,或者自己习惯的认知和行为模式,而认知闭合需求低的个体对新的信息更加开放,会根据当下的具体情境来决策和行动。认知闭合需求既是一种个体特征,也是一种状态,在时间压力大的时候,个体的认知闭合需求更高;时间压力小的时候,个体的认知闭合需求下降。因此,当个体的认知闭合需求高的时候,预防焦点导致个体对直面冲突持有较高的负面预期,因此回避可能的冲突;当个体的认知闭合需求低的时候,预防焦点与负面预期之间的正向关联,以及预防焦点对冲突回避的间接效应都被减弱,即个体的负面预期和冲突回避倾向得到一定程度的缓解,如图 5-2 所示。

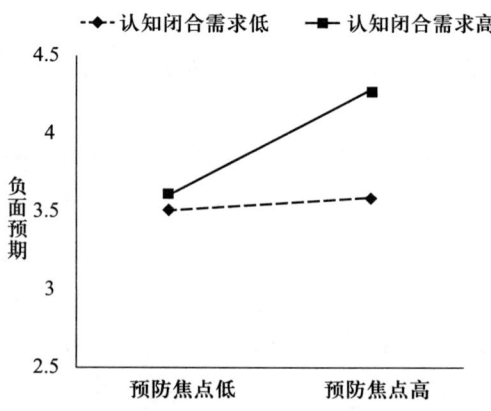

图 5-2   预防焦点、认知闭合需求与负面预期

（二）表面和谐价值观与人际亲密度

个体的价值观反映了其最深层的、基本的动机，像是一副眼镜，影响了个体对情境的感知和判断，从而影响他们的行为。在中国社会，人们维持关系和谐可能出于两种不同的动机：一是促进和谐（harmony enhancement）；二是避免分裂"（disintegration avoidance）。第一种动机意味着人们希望建立长远互惠的关系，因而在出现不同意见时，欢迎而不是回避辩论，以便找出最佳方案，达到双方满意的结果。但第二种动机驱使人们将维持和谐当作一种手段，用来保护自己的利益，害怕不和谐给自己造成损失，因此回避可能的冲突。[1] 因此，第一种和谐观又被称为"真诚和谐"（genuine harmony），第二种被称为"表面和谐"（superficial harmony）。[2]

人们越是重视表面和谐，就越是注意到冲突双方可能出现的紧张局面、消极情绪，以及可能的关系损失。研究发现，表面和谐价值观导致员工在面临潜在的冲突时，对直面冲突的结果持有较高的负面预期，因而倾向于采取回避的方式来处理冲突。例如，员工即便发现了上级的工作决策不妥当，但担心自己的直言会破坏与上级的关系，使自己在工作中遭受损失，而决定保持沉默。

但这些影响会受到冲突双方关系亲密度的调节：如果冲突双方的关系更亲近，意味着彼此的信任度和积极情感更高，那么冲突所蕴含的人际不确定性更小，人们不太需要避免受到威胁，因此，表面和谐价值观对于负面预期和冲突回避影响将被削弱，如图 5-3 所示。

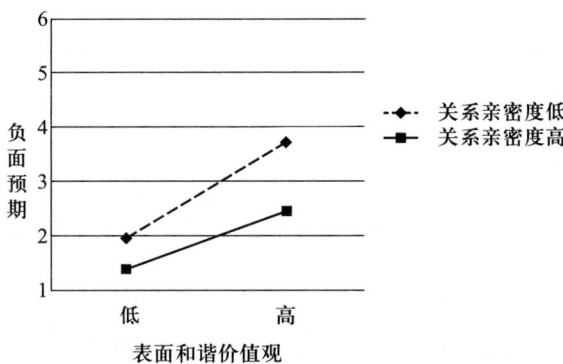

图 5-3　表面和谐、关系亲密度与负面预期

① Leung K, Brew F P, Zhang Z X, Zhang Y. Harmony and conflict: A cross-cultural investigation in China and Australia. Journal of Cross-Cultural Psychology, 2011, 42 : 795-816.
② 魏昕，张志学. 组织中为什么缺乏抑制性进言. 管理世界，2010（10）：99-109.

第四节　员工进言

冲突回避在组织中的一个表现形式为：员工不愿意直言自己发现的问题，特别是涉及上下级的工作场景，尽管上级期望从下属那里得到充分的信息以改进决策，许多下属选择闭口不言。这种缺乏员工进言（employee voice）的现象使得组织失去了纠正错误、预防危机的机会。那么，员工进言除了指出问题之外，还包括哪些方面？进言与否受到哪些因素影响？如何才能有效地鼓励员工进言？

一、员工进言的定义与类型

员工进言是指，表达与工作相关的建设性的意见、考虑或想法。[1] 根据进言的内容性质，可以分为促进性进言与抑制性进言。促进性进言指的是员工为了改进工作团队或组织整体功能而提出新的想法和建议；抑制性进言指的是员工指出团队或组织中已经存在或即将出现的问题，如有害的行为，无效率的程序、规则或政策。尽管二者都出于建设性、合作性的动机，但它们在行为内容、功能、对他人的意义等方面存在着许多不同。如表 5-1 所示，在内容上，促进性进言着眼于未来的理想状态，常常伴随着对一些新的工作实践或者改进现有工作实践的建议，其功能是指出哪些方式可以使组织有所改进。这些未来导向的建议更有可能被认为是有帮助的，因而更有可能被上级接受。即使促进性进言带来了不好的结果，比如增加了他人的工作负担，或者在短期内对利益相关者产生一些影响，但这些改变背后的好意——长期来看可能有益于组织功能——对于上级和其他组织成员来说是比较清晰的。而抑制性进言的内容是指出工作中已经存在或可能出现的不良局面，既着眼于过去也着眼于未来，并不一定伴随着提出如何解决问题的方案，其主要功能在于发现问题、预防危机，对于组织健康有着重要作用。但是，由于抑制性进言直接或间接地与利益相关者产生异议和争论，引起人们对可能的失败的关注，容易被视为威胁和挑战，可能引发人际冲突和负面反应，因而它与促进性进言所承担的风险是不一样的。

表 5-1　促进性进言与抑制性进言的对比 [2]

项目	促进性进言	抑制性进言
共同点	·并非正式的工作职责要求的，即"角色外行为" ·有益于团队或组织功能，因而是建设性的行为 ·动机是帮助团队或组织，反映了员工的责任感以及对组织的建设性态度	

---

[1] Van Dyne L, Ang S, Botero I C. Conceptualizing employee silence and employee voice as multidimensional constructs. Journal of Management Studies, 2003, 40：1359-1392.

[2] Liang J, Farh C I C, Farh J L. Psychological antecedents of promotive and prohibitive voice: A two-wave examination. Academy of Management Journal, 2012, 5：71-92. 有改动.

续表

项目		促进性进言	抑制性进言
不同点	行为内容	·提出改进现有状态的新的想法或方案 ·未来导向的;关注未来如何变好的可能	·指出现存的或者潜在的对组织不利的因素(如有害的行为,无效率的程序、规则等) ·既可能是过去导向的,也可能是未来导向的;关注对现有状态造成负面影响,或者将来可能造成负面影响的因素
	功能	·指出如何改进组织功能	·纠正组织失误,预防危机
	对他人的意义	·提供的建议可能在短期内给他人造成不便,但长期来看可能有益于整个团队或组织 ·建议背后的好意容易被认可和解读	·引起他人对问题以及可能的失败的注意 ·进谏背后的好意可能不容易被认可,可能引起负面反应和冲突

二、影响进言的因素与机制

《贞观政要》中记录,唐太宗感慨:"比来朝臣都不论事,何也？"魏征是如此解释的:"懦弱之人,怀忠直而不能言;疏远之人,恐不信而不得言;怀禄之人,虑不便身而不敢言。所以相与缄默,俯仰过日。"[①] 这里,"不能"意味着下属没有产生与工作相关的想法,"不信"意味着下属感知到进言的有效性比较低,而"不便身"则意味着下属感到进言的风险较高。

这些因素恰恰与研究中发现的影响机制互相呼应。进言的初始条件是员工"有话想说"——或者意识到了工作中的问题,或者产生了与工作相关的想法。但这些想法是否会最终被表达出来,取决于一系列心理状态,而不同的研究视角对这些心理状态的解释有所不同。

(一)期望效用分析视角

期望效用分析视角(expected utility calculus)关注的影响进言的心理状态与上文魏征所说的"不信""不便身"有异曲同工之处。这一视角认为,员工进言与否取决于他们有意识地分析这种行为的效用:是会带来正面的效用,还是带来负面的效用。

正面的效用通常是指进言的有效性——如果员工认为自己的进言能给团队或组织带来改变,会更加愿意进言。这一判断受到许多因素的影响,例如自信心、对个人能动性的感知、进言者个人特征、进言对象的个人特征(如地位、影响力)等。[②]

---

① 吴兢. 贞观政要. 郑州:中州古籍出版社,2005.

② Morrison E W. Employee voice behavior: Integration and directions for future research. Academy of Management Annuals, 2011(5): 373-412.

负面的效用通常是指进言的风险或安全性——如果员工害怕进言给自己带来风险,比如被当作惹麻烦的人、失去他人的支持、将来会得到较低的绩效评价、被分配到不好的工作任务、影响晋升甚至被解雇,那么他们更加不愿意进言。在向上级进言时,直接上级和更高层的上级的领导行为、员工与这些上级的关系,都会影响员工关于进言风险的判断。

采用这一视角的研究数量最多,但这一视角存在两个问题:第一,聚焦于员工的有意识的、理性的认知过程,即员工对于成本、收益、成功的可能性的衡量。但有意识的、理性的过程只占了人们认知的一部分,还有很大一部分是下意识的、自动发生的过程,而这些过程可能对人们保持沉默的影响更大。第二,员工由于考虑自我的得失,而决定是否进言。但是除了自我得失之外,员工可能还会出于其他各种各样的动机,决定从事或者不从事进言行为。

(二)下意识的过程视角

不同于成本-收益分析视角所描绘的有意识的过程,下意识的过程视角(noncalculative automatic process)揭示了员工自动的、下意识的心理状态是如何影响了他们是否进言的决策。其中最具代表性的是进言内隐理论(implicit voice theories)。[①]该理论研究者认为,员工对于进言持有一些内隐理论,关于何时进言是有风险或不合适的,以及为什么如此,包括:①假定上级对进言目标有认同感;②需要知识的数据或解决方案才能进言;③不能越过上级去向更高层进言;④不能在公开场合让上级难堪;⑤进言会带来负面的职业后果。

这些内隐理论导致员工不愿意向上级进言,哪怕具体情境是有利于进言的,或者上级其实对进言的态度很开明。这是因为,内隐理论是人们内心深层的图式。这些图式是如此深植于人们脑海之中,以至于他们根本不会去考虑其他可能。

与下意识过程相关的另一类因素是情绪。例如,气愤可能导致员工冲动之下打破沉默,而不管这么做的成本和收益。换言之,一个非常气愤的员工就算知道理性的做法是保持沉默,也可能表达自己的意见。然而,尽管愤怒会促使员工进言,却会削弱他们以建设性的方式来表达进言的能力;那些懂得如何管理自己情绪的员工不仅进言更频繁,还能因为自己的进言得到更好的绩效评价。[②]

(三)社会赞许性回应视角

另一个视角是将进言视为员工的自我表达,而不同的自我表达方式的背后是两种不同的社会赞许性回应动机(social desirable responding motives):人们会为

---

① Detert J R, Edmondson A C. Implicit voice theories: Taken-for-granted rules of self-censorship at work. Academy of Management Journal, 2011, 54 : 461-488.

② Grant A. Rocking the boat but keeping it steady: The role of emotion regulation in employee voice. Academy of Management Journal, 2013, 56 : 1703-1723.

了满足自己的能动动机（agentic motive），展现出能干、自立或有勇气，以得到社会的欣赏；也会为了满足关系动机（communal motive），展现出随和、守本分、有自律性，免遭社会排斥。[①]

在具体的进言情境中，人们越觉得自己提出的建议或意见是有效的（会被上级接受而为团队或组织带来改变），就越有可能进言。一方面，由于有效的进言提升了员工个人能干、富有影响力的形象，他们通过进言满足了自己的能动动机。另一方面，如果员工觉得自己的建议或意见带来的人际或职业风险较低，也愿意进言。由于较低的人际或职业风险反映了社会对他们并没有排斥或惩罚，他们通过进言满足了自己的关系动机。

根据这一框架，员工的权力距离价值观阻碍了他们的能动动机——员工越是具有高权力距离价值观，越是认为应该由上级来做决策，自己即便提出进言，上级也很可能不会采纳。也就是说，权力距离价值观阻碍了员工个人能动性的实现，使得员工感知到的进言有效性比较低。但是，如果上级给予员工更多的授权（delegation），减小彼此之间的权力距离，满足其能动动机，能够减弱员工的权力距离价值观对于其感知的进言有效性的负面影响。

员工的表面和谐价值观体现了他们的关系动机，导致他们对进言的结果有着负面的感知，认为这打破了组织或团队的社会规范，带来的风险较高，因而不愿意进言。但是，如果团队中存在着进言氛围，意味着进言这种行为是得到许可的，那么员工就不太担忧被排斥或受到惩罚，这将削弱表面和谐价值观对于员工感知到的进言风险的影响，如图5-4所示。

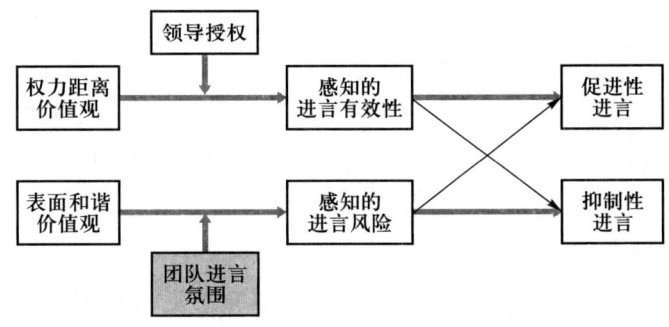

图5-4　促进性进言与抑制性进言模型

①　Paulhus D L. Socially desirable responding: The evolution of a construct. In Braun H I, Jackson D N, Wiley D E (Eds.). The role of constructs in psychological and educational measurement. Mahwah, NJ: Erlbaum, 2002: 49-69.

三、鼓励进言的管理措施

(一)开明的领导行为

上级的领导行为对下属的进言行为是一个重要的情境信号。领导的管理开放性、是否授权、以往对进言的接纳程度,都会影响到员工对进言有效性和进言风险的感知,进而影响到他们是否进言。正如隋唐之际的大臣裴矩在隋炀帝时"佞",在唐太宗时"忠",宋代史学家司马光对其评价是"非其性有变也。君恶闻其过,则忠化为佞;君乐闻直言,则佞化为忠"。艾米·C.埃德蒙森对医疗团队进行定性和定量研究,发现如果团队领导向团队成员传达变革的合理性,并尽可能地通过日常沟通来减少团队成员关于权力、地位差距的担忧,能够使团队成员觉得进言没有那么艰难,进而促使他们在团队内部畅所欲言。[①]

(二)正式的团队或组织制度

团队或组织中正式的制度也会直接影响员工的进言行为。例如,华为创立了两本企业内刊——《华为人》和《管理优化》,前者主要关注华为的创新、管理重点和新的管理思想;后者主要记录华为的错误、问题和局限性,通常以案例的形式介绍华为遇到哪些问题。华为还有一个名为"心声社区"的内部在线论坛,向所有员工开放。在这个社区中的发言是匿名的,员工可以自由批评华为的政策、管理层,甚至点名高管。论坛非常活跃,因为其透明性与自我批评的精神极高。包括任正非在内的高层也会在论坛上发帖子、浏览每日简报。

另外,在会议中巧妙地运用一些规则,例如采用循环模式、规定大家按照顺序挨个发言,能在一定程度上促使那些不愿开口的员工打破沉默。在电影《十二怒汉》(12 Angry Men)中,陪审团的大部分人都认为被告有罪,并试图草草结束投票、迅速裁决,而八号陪审员看出来其中有几位陪审员处于犹豫状态,但由于各种顾虑,不愿开口表达自己的疑虑,于是他提议每个人挨个说出为什么认为被告有罪,引出其他陪审员的关键看法。在各种不同的意见和线索的激发下,陪审团在越来越激烈的讨论中逐渐梳理清楚案件的漏洞,裁决被告无罪。

(三)非正式的文化或氛围

团队或组织中非正式的文化或氛围,也会影响员工的感知,从而影响他们的进言行为。例如,如果团队中存在着较高的心理安全感氛围(psychological safety climate)或进言氛围(voice climate),团队成员会更愿意及时指出发现的问题,有利于团队学习和创新。例如,唐高宗为皇太子时,曾向太宗犯颜进谏。长孙无忌评价说,自古以来太子进谏都是私下找机会慢慢地说,像如今这样犯颜直谏是古今未有的。太

---

① Edmondson A C. Speaking up in the operating room: How team leaders promote learning in interdisciplinary action teams. Journal of Management Studies, 2003(40): 1419–1452.

宗的解释是"夫人久相与处，自然染习。"——朝臣中魏征、岑文本、马周、褚遂良都是善于直谏的良臣，太子耳濡目染，自然有了进谏的习性。

现代组织中也常常将正式的制度与非正式的文化、氛围、规范等相结合，共同促进员工进言。2017年，华为副董事长到华为的西欧地区部和当地高管一起进行战略研讨。当时，P9在国内的反响非常好，很多性能上超过了其他品牌的手机，但西欧地区部的高管仍然提出了一些改进建议。副董事长对这些建议表示质疑，西欧消费者业务部总裁当即站出来，用事实说话，与他展开辩论。在场的西欧地区部首席营销官非常吃惊。这一举动其实并非个例，华为一直具有自我批判的氛围，鼓励各级员工基于共同目标进行开放的讨论与争辩。总裁办在2017年还签发了一封电子邮件，对一位说真话的员工进行破格提拔，且指派专人保护他不受打击报复，且进一步解释这一举动所传递的"鼓励员工说真话"的文化："我们要鼓励员工及各级干部讲真话，真话有正确的、不正确的，各级组织采纳不采纳，并没什么问题，而是风气要改变。真话有利于改进管理，假话只能使管理变得复杂、成本更高。"

 **本章综合案例**

新任总裁助理的困境

王奇是鲲鹏控股集团（简称集团）的总裁助理。这家集团公司控股的辰兴股份有限公司（简称辰兴）是一家上市企业，主营房地产业务，近年逐渐延伸至金融、科技孵化等多个领域。由于原来的各业务板块独立发展的组织架构无法支撑关联性多元化的战略体系，这才应时而生了鲲鹏控股集团，基于各个业务板块进行产、投、融。尽管集团公司的管理架构已经初步建立，但战略定位还不太清晰，对于不同的业务板块的管理力度也不同。总裁从多家跨国公司引进了一些高级管理人才，也从内部提拔了一些高管。

王奇正是这批新晋高管之一。他今年40岁，拥有MBA学位，曾在德勤会计师事务所担任合伙人，一年多以前加入辰兴，向人力资源总监杨凡汇报工作。6个月前，王奇被总裁调至新成立的集团公司，全面负责集团的人力资源管理，兼顾组织文化建设。他之前没有实体企业的管理经验，为人谨慎。

王奇的快速晋升令他曾经的上司杨凡时常慨叹机遇弄人。杨凡是一名典型的职业经理人，曾在壳牌、淡马锡担任过人力资源总监，他的专业性、在实体企业中丰富的管理经验，都深受公司上下认可。三年前，杨凡来到辰兴公司任人力资源总监，一直兢兢业业，业绩突出，管控能力很强。杨凡对王奇的专业能力还是基本认可的，但是对王奇的情商以及在错综复杂的集团内部存活的能力表示深深的怀疑。这天，杨凡看着王奇给他发来的行政沟通的邮件不禁心生不满——昨天我44岁的生日你又不是不知道,无论如何以前我也是你的上司,连个问候也没有,如此情商到底是怎么得到老板的赏识的?在集团真的能待下去?

其实,在筹划成立集团公司的时候,总裁曾经考虑过杨凡出任王奇现在的位置,但又担心杨凡受到过去的经验束缚,不能对整个组织有新的贡献。而王奇在各种工作会议上常常抛出问题,提出与杨凡不同的观点,逐渐赢得了总裁的欣赏。对于自己的职位升迁,王奇认为是自己得到了老板的认可,同时他也相信,在当前的组织变革期,人力资源和组织文化至关重要,因此自己负责的部门权力也会越来越大。

但是,王奇目前的工作面临着各种挑战。下属公司总有人在议论集团领导不懂实际业务、不具备实体企业的管理经验,甚至对集团推行的一些政策存在抵触情绪。王奇采取的策略是:不管你对我什么看法,也不管你是否理解公司的策略指向,我只管向你发出行政指令,命令一定要执行。殊不知,他的策略给他的下属张琳琳(集团的人力资源经理)带来了巨大的难题。

每次碰到问题,下属公司自然不会直接向王奇"问责",矛盾的焦点往往都集中在了控股集团的人力资源部。对下属公司的满腹牢骚、阳奉阴违,张琳琳都必须见招拆招,使出浑身解数,力争取得最好结果。然而当碰到一些职级比她高的下属公司领导,她简直无计可施。比如说,房地产板块的人力资源核心内容都在辰兴的人力资源总监杨凡那里,集团的人力部门通过行政沟通去要一些东西总是拿不到,进展非常缓慢。这时本应王奇出面协调,可也不知是不是巧合,每次出现这样的情况,王奇总是在忙于其他工作。

张琳琳也不止一次向他抱怨,集团副总裁、负责集团战略和运营的何敏经常向自己直接部署工作,有些工作甚至并非人力资源部门的责任范畴。而王奇又何尝没有感觉到何敏的强势。年轻有为的何敏在名校获得MBA学位,又曾在麦肯锡担任合伙人,两年半之前就参与到筹划建立集团公司,得到了总裁的充分信任与赏识,很多人都猜测她是集团重点培养的接班人。按照组织结构,王奇与何敏之间属于平级,二人的汇报对象都是总裁。何敏经常召集各种专题汇报会,或是直接走入总裁办公室汇报工作,而大家却很少看到王奇与总裁交流。殊不知,王奇与总裁的交流甚至更加紧密,他时刻通过短信向总裁汇报着公司的"大事小情"。

若是一直维持这样的局面倒也看不出什么,但最近,何敏对人力资源部制定的考核和激励机制有所质疑。王奇对于自己的专业性和业务能力有着绝对自信,可不知为何,每次在麦肯锡出身的何敏面前总是施展不出来满身的本事,不知不觉变成了向何敏汇报工作。他不禁叹气,心想:"何敏是总裁身边的红人,接班人第一人选,总裁的位子早晚属于何敏,我又何必与她角力呢?"但没过多久,何敏对集团马上要宣布的人事任命和去年干部考评的结果提出了不同意见。王奇瘫坐在办公椅上,一时也不知该如何回复。

而正在做例行工作总结的张琳琳也头痛不已：上周的主要精力都放在为了帮助战略部的明年业务规划而调研下属企业。她实在搞不懂人力资源部为何应该承担这样的工作内容，然而没法拒绝何敏指派给她的这项工作。何敏认为，业务规划的关键是人员规划，有了人才能有业务，因此人力资源部应该是业务规划的前期的牵头部门。人力资源部要承担前期最为耗费精力的调研访谈工作，最终战略部会接管项目，成绩还是归战略部。而令张琳琳更为沮丧的是，她的直接上司王奇对此不予置评。当张琳琳向他反复汇报这个问题的时候，他却提出，希望张琳琳能够想办法自己解决，或者克服困难去完成任务。想着王奇在面对何敏时唯唯诺诺的样子，张琳琳心里真觉得窝囊。突然，她的思绪被电话铃声打断，是战略部在催要调研访谈结果。对方明确指出，如果本周不能完成，致使规划未能如期完成，责任由人力资源部来承担。

"啪"的一声，张琳琳将话筒狠狠地挂在座机上。

【思考题】

● 1. 从案例中的描述来看，你认为王奇面临哪些显性或隐性的冲突？这些冲突是由什么原因造成的？

● 2. 王奇在这些冲突中分别采用了什么样的处理方式？短期和长期来看，可能有哪些影响？

● 3. 如果你是王奇，你会如何处理这些冲突？

本章思考题

■ 1. 请分别举一个例子说明任务冲突与关系冲突，以及该冲突对个人、团队或组织的影响。

■ 2. 请举例说明五种冲突处理方式分别适用于什么场景。

■ 3. 什么原因导致了人们在社会生活中或者工作场合中回避冲突？

■ 4. 请为促进性进言和抑制性进言各举一例，描述进言发生的情境、过程、结果。

第六章　谈判的策略与技巧

 引例

Y 酒店承办 Z 公司会务谈判始末

2017 年 4 月 17 日,陈敏(Y 酒店销售人员)突然接到汤嘉雯(Z 公司的会议服务代理)的来电,说 Z 公司有一个重要的培训会议因为计划有变,现在提前到下周召开,目前在寻找会场,问酒店有没有意向参加竞标。会议总消费约 5 万元。另外,公司老板极有可能来参加,所以估计还会追加费用。

接到招标邀请,陈敏喜出望外。Z 公司是出了名的"大户",不仅每年在其两家签约酒店的消费可观,而且因为这两年业务扩大,传闻有意再签 1~2 家酒店作备选之用。汤嘉雯代理 Z 公司会议服务多年,Z 公司老板非常信任她,对她的建议言听计从。陈敏和汤嘉雯联系许久,从来没有得到过一次上门拜访的机会。这次的招标邀请,可以说是得之不易。

一、招标方情况

Z 公司是国内有名的保险企业,每年都有大量的会议采购需求,每次在酒店内都是综合消费(住宿、会议、餐饮以及娱乐都有消费),而且付款从不拖欠。在酒店的大客户名单里,它是为数不多的优质客户,也是很多酒店争抢的客户。Z 公司为了便于管理,规定如无特殊情况只选用指定的签约酒店。

此次会议招标情况比较特殊。由于培训老师临时有事,原定"五一"假期后第一周的培训被提前到了"五一"前一周。事出突然,目前的签约酒店没有一家能够接待。另外,Z 公司也想借这个机会,寻找潜在的签约酒店,以满足其日益增加的会议需求,同时将来也能在相同情况下摆脱这种被动局面。

汤嘉雯是从酒店销售做起的,当时的旅游代理公司就是其主要客户,后来因为精明能干,又与客户关系处得很好,就被一家大型旅游公司的老板挖了过去,做起了乙方。随后她看到了会务代理的商机,干脆和朋友自立门户,成立了一家专门服务于大公司的旅游会务公司。Z 公司就是她在旅游代理公司发展的客户,因为和老板的私交甚好,成了 Z 公司唯一的供应商。

汤嘉雯是业内的知名人士，交友甚广，加之和 Z 公司的这层代理关系，是很多酒店销售人员想结交的对象。

二、投标方情况

Y 酒店偏于上海西南一隅，远离中心城区繁华地带，往往不是当地客户之首选。虽然周围没有像样的竞争对手，但也同样没有像样的商业客户。除了依托网上旅行社售卖，周边居民的消费能力无法成为其主要收入来源。多年来，主要依靠一些老客户苦苦支撑，开发新客源是酒店的当务之急。

陈敏是 Y 酒店元老级的销售人员，此次作为谈判组长并非偶然。和许多酒店的销售人员一样，她也和汤嘉雯接触了很久，希望能多少分到 Z 公司的一杯羹。对于 Y 酒店来说，如果能有 Z 公司这样一个稳定的大客户，日子就能过得很不错了。

三、前期接洽

接到汤嘉雯的电话后，陈敏按照她的要求，把酒店的位置、会场等信息发了过去。不久，汤嘉雯说客人回复：因为此次培训人员都是搭乘公共交通来，所以要求酒店离地铁站不得超过 1 000 米。但是根据百度地图提示，酒店距离地铁站有 1400 米，汤嘉雯说客人觉得场地不合适……

陈敏不慌不忙地说道："其实我们酒店距离地铁 800 多米，百度地图是有错误的。我实地计算过，通常从地铁站走到酒店在 10 分钟以内，我现在把路线图发给您。"

"好的，我看到了，等我问下客户。"汤嘉雯看了一下地图，再没有异议。

事实上，从地铁站到酒店的路程，陈敏精确计算过，抄了一条捷径，而且只要客户不主动发问，她从不主动提及路程，往往只是让客户在用时上有个概念。

10 分钟后，汤嘉雯回复说，距离问题客人接受了，但是酒店周边没有购物场所，地理位置比较偏僻。

"我们是花园式酒店。对于开会的客人来说，环境优雅、餐饮精致可能是最重要的考虑因素吧？"陈敏说。

"这个确实很重要。"

"其实我们离周边的购物中心 10 分钟不到的车程。如果有要求，我们可以考虑接送。"

"这样的话，我来安排一下，带 Z 公司的领导来实地看看酒店环境吧。"汤嘉雯的这番话，让陈敏松了一口气。客人愿意实地考察，说明离成功签约更近了一步。

"非常欢迎！"陈敏接着提醒道，"此次活动的价格，我们希望和您这样的专业人士来商谈，到时不要和客户直接提这件事情，不然的话有可能拿不到优惠的价格。"

"好的，好的。"汤嘉雯一迭连声地答应道。

四、考察酒店

第二天，由汤嘉雯作陪，陈敏引导客户参观了整个酒店。整洁、优雅的环境给客户留下了良好的印象。走到会场的时候,汤嘉雯突然发难:"我看这边会场的面积不大,有 200 平方米吗?"陈敏看了看客户,胸有成竹地说道:"我记得这次活动大约要订 30 间双床房,那么至少就有 60 人参会。我们这个会场,最多可容纳 200 人,即使是最特殊的'鱼骨形',也可以坐到 72 人,如果没有舞台,那么还可以增加到 80 人。"客户频频点头表示同意,连向来挑剔的汤嘉雯也露出了赞许的眼光。

不知不觉大家谈到了餐饮安排。因为这是 Z 公司的一次封闭式训练,所以要求所有用餐都在酒店解决。客户提出午餐或晚餐中至少要有一顿自助餐。陈敏和餐饮经理核算下来,觉得客户人数不多,开自助餐成本太高,建议客户使用商务套餐。

一听此言,客户明显不高兴了,其中一位客户说道:"都是在酒店用餐,只是形式变化一下而已。"之前陈敏私下和汤嘉雯沟通过这个问题,希望她能帮助解释一下。当时陈敏一言不发,看着汤嘉雯。"王总,酒店的菜品其实并没有什么不同,这个您请放心。只是餐厅没有包间,平时也不开自助餐。如果其他住店客人看到有自助餐,会比较难于管理,也会打扰我们客人用餐。如果您一定要开的话,那么需要整个餐厅包场了。"

"是啊,各位请放心,"陈敏看了一下时间,"也到吃饭的时间了,今天我们准备了酒店特色菜肴,请大家尝一尝,也给点意见。"陈敏给旁边的服务员使了个眼色,服务员随即上来带领客户一一落座。红白颜色的餐布平整地铺在餐桌上,显得简洁大方,桌子中央的百合花散发着一阵阵幽香。金色的阳光透过大块落地玻璃窗洒进室内,地板上倒映着疏密相间的树影,轻轻地随风舞动。桌上各色菜肴已经摆放完毕,其中有主厨特别推荐的香菇鸡腿、豆豉排骨和面豉蒸鲈鱼等,摆盘精致,餐后水果也很丰富。陈敏指着桌上的这些菜,再次和王总解释道:"百闻不如一见,这就是我们的标准商务套餐,费用为 68 元 / 人,正好在您的预算范围内。同时我们保证送餐速度,会议一结束,我们就会及时送到客人手上。"王总满意地点了点头。

五、定金问题

客户回去的第二天,即 4 月 20 日,汤嘉雯来电告知可以签署合同了。但是没想到在酒店于 21 日发去合同的时候,关于定金问题,双方又开始了拉锯式的谈判。

和许多大公司一样,Z 公司的活动费用是和汤嘉雯事后结算的。那么对于汤嘉雯来说,不仅要先行垫付定金,更麻烦的是 Z 公司此次参会人员的行程可能有变,提前并不可能知晓。

对于酒店来说,一方面为了控制成本,同时又要保证服务,对于食材采购要有比较明确的用餐人数的告知;另一方面,为了提前锁定收益,降低因客人临时取消甚至应到未到的情况(预订了房间不来,且不通知酒店)而临时甩卖房间的风险,对于在限定期限内的房间取消是要有所约束的。

根据行规,一般收取活动总价 30% 的定金。一开始,汤嘉雯以数额超过万元,从来没有碰到过这样的情况以及公司无法拨出这样多的款项为由,不愿意支付。

陈敏对汤嘉雯解释了收取定金的合理性后，她还是以当天才能知晓确切人数为由，无法提供最低保证人数。

双方一来二去，时间已经拖到了下午 4 点左右，还是没有解决问题。

陈敏就此团队的特殊情况请示了总经理，得到批示，用餐人数可以有 5% 的上下浮动，房间数则可以放松到 10%。陈敏又一次拨通了汤小姐的电话："我帮您申请到了 5% 的上下浮动人数，您看如何？"

"这个也太少了，我现在连名单都没有拿到，Z 公司现在和我说是 50~60 人，这个也不知道怎么定了。"

"您看这样吧，"陈敏略微想了一下，"最低保证人数可以少报点或者报 50 人，要增加的话提前一天告知即可。当天要增加的话，一般增加 5~6 人没有关系。"

电话那头沉默了一下，"好吧，就定 50 人吧"。

"房间呢？"

"25 间吧。"

"好！定金 30% 是酒店的政策。您看，能争取的我都帮您争取了，今天周五，现在您合同也没签好，我们财务人员也要下班了，定金打进来也没有人查收，周一采购就很紧张了……"

"这个合同我今天可以签好，但是周一的活动一定不能出差错啊！"

听到汤嘉雯的这番话，陈敏暗自松了一口气，说："那么今天下班之前，我一定要看到合同。您也要给我时间和其他操作部门进行沟通的呀……"

就这样，定金的事情算是尘埃落定了。

六、清洁费押金

Y 酒店素以绿色无烟酒店而立足于市场，整个酒店没有一间吸烟房。但是，总有一些不自觉的客人，偷偷地在房间内吸烟，这不仅使酒店的后期清洁维护成本上升，而且也不符合酒店绿色品牌的创建。有鉴于此，酒店规定，客人入住之前必须收取每间房 500 元的清洁费押金，如果退房时，客人没有在房间内吸烟，那么就返还给客人。

方案虽好，但是在谈判时，经常遭到像汤小姐这样需要帮客户先行垫付费用方的抵触，这次也不例外。

作为一名经验丰富的销售，陈敏在最后抛出了酒店的这项规定。果然，汤嘉雯立刻跳了起来："这个太不合理了，从来没有这样的事情！"

"根据《上海市公共场所控制吸烟条例》的有关规定，酒店室内所有区域禁止吸烟。如有违反，个人最高罚款人民币 200 元，禁烟场所所在单位最高罚款人民币 30 000 元。"陈敏慢条斯理地说道，"您也知道，我们是绿色酒店，房间里是绝对没有烟味的。这次 Z 公司的老板也要过来，据我所知，他订的是间无烟房。"

"但是，这个押金也太高了。"

"您也说了,这只是'押金',也就是说如果客人没有在客房里吸烟,退房当日,我们保证以最快的速度还给您。另外,如您所知,做彻底的无烟处理的时间是相当长的,现在是预订旺季,必要时候,我们可能无法售卖正在做处理的房间,所以500元的清洁费押金是合理的。"

"好吧好吧,就这样吧,希望你们这次保证服务,不要有任何差错。"

"当然,这次能将Z公司的活动放在我们酒店,我们一定会再一次证明您的专业眼光的。"

"你可真会说话。哈哈……"汤嘉雯笑道。

经过了这一轮的谈判,汤嘉雯如约签署合同、交付定金,而Z公司的团队也顺利入住酒店。此次接待工作圆满完成,汤嘉雯对陈敏的销售工作信任有加。Y酒店因此得到了Z公司的认可,如愿进入了指定供应商名单。

资料来源:根据上海财经大学商学院MBA学生施建慧提供的事例改编。

【思考题】
- 1.陈敏在此次谈判的各个阶段分别遇到了哪些问题?陈敏是如何应对的?
- 2.通过该谈判案例,你获得了哪些启示?

上述案例展现了陈敏和汤嘉雯就Y酒店承办Z公司会务的相关事宜进行谈判的整个过程。从案例中可以看出,陈敏最终能与汤嘉雯签约并进入Z公司的指定供应商名单,主要取决于以下几个因素:①谈判之前充分了解谈判各方的需求和现状;②合理使用收集到的信息,发挥己方长处,规避短处;③灵活运用多种影响策略来说服对方接受己方的提议;④抓住谈判各方的利益共同点,提前做好沟通工作;⑤有效执行谈判协议。这五个因素也是帮助其他谈判者获得令人满意的谈判结果的关键因素。

人们几乎每天都会与周围人进行谈判,比方说与朋友商量到哪里去旅行,与家人商量到哪里就餐,与商家就一件衣服讨价还价等。谈判是一个涉及信息收集、信息规划、讨价还价、签约并执行等多个环节的过程。优秀的谈判者会关注每一个环节并进行有效的管理。本章将从"谈判中的关键概念"和"谈判过程分析及策略"两个方面来介绍谈判的相关策略和技巧。

第一节　谈判中的关键概念

谈判被定义为两个及以上具有不同偏好或不相容目标的个人或团体为了达成使

各方都满意的协议而进行联合决策的过程。[1] 该定义表明了谈判的三个要点：①谈判者需要了解各方的需求并找出彼此间的差异点，这是各方进行交换的基础；②谈判者不仅要关注各方的利益需求还需要关注心理需求，不仅要设法满足己方的需求还要帮助对方满足其需求，这是达成使各方都满意的协议的关键；③谈判各方需要彼此交换信息、贡献解决方案，这是创造价值、把利益蛋糕做大的途径。当然，谈判还是一个资源分配的过程。谈判各方常常需要使用一些策略来为己方争取更大的利益。在了解各种谈判策略和技巧之前，我们先介绍一下谈判中的几个关键概念。

一、谈判目标

谈判目标是指谈判者期望达到的最好的谈判结果，比方说你希望通过谈判让老板给你加薪 2 000 元。谈判目标影响着谈判者的谈判策略和谈判结果，因此设定恰当的谈判目标是保证谈判成功的基础。谈判目标设定得越高，第一次出价也会越高，而且谈判者获得的收益也越多。[2][3] 老练的谈判者（或谈判专家）往往比没有经验的谈判者（或谈判新手）设定的谈判目标高。

谈判目标分为总体目标（或战略性谈判目标）与针对谈判问题／事项的目标两种类型。对于单事项谈判来说，总体目标与针对谈判问题／事项的目标是相同的；对于多事项谈判来说，两者则有所差异。总体目标指的是谈判者希望通过此次谈判达到的总结果，如获得一定数量的利润、与对方建立长期合作关系、不惜任何代价拿到订单等。谈判者所采用的所有策略都需要与总体目标保持一致。针对谈判问题／事项的目标指的是谈判者在每一个谈判事项上希望达到的结果。例如，在一次商业谈判中，有四个谈判事项，分别是数量、价格、支付条件以及交货期限。谈判双方在进入谈判之前需要根据自身的情况来针对每一个谈判事项确定希望达到的具体目标。假设买方设定的目标是购买 20 000 件产品，价格 100 元／件，支付条件是 60 天付款，交货期限为 30 天；卖方设定的目标是出售 30 000 件产品，价格 120 元／件，支付条件是 45 天付款，交货期限为 50 天。谈判者在针对每个谈判问题／事项设定目标时需要考虑这些子目标是否与总体目标一致。

不熟练的谈判者在设定谈判目标时经常不知道自己的目标是什么，分不清哪些东西是想要的（立场）、哪些东西是需要的（利益），总是想要对方不想给的、不想要对方给的。举例来说，市场部办公室里的空调坏了，漏了一地水。维修师傅看过之后说要换

① Carnevale P J, Pruitt D G. Negotiation and mediation. Annual Review of Psychology, 1992, 43：531-582.

② Zetik D C, Stuhlmacher M F. Goal setting and negotiation performance: A meta-analysis. Group Processes & Intergroup Relations, 2002, 5：35-52.

③ 张志学，王敏，韩玉兰. 谈判者的参照点和换位思考对谈判过程和谈判结果的影响. 管理世界，2006（1）：83-95.

一个新的零部件,大概要花 2 000 元。行政部觉得太高,就跟维修师傅讨价还价,最后双方谈定了一个 400 元的价格,换上了一个旧的零部件。没多久,空调又开始漏水。最后,行政部又花了 1 900 元换了一个新的零部件。在该案例中,行政部没有分清楚"想要的东西"和"需要的东西"。他们想要一个便宜的零部件,但是真正需要的是一个能够让空调正常运转的零部件。在首次谈判中,虽然他们低价买到了零部件,却没有解决空调的问题,看似赢了,实则白白损失 400 元钱。试想,如果行政部能够在谈判前想清楚自己的谈判目标到底是什么,可能就不会犯这样的错误了。

二、谈判协议的最佳备选方案

谈判协议的最佳备选方案(best alternative to negotiated agreement, BATNA)是指谈判者在当前谈判之外的最佳替代方案。也就是说,如果谈判者在当前谈判中达不成协议,他所拥有的其他选择中的最好的那个选择就是 BATNA,是谈判者的退路。如果谈判者当前的谈判协议比自己的 BATNA 差,就应该放弃当前协议,而考虑其他选择。反过来,任何价值高于 BATNA 的协议都胜过毫无进展的僵局。例如,小李正在出售自己的一套房产,在他与潜在购房者 A 商谈价格之前,已经获得潜在购房者 B 和 C 的明确报价,而且 B 的报价高于 C,那么与 B 达成交易就是小李的 BATNA。如果小李发现 A 的报价比 B 的低,那么小李就没有必要与 A 达成协议,他可以选择与 B 达成交易或者继续寻找其他出价更高的潜在购房者。如果 A 的报价高于 B,那么小李可以考虑与 A 达成交易或者继续寻找其他出价更高的潜在购房者。

BATNA 是谈判者关键的权力来源。谈判者的 BATNA 越好,其谈判力就越大,可以把目标点定得更高并较少做出让步。因此,创造并不断改进自己的 BATNA 是获取谈判成功的重要途径。实际上,学者们[1][2]发现,在整合性谈判中,与没有 BATNA 的谈判者和 BATNA 较差的谈判者相比,拥有较好的 BATNA 的谈判者能够获得较高的个体收益。在谈判过程中,谈判者要尽量不让对方知道自己的 BATNA 的确切价值,同时要想办法摸清对方的 BATNA 的确切价值,并提防对方"不小心"泄露的BATNA。

值得注意的是,有些谈判者倾向于高估 BATNA 的吸引力,这往往会导致谈判陷入僵局。当谈判对方出现对 BATNA 过于乐观的情况时,谈判者可以通过分享自己的BATNA 或者参考无相关利益的第三方的看法来帮助对方调整偏颇的理解。此外,谈

① Pinkley R L, Neale M A, Bennett R J. The impact of alternatives to settlement in dyadic negotiation. Organizational Behavior and Human Decision Processes, 1994, 57 : 97—116.
② Brett J F, Pinkley R L, Jackofsky E F. Alternatives to having BATNA in dyadic negotiation: The influence of goals, self-efficacy and alternatives on negotiated outcomes. International Journal of Conflict Management, 1996, 7 : 121—138.

判者在准备阶段要充分收集信息、客观评估现状,尽量准确地认识自己的 BATNA。

三、底线

底线,又称免谈价格或保留价格(reservation price,RP),指的是买方愿意接受的最高价、卖方愿意接受的最低价。只有当双方商定的价格优于各方的底线时,双方才有达成协议的必要。不过,谈判者需要切记底线不是目标点。谈判者希望通过谈判达到自己的目标,而不是签订一个不差于底线的协议。通过深入分析自己的需求和利益点,谈判者能够对自己的底线有更准确的认识,从而避免接受太高或太低的出价。另外,BATNA 对于底线来说非常重要,底线受到 BATNA 的影响,BATNA 越好,底线越高。但是,BATNA 并不是底线,有时候 BATNA 比底线差。例如,某公司要采购一批 X 型号的零部件,公司经过内部成本核算得出能够给出的最高价格为 100 元 / 件,这就是该公司的底线。该公司向 A 公司询价。经过谈判,A 公司给出的最低价格是110 元 / 件。然后,该公司向 B 公司询价并希望通过跟 B 公司谈判来获得一个更好的价格。那么,A 公司开出的价格就是该公司与 B 公司进行谈判的 BATNA,但是这个 BATNA 比该公司的底线要差。当面对这种情况时,谈判者要设法创造一个更好的BATNA,优化 BATNA,或者通过其他的方式来满足自己的需求。

谈判者不仅需要通过信息分析来确定己方的底线,还需要收集对方的信息来推测对方的底线,这有助于增强谈判者的谈判力。例如,你要买一套二手房,正好看中了某小区的某套房。你了解到这套房挂盘快一年了,而且价格已经降了 50 万元。你推测中介和业主对于出售十分着急,那么你就可以在价格上力争更多的优惠。另外,在谈判中不要透露自己确切的底线,同时也要小心对方所透露的底线。

四、谈判区域

谈判区域(bargaining zone,BZ),也称谈判范围、谈判空间或可能达成协议的范围(zone of possible agreement,ZOPA),指的是谈判双方底线之间的区间。当买方愿意出的最高价高于卖方愿意接受的最低价时,就会存在正的谈判区域(见图 6-1),双方就有可能在这个区间内达成协议,因为任何超出该范围的出价都会遭到一方的拒绝。但是,正的谈判区域并不能保证协议达成,因为谈判者通常不会彼此分享底线,他们可能认为 ZOPA 并不存在,以至于谈判破裂。谈判双方能否在谈判区域内达成协议以及在哪个点上达成协议受到三个关键因素的影响:①关于对方底线的信息或对方渴望达成协议的程度;②第一次出价;③谈判技能。

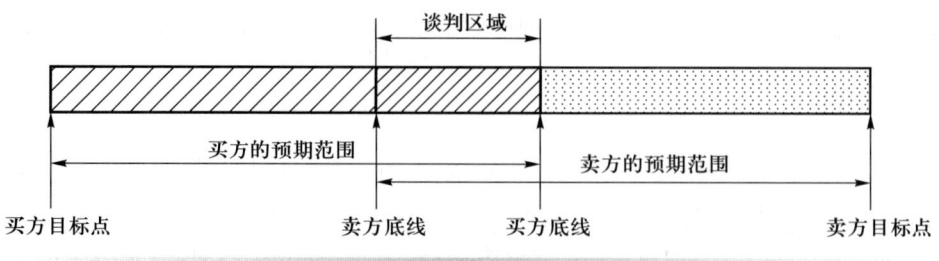

图 6-1　谈判区域为正的情况

　　谈判区域并不总是正的。在有些情况下,谈判双方的底线之间不存在交集,或者说买方愿意出的最高价低于卖方愿意接受的最低价,这时候谈判区域为负(见图 6-2)。如果谈判双方没有意识到这一点,而继续花大量的时间讨价还价,则不但徒劳无功,还增加了时间成本。如果谈判双方意识到了谈判区域为负,有两种应对策略:①当该谈判为纯粹的单事项谈判时(如只有"价格"一个谈判事项),谈判双方应该放弃此次谈判,转而考虑各自的 BATNA 或继续寻找更好的选择;②当该谈判中隐含着谈判双方多个利益点时,谈判双方应该深入分析各自的利益点,把表面上的单事项谈判转变为多事项谈判,进而在不同事项间进行利益交换,从而达成能够满足双方需求的谈判协议。例如,A 公司宣告破产后,正在出售设备,B 公司有意向购买这些设备,但是双方在价格上相持不下。B 公司愿意出的最高价格为 3 000 万元,而 A 公司愿意接受的最低价格为 3 500 万元。后来,B 公司代表在与 A 公司代表闲聊中了解到 A 公司之所以把最低价格定在 3 500 万元,是因为他们除了偿还债务,还需要安置原有的员工。而 B 公司因为扩大产能,正好需要招聘大批有一定工作经验的员工。双方在接下来的谈判中把安置 A 公司原有员工也作为了一个谈判事项,最终双方以 2 500 万元的设备购置价格加具体的员工安置方案成交。

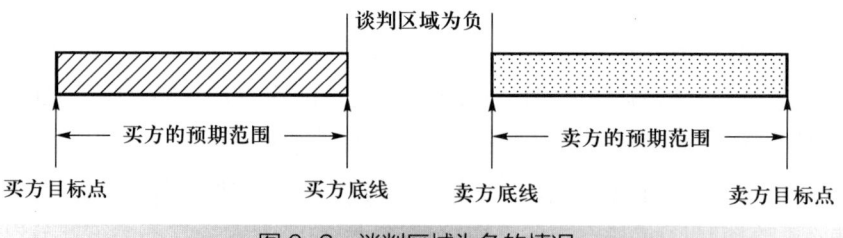

图 6-2　谈判区域为负的情况

五、分配式谈判和整合式谈判

　　根据谈判情境不同,可以将谈判分为分配式谈判(distributive negotiation)和整合式谈判(integrative negotiation)两种。以两人式谈判为例,分配式谈判指的是谈判双方只有一个固定的馅饼(fixed-pie),大家各自分割一块,如果其中一方分得多,必然导致另外一方分得少;整合式谈判指的是谈判双方需要在多个事项上达成一致,而且其中一些事项对谈判双方的重要性是不同的,谈判双方可以通过在这些事项上的相互让步与利益交换(tradeoff,用对一方不重要的东西从另一方换来对其重要的东西),将馅饼做大,从而实现双赢。表 6-1 从资源、首要动机、首要利益和关系倾向四个方面对分配式谈判和整合式谈判进行了区分。

在分配式谈判中,增加谈判力的最简单和最有效的方法就是创造和改进BATNA;在这类谈判中经常出现的问题则是对自己的 BATNA 作出不切实际的估计,没有充分搜寻备选方案,忽视那些不容易量化的备选方案(如只关注工资,而忽视了专业能力培训),以及为了成交而改变自己的底线。在整合式谈判中,实现谈判成功的关键在于通过信息交换寻找谈判各方的利益共同点和差异点,进而通过利益交换实现整合或双赢。①

表 6-1　分配式谈判与整合式谈判的区别

项目	分配式谈判	整合式谈判
资源	要分配的资源总额是固定的	要分配的资源总额是可变的
首要动机	我赢,你输	我赢你也赢
首要利益	彼此对立	彼此一致
关系倾向	短期	长期

值得注意的是,谈判很少是纯粹的分配式谈判。实际上,多数谈判都存在整合的可能性。但是,大多数没有接受过谈判培训或者缺乏谈判经验的人倾向于在谈判中表现出"索取价值的心智模式"。在他们看来,现实生活中的谈判,不论是买车、买房,还是找工作,都属于固定馅饼情境,谈判双方的利益是完全相反的。这种认知使人们把注意力放在了如何运用各种分配策略为自己争取更多的利益上,而不能有效地与对方分享信息,了解彼此的利益点,进而找出双方存在的整合点。结果,最终失去了实现双赢的机会。与此相反,谈判专家们则倾向于表现出"创造价值的心智模式"。他们通过频繁且有效的信息交换来寻找实现利益整合的可能性,通过提出创造性的解决方案来满足双方的需求。表 6-2 从导向(orientation)、策略(strategy)、目标(goal)、方式(approach)、提议(offers)和前景(outlook)六个方面对"索取价值的心智模式"和"创造价值的心智模式"进行了比较。②③

---

① 韩玉兰, 张志学, 王敏. 走向双赢:动机倾向和信息分享质量在整合性谈判过程中的作用. 心理学报, 2010(2): 288-303.

② Loewenstein J, Thompson L. Learning to negotiate: Novice and experienced negotiators. In L Thompson(ed.), Negotiation Theory and Research, New York: Psychology Press, 2006: 77-97.

③ Kong D T, Dirks K T, Ferrin D L. Interpersonal trust within negotiations: Meta-analytic evidence, critical contingencies, and directions for future research. Academy of Management Journal, 2014, 57: 1235-1255.

表 6-2　谈判者的心智模式

项目	新手	专家
	索取价值的心智模式	创造价值的心智模式
导向	赢／输	赢／赢
策略	以权力为基础	以利益为基础
目标	分馅饼	先做大馅饼，后分之
方式	单一事项，逐项磋商	同时考虑多种事项
提议	单一提议，接受或拒绝	多种提议
前景	短期，不关心将来的关系	建立长期的关系

第二节　谈判过程分析及策略

谈判有很多类型（如采购谈判、销售谈判、并购谈判、合资谈判、劳资谈判等），而且复杂程度各不相同，因此谈判的过程会有所差异。有的谈判可能经过简单的商讨就能达成一致；有的谈判可能需要前期做大量的准备和规划，然后才能进入正式谈判；有的谈判历时很长，需要经过多轮谈判。一般来说，谈判包括四个阶段，分别是：①准备，包括收集相关信息、设定谈判目标、搜寻 BATNA 或退路、确定底线、确定谈判问题或事项并对其进行排序、开发影响策略等；②开场，包括设立基本原则、确定总体行动框架、交换基本意见等；③正式谈判，包括交换不同意见、进行讨价还价等；④结束谈判，即达成一致或谈判停止。接下来，我们将详细分析这四个阶段并介绍相应的谈判策略与技巧。

一、准备

有经验的谈判者往往会花大量的时间进行谈判准备。谈判前准备工作主要包括三大类：信息收集、信息规划、开发影响策略。

（一）信息收集

信息收集是谈判准备阶段的重要工作之一，也是谈判取得成功的关键因素之一。不同类型的谈判需要收集的信息不同，收集的渠道也各有差异。以采购谈判为例，采购谈判代表通常需要收集的信息包括采购标的的相关介绍、企业内部对于采购标的的要求、企业本身的情况、市场价格、供需情况以及供应商和对方谈判代表的情况（如有多少人、各是什么角色、有何特点、有何偏好）等。信息的来源包括内部人士谈话、产品介绍、会议资料、刊物、市场调查报告、企业公开披露的信息、新闻报道等。当然，信息收集不只是在谈判之前需要进行的工作，企业还需要做好日常信息的收集和管理工作。

（二）信息规划

信息收集之后，接下来要做的关键工作是计划如何使用这些信息，即信息规划。信息规划主要包括以下五个方面。

1. 设定谈判的总体目标

在任何谈判中，谈判者都需要决定对于他们来说什么是最理想的结果，也就是此次谈判的总体目标。设定谈判的总体目标听起来可能简单，但是缺乏谈判经验的谈判者经常会出现三类问题。[①]

第一，谈判者所设的目标点或期望值过低。谈判者在谈判开始时就提出对方很容易答应的条件，容易导致"赢者的诅咒"（winner's curse）。当谈判者提出的报价立即被对方接受时，赢者的诅咒便发生了。举例来说，假设你去某眼镜城的一家店配眼镜，卖家给你介绍了几种镜片之后，你最终选择了标价中等的一种。你心里很清楚不能根据对方的标价付钱。于是，你按照标价一半的价格开了价。这时，店主不仅开心、痛快地接受了这个价格，而且免费赠送了眼镜架、眼镜盒、替换用鼻托以及小工具。你此时会是什么心情呢？通常情况下，人们会觉得自己最初的报价高了，懊悔不已。由赢者的诅咒所造成的影响几乎是不可能消除的，因此我们一方面建议谈判者要设立足够高的目标，另一方面建议谈判者不要接受对方的第一次出价。

第二，谈判者所设的目标点或期望值过高。谈判者设定的目标点过高，容易导致对方怀疑其谈判的诚意，引发对方的防御心理，阻碍双方信任关系的建立。例如，在谈判模拟中，我们发现如果一方设定的目标点过高（他们的第一次出价也会非常高），对方往往会根据自己所掌握的信息质疑对方所提供信息的可信性，这导致整个谈判的难度增加。如果谈判者树立的目标点过高而且拒绝让步，对方也会用相同的方法予以反击，最终会导致谈判陷入僵局。因此，建议谈判者在设立足够高的目标的同时还要考虑目标的合理性。

第三，谈判者不知道自己真正期望得到的是什么或者说不知道自己的目标是什么。经常出现的问题有两类：一是谈判者把太多的注意力放在了价格、薪资这种竞争性强的事项上，而忽视了自己的真实需求，如建立长期合作关系、获得职业成长等；二是谈判者只想得到对方不愿意给的东西，不愿意接受对方愿意给的东西，即表现出反应性贬值（reactive devaluation）这种谈判行为——贬低某一让步或提议的价值只是因为让步与提议是对方提出的。反应性贬值在劳资谈判中经常出现，员工往往认为雇主提出的方案都是对雇主有利、对员工不利的，这时就需要第三方调解者或仲裁者

---

① Thompson L L（Ed），The mind and heart of the negotiator（2nd）．Upper Saddle River，NJ：Prentice Hall，2001.

来帮助解决问题。

除了设定自己的谈判目标之外,谈判者还需要根据自己所掌握的信息推测一下对方的目标。当然,如果自己掌握的信息还不足以做出此推测,那么谈判者就需要在正式谈判过程中收集信息来判断对方的目标了。

2. 搜寻 BATNA 或退路

BATNA 或退路是谈判力的关键来源。为了获得谈判成功,谈判者有必要创造并不断改进自己的 BATNA。但是在实际谈判中,谈判者往往搞不清楚自己的 BATNA 是什么,甚至把退出谈判或做出让步作为自己的 BATNA。还有的谈判者对自己的 BATNA 盲目乐观,导致错失当前的机会。谈判者需要明白 BATNA 不是谈判者的主观愿望,而是取决于客观现实和外部因素。也就是说,BATNA 并不会因为谈判者更为乐观而变得更好。

为了搜寻到尽量多的 BATNA,谈判者可以遵循"谈恋爱"(falling in love)规则[①],即谈判者不应该只关注一所房子、一份工作或一个供应商,而应该设法找到 2~3 种选择。根据这个规则,谈判者可以获得多个备选方案,从而避免因当前的方案实施成本过高或被弃用而造成的措手不及。但是,"谈恋爱"规则执行起来并不容易,很多谈判者都存在备选方案搜寻不足的问题。

在谈判过程中,BATNA 会受到对方的影响和操控,这也是导致谈判者不能确定自己的 BATNA 的一个原因。谈判者需要明确的是,除非客观条件发生变化,否则不要在谈判过程中改变自己的 BATNA。当然,要想在谈判过程中不让对方操纵自己的 BATNA,谈判者就需要做好充分的准备。

除了确定自己的 BATNA 或退路之外,谈判者还需要根据自己所掌握的信息推测一下对方的 BATNA 或退路。当然,如果自己掌握的信息还不足以做出此推测,那么谈判者就需要在正式谈判过程中收集信息来判断对方的 BATNA 或退路。

3. 确定底线

谈判者一旦确定了 BATNA,就可以确定自己的底线。一些谈判者在准备谈判时没有考虑自己的底线或者对自己的底线估计不准确,结果导致自己签订了比底线差的协议。一般来说,底线由 BATNA 决定。但是,在有的情况下,BATNA 比底线差。例如,你正在为公司采购某种器械,公司给你的权限是以低于 200 万元 / 台的价格采购,而你目前从 A、B 两家供应商处得到的最好报价是 230 万元 / 台。你正在接触 C 供应商,希望能够获得更好的报价。从这个例子中可以看出,你的底线是 200 万元 / 台,而 BATNA 是 230 万元 / 台,该 BATNA 并不能满足底线的要求。这时你就需要进一步搜寻和改进 BATNA,或者在谈判中考虑加入其他的谈判问题以进行利益交换。

---

① Bazerman M H, Neale M A. Negotiating rationally. New York: Free Press, 1992.

除了确定自己的底线之外,谈判者还需要根据自己所掌握的信息推测一下对方的底线。当然,如果自己掌握的信息还不足以做出此推测,那么谈判者就需要在正式谈判过程中收集信息来判断对方的底线。

4. 确定谈判问题或事项并进行排序

在进入正式谈判之前,谈判者需要把能够想到的所有谈判问题或事项都列出来,不管这些问题的重要性如何,也不管这些问题是否可量化。同时,谈判者还需要站到对方的角度考虑一下除了自己关心的问题,对方还会关心哪些问题,并把这些问题列出来。但是,一些缺乏经验的谈判者往往只关注单一事项,如价格、工资等。在前文介绍分配式谈判和整合式谈判的概念时,我们提到,如果只关注单一事项,那么谈判者就会陷入固定馅饼思维,而错失创造更大价值、实现双赢的机会。实际上,多数谈判都能找到多个谈判问题,如买卖某种商品,可能涉及价格、数量、质量、付款条件、交货期限、运输等多个事项。从关注单一谈判问题到关注多个谈判问题不但能够增加利益整合的可能性,而且有助于谈判者降低风险。

列出能够想到的所有谈判问题之后,谈判者需要对这些谈判问题进行排序。通常有三种排序方法:按照重要程度从高到低地排列谈判问题;根据谈判问题的相对重要性设定比重,比重总和为100%;把谈判问题分为极其重要的问题、重要问题、次要问题和无关紧要的问题。从自己的角度排完序之后,可以根据对对方财务状况和市场地位的了解、过去的经验等,推测对方的优先顺序;如果前期了解的信息不够充分,则需要在正式谈判中进一步了解信息,然后判断对方的优先顺序。由于这三种排序方法非常相似,我们仅针对第一种方法举例说明(见表6-3)。通过对谈判问题进行排序,谈判者可以在谈判中用相对次要的利益换取更重要的利益,比方说通过在"无关紧要的问题"上做出让步来换取对方在"重要问题"上的让步。当然,谈判者也可以在同一个层次进行利益交换,比方说数量和支付条件同样重要,谈判者可以用"数量"上的让步交换对方"支付条件"上的让步。

表6-3　谈判问题及其排序(举例)

谈判问题	优先顺序	
	己方	对方
价格	1	2
数量	2	3
支付条件	3	1
交货期限	4	4

注:1、2、3、4表示重要程度从高到低。

为了更好地对各个谈判问题进行优先排序,谈判者还可以使用珍妮·M.布雷特(Jeanne M. Brett)提供的"立场与利益分析图"来组织信息(见图6-3)。图中的"立场"(positions)指的是谈判者想要什么;"利益"(interests)指的是谈判者为什么想要他们想要的东西,即立场背后的需求或关注点。通过"立场与利益分析图",谈判者可以厘清每个谈判问题的重要程度及其对应的立场和利益,同时也可以提醒自己在谈判中要着眼于利益而不是立场。[①]

关键点	事项		己方		对方	
		立场		立场	
		优先顺序	利益	优先顺序	利益
事项 1					
事项 2					
事项 3					
事项 4					
事项 5					
事项 6					
事项 7					
BATNA					
底线价格					
目标					

图6-3 立场与利益分析图 [②]

5. 针对每个谈判问题确定目标和替代选择

确定完谈判问题及其排序之后,谈判者接下来需要思考在每一个谈判问题/事项上期望达到的结果。正如我们在介绍针对谈判问题/事项的目标时所列举的例子,买

[①] 罗杰·费希尔, 威廉·尤里, 布鲁斯·巴顿. 谈判力. 北京:中信出版社, 2012.

[②] J M Brett (Ed). Negotiating globally: How to negotiate deals, resolve disputes, and make decisions across cultural boundaries (3rd). San Francisco: Jossey-Bass, 2014.

方针对数量、价格、支付条件和交货期限所设定的目标分别是 20 000 件、100 元 / 件、60 天付款、30 天交货,而卖方设定的目标分别是 30 000 件、120 元 / 件、45 天付款、50 天交货。谈判各方在设定完自己的目标后,最好还能够根据已经掌握的信息推测一下对方在各个谈判问题上的目标。

　　针对每一个谈判问题确定好目标之后,谈判者就可以围绕这些目标思考和设置替代选择了。比方说,假设买方在数量上设置 10 000 件、15 000 件、25 000 件、30 000 件四个替代选择,在价格上设置 80 元 / 件、90 元 / 件、110 元 / 件、120 元 / 件四个替代选择,在支付条件上设置 90 天、75 天、45 天、30 天四个替代选择,在交货期限上设置 10 天、20 天、40 天、50 天四个替代选择。接着,谈判者可以把针对每个谈判问题的目标和替代选择放置在一个表格中(见表 6-4)。

表6-4　针对每个谈判问题确定目标和替代选择(举例)

谈判问题	目标与替代选择				
	替代选择 1	替代选择 2	目标	替代选择 3	替代选择 4
数量	10 000 件	15 000 件	20 000 件	25 000 件	30 000 件
价格	80 元 / 件	90 元 / 件	100 元 / 件	110 元 / 件	120 元 / 件
支付条件	90 天	75 天	60 天	45 天	30 天
交货期限	10 天	20 天	30 天	40 天	50 天

　　接下来,谈判者可以根据各个谈判问题的目标点、替代选择以及不同选择之间的价值差异或者让步的成本来组合成多个等值的一揽子提议或方案。例如,买方可能形成了如下三个方案:① 20 000 件 +100 元 / 件 +60 天付款 +30 天交货;② 25 000 件 + 80 元 / 件 +60 天付款 +30 天交货;③ 20 000 件 +80 元 / 件 +45 天付款 +40 天交货。这三个方案对于买方来说价值相等,且都能够满足买方的需求。在后续的正式谈判中,买方可以根据这三个等值方案进行开价。

　　许多谈判者倾向于一个问题接一个问题地进行谈判,这种方式容易使谈判双方在每个谈判问题上都据理力争,而忽视了各个谈判问题在重要性上的差异。我们建议谈判者尽量设置出多个等值的一揽子方案,这有利于谈判者把握自己的利益点,实现自己的谈判目标。而且,由于一揽子方案考虑了不同谈判事项的相对重要性,有利于谈判双方进行利益整合。

　　(三) 开发影响策略

　　完成信息规划之后,接下来就要考虑将使用什么策略来影响对方按照你的想法去做或者接受你的观点了。谈判者一般使用三类策略来影响对方:①利益策略,指谈判者通过了解彼此的需求、愿望和关注事项进而设法调和各方的利益来满足彼此的核心需求;②权利或公平策略,指谈判者通过强调合同条款、法定权利、先例、社会或组织规范、制度等来影响对方,也可能通过仲裁来解决双方之间的争议;③权力策略,指谈判者通过强调自己的地位或级别、使用威胁、攻击对方的声誉或拒绝妥协来影响对方。下面我们通过一个案例来对这三种策略加以说明。

 【案例 6-1】

员工非因工意外身亡,企业如何应对?

X 公司员工王海下班后在自己租的房子里喝酒,突发脑梗身亡。公司按照"关于员工非工伤非工作地点的突发疾病死亡补助标准"的有关规定确定了补助方式并告知了王海的家属,但王海的家属要求公司给予一次性补偿 40 万元人民币。公司管理层多次与王海的家属沟通,希望对方接受规定的补助方式,但对方表示坚决不接受。随后,王海的家属和十几个亲戚开始在公司门口拉横幅、穿孝衣、烧纸钱,甚至直接横卧在门口。由于劝解无效,公司上报劳动部门,请其协助解决。后经劳动部门调解,公司同意每月支付王海家属 2 500元钱,用于资助其两个孩子的生活和学业,直至其最小的孩子年满 18 岁。

从上述案例可以看出,X 公司管理层在与王海家属的谈判中,首先使用的是公平策略,即根据相关规定给予补助,但是由于对方的要求远远高于该补助金额而且对方不肯做出让步,双方谈判破裂;然后,公司求助劳动部门调解,此时使用的仍然是公平策略;最后,公司通过利益策略(每月支付王海家属 2 500 元钱,用于资助其两个孩子的生活和学业,直至其最小的孩子年满 18 岁)解决了双方之间的争议。王海的家属在此次谈判中使用的策略主要是权力策略,即通过攻击对方的声誉和拒绝妥协来达到目的。

一般来说,利益策略对于创造更大的价值、实现双赢比较有效。通过了解和分析谈判双方的需求和利益点,谈判者能够相对准确地判断自己的主要关注点是什么、对方的主要关注点又是什么,进而能够更有效地进行利益交换,这有利于满足双方的需求,促成良好的合作关系。而且,从成本的角度来说,利益策略的成本最低,公平策略次之,成本最高的是权力策略。所以,建议在谈判中首先考虑使用利益策略。但是,在实际谈判中很多人不选择使用利益策略,而是使用权力策略或者公平策略。背后的原因主要是缺乏相关技能、倾向于针锋相对以及受文化或组织因素的影响。

我们在模拟谈判中则发现很多学员不知道如何分析彼此的需求和利益点,而是把过多的注意力放在了价格这类竞争性事项上,试图通过给对方施压或者采用白脸/黑脸之类的策略来迫使对方做出让步。值得高兴的是,经过谈判课程的学习,这些学员逐渐开始有意识地使用利益策略,并在分析彼此需求和利益点上有了一定改善。

需要注意的是,利益策略并不能解决一切问题,在一些情况下,谈判者需要考虑使用公平策略和权力策略。这些情况主要包括:①尽管你花了很大的努力想让对方与你谈判,但对方仍然拒绝谈判;②谈判陷入僵局;③你需要让另一方知道你拥有权力;④双方利益完全相反,无法达成协议;⑤需要进行社会变革。不过,在使用公平策略和权力策略时,谈判者需要让对方明白你的确有这样的权力,而且一旦你实施这个权力,对方的核心利益将会受损,同时你还要留有余地从而能够让双方重新回到以利益为基础的谈判上来。[①]

二、开场

开场阶段需要关注的问题主要包括基本原则、总体行动框架、初次接触和姿态表现。[②]

(一) 基本原则

基本原则主要包括确定谁具有决策权、在什么地方谈判、何时开始谈判、协议中涉及哪些条款及其详细程度、协议的形式是什么样的。在有些谈判中,这些问题可能都会涉及;在有些谈判中,这些问题可能已经非常明显,不需要讨论,或者只需要讨论其中几个。

(二) 总体行动框架

一般来说,谈判的总体行动框架包括达成的最终协议比 BATNA 要好、能够满足自己的利益需求、让双方都"有面子"、协议清晰且可操作、聚焦主要问题以及有利于双方的长期合作。

(三) 初次接触和姿态表现

在初次接触中,谈判双方主要是非正式地交换基本意见,如讨论各自的需求和利益点、如何安排谈判、可能的基本原则以及最终的协议形式等。在初次接触时,谈判者可能还会刻意表现出自己的某种姿态(如故意表现得很强硬)给别人看。此类姿态可能激起双方之间的紧张情绪。谈判双方要对此有所认识,保持一定程度的冷静,在戏剧化的姿态表演结束之后重新回到谈判上来。

三、正式谈判

正式谈判涉及的问题主要包括如何影响对方、如何分享信息、如何开价、如何讨价还价。由于我们已经在谈判前准备部分详细介绍了谈判中的三种影响策略,在此不再

---

① Ury W L, Brett W L, Goldberg S B. Getting disputes resolved: Designing systems to cut the costs of conflict. San Francisco: Jossey-Bass, 1988.
② Carrell M R, Heavrin C J D. Negotiating essentials: Theory, skills, and practices. Upper Saddle River, NJ: Prentice Hall, 2007.

赘述。

（一）信息分享

信息不对称是谈判的典型特点。谈判者需要通过沟通来交换信息、了解彼此，从而实现自己的目标。可以说，信息分享是谈判者满足各方需求、实现利益整合的关键。现有的实证研究表明信息分享与判断准确性及谈判双方的联合收益正相关。这些研究的一致结论是，频繁地向对方提供信息并寻求信息有助于谈判者了解彼此的优先考虑事项和偏好、减少判断误差，从而找到双方的整合点。如果谈判双方就各自的利益而不是立场分享了许多信息，他们就能更加准确地判断哪些事项对自己比对对方更重要，哪些事项对对方比对自己更重要。一旦发现了双方在利益上的差异，又能根据这种差异进行利益交换，他们就能够达成整合性协议。此外，有时候谈判双方对某些事项的偏好和利益是一致的，一方获益，另一方也会获益。如果谈判双方通过信息分享能够发现他们的利益一致点并做出能够使他们获益最多的选择，那么他们将会获得更多的联合收益。

信息分享不仅涉及数量的问题，还涉及质量的问题（沟通效果）。谈判双方分享的信息越多并不意味着他们对各自优先考虑事项和偏好的判断越准确，判断准确与否的另一个条件是他们之间的信息分享是否有效，即信息分享的质量高不高。考虑到信息分享的风险，谈判者在与对方分享信息时会倍加谨慎，甚至会采用一些比较隐晦的方式来透露己方的信息、寻求对方的信息。① 这样的信息分享方式很可能降低信息分享的质量。而且，这种现象在以高语境沟通为特点的文化背景下会更明显，因为在这种文化背景下，即使是不考虑信息分享的风险，谈判者也倾向于以相对间接或隐晦的方式沟通，这无疑给谈判者准确判断彼此的利益和偏好并最终达成整合性谈判协议造成了障碍，因而信息分享质量变得尤为重要。此外，在跨文化谈判中，沟通质量的作用也是不容忽视的，因为认知上的差异很可能使谈判双方的沟通变得困难，从而阻碍双方对信息的理解和判断。鉴于信息分享质量的重要性，谈判者在谈判中要力图清楚表达自己的需求和利益点并确保对方所理解的内容与自己表达的内容一致，冷静倾听对方并准确理解对方所表达的意思，设法营造一个畅所欲言的氛围。

最后，需要注意的是，要想让信息分享有效，就需要将自己的需求和关注点如实地告诉对方，而据实以告的基础是信任对方。信任与信息交换之间是互相促进的关系。信任的建立取决于信息交换，伴随着双方的信息分享及根据所获得的信息提出解决方案，彼此的信任不断增加；伴随着信任的增加，谈判者又会分享更多的信息，从而不断改进他们的协议。

在模拟谈判中，我们发现一些学员在谈判开始前就选择不信任对方，总是担心被

---

① 张志学，韩玉兰．回报谨慎对谈判过程和谈判结果的影响．心理学报，2004（3）：370-377.

对方利用；在提供信息时犹豫不决，特别是不愿意把有关自己需求和关注点的真实信息透露给对方；结果是谈判双方分享的信息减少、沟通效果变差、猜疑不断升级、谈判成本增加。[①]

（二）首次开价

首次开价涉及两个问题：一是先开价好还是后开价好；二是开价多高才好。这两个问题都与谈判中的锚定效应（anchoring effect）有关。锚定效应指的是在不确定条件下的决策中，人们会受到某个参照点的锚定作用。初始信息（锚，如谈判中的最初报价）被给予过高的权重，这时决策者就不能对后来的新信息进行充分的考虑。以往研究证明，锚定效应相当强劲，即使是专家也常常无法避免。例如，有学者让 4 组房地产经纪人实地考察了某处房产，并给他们提供了正常情况下对房屋估价所需要的所有信息和一个评估价格，其中 4 组人拿到的资料中的原有评估价格分别为真实评估价格的90%、96%、104% 和 110%。然后，让他们分别估计房产的价格。结果发现，4 组人对房产的评估价格、建议销售价格、合理价格和最低接受价格的评定均受到了操纵估价的锚定影响。但当问及经纪人影响他们决策的因素时，只有 1/10 的人提到了原有评估价格。[②]

由于锚定效应的影响，谈判者的首次开价是谈判结果的良好预测变量。如果谈判者在谈判中抛出了较高的第一次出价，利用该价格锚定对方，那么谈判结果将更有利于自己。这是否说明在所有情况下谈判者先开价对自己更有利，而且开价越高对自己越有利呢？实际上，锚定效应发挥作用也是有边界条件的。当对方掌握的信息不足、对所谈事项不太了解或感到困惑，而己方被公认为是该事项的专家时，锚定效应最有效；当己方没有信息优势时，己方可以把让对方先开价作为获取信息的一条途径；谈判者的第一次出价能否影响对方，还会受到对方的影响，例如有研究发现换位思考（perspective-taking）能够降低对方第一次出价的影响。[③] 此外，虽然首次开价与个人收益正相关，但是有研究发现首次开价越高，谈判越容易破裂。[④] 根据上述研究发现，我们建议谈判者要基于自己所掌握的信息、对对方所掌握信息的判断以及对谈判情境的评估来决定是否先开价；开价一定要优于自己希望达到的目标，同时开价要具有可信性并一定要让对方看到有讨价还价的可能。

① Zhang Z X, Han Y L. The effects of reciprocation wariness on negotiation behavior and outcomes. Group Decision and Negotiation, 2007, 16：507-525.

② Northcraft G B, Neale M A. Experts, amateurs and real estate: An anchoring-and-adjustment perspective on property pricing decisions. Organizational Behavior and Human Decision Processes, 1987, 39：84-97.

③ Galinsky A D, Mussweiler T. First offers as anchors: The role of perspective-taking and negotiator focus. Journal of Personality and Social Psychology, 2001, 81：657-669.

④ 王敏，张志学，韩玉兰. 谈判者第一次出价对谈判破裂的影响：角色的调节作用. 心理学报，2008(3)：339-349.

需要注意的是,如果谈判者的首次开价不是以一揽子提议或方案的形式给出,而是针对单一的谈判问题,那么谈判者最好不要以最有争议的问题作为开局,因为这容易导致谈判过早陷入僵局。

(三)讨价还价

讨价还价是谈判中获取信息、分割利益的关键过程。这个过程首先涉及的一个关键问题是提议的形式。在谈判前准备部分,建议谈判者尽量设置多个等值的一揽子提议,这不但有助于谈判者把握自己的核心利益,而且有助于谈判者根据对方的反提议判断其核心利益点或优先考虑事项,从而实现双方的利益整合。但是,许多谈判者喜欢一个问题接一个问题地进行谈判。针对这种情况,建议谈判者在谈判中仍然要考虑不同谈判问题的相对重要性,不要过早地解决枝节问题,而是用这些能起到杠杆作用的小问题来交换更大的利益,如以提供一定的耗材、备件来换取对方在价格和付款期限上的让步。

让步的方式也是讨价还价过程中的一个关键问题。例如,假设你在销售某种设备,以 15 万元 / 台的价格开始谈判,但是你可以降到 14 万元 / 台拿到订单。你怎么让出这 1 万元呢?常见的让步方式有:①平均幅度——2 500 元—2 500 元—2 500 元—2 500 元;②一下子都让出去——10 000 元—0 元—0 元—0 元;③逐渐增大让步幅度——1 000 元—2 000 元—3 000 元—4 000 元;④初期让出去——6 000 元—4 000 元—0 元—0 元;⑤逐渐减小让步幅度——5 000 元—2 600 元—1 500 元—900 元。哪种让步方式对谈判者更有利呢?关键在于认识到让步的方式可能在对方心里形成一种期待的定势。那么,你是希望让对方感觉你仍然有很大的让利空间呢,还是希望让对方感觉到你已经逼近底线?显然,正常的谈判者都会选择后者,而第五种让步方式有助于谈判者达到这个目的。

关于谈判中的让步,主要有这样一些技巧:①谈判是相互让步而不是单方面让步,要明白无论是自己还是对方的让步都是有代价的;②切勿在初期就把所有的空间都让出去;③最好以越来越小、越来越精确的步伐让步,以此向对方表明你正在逼近底线;④最好每次让步思考的时间越来越长;⑤除非将某次让步明确表明为"暂定",否则就不能在后面的谈判中撤回它;⑥细心观察对方对你做出的让步并把它们写下来,以了解对方让步的规律;⑦在谈判马上要收尾成交之前,通过使对方以最后的让利(如提供培训、提早交货、承担运费等)来交换成交,以争取最后的额外让步。

四、结束谈判

当各方在所有问题上都达成了一致,就可以结束谈判了。当然,结束谈判也可能不是因为达成了协议,而是因为陷入了僵局或者需要通过第三方干预来帮助重新开启谈判。在这里我们只介绍达成协议这种情况。

在大多数的商业谈判和个人谈判中,达成一致是第一步,形成书面协议是第二步,第三步则是在合同期内执行协议。针对前两步,谈判者需要考虑的关键问题是协议的内容。有效的协议应该涵盖谈判涉及的所有重要方面:除了针对每个谈判事项的具体条款,通常还包括参与方、合同执行的负责人、谈判协议的实施、参与各方同意承担的责任、执行协议的最后期限和逾期将受的惩罚、满意的尺度、违约条款、退出条款、延期条款、争议解决程序等。起草协议的人应该在协议中真实反映所达成的协议内容,而不起草协议的人则应该认真阅读协议草案以确保协议用语是清晰的、准确表示了各方意愿的。最后,如果协议中包含了格式条款①,即使这些条款不需要协商,谈判者也要认真阅读,并确保条款内容不会对交易造成负面影响。本章开篇案例中的酒店"收取活动总价 ××% 的定金"和"每间房 ×× 元的清洁费押金"就属于格式条款,双方在最终签约前需要确保都遵守这两个条款。

需要注意的是,谈判结束往往标志着一段新的合作关系的开始。谈判的最终结果并不是一纸合同,而是参与各方履行合约后所创造出的价值。如果谈判各方只关注如何为己方争取最优惠的交易条件,而忽略了合约签订之后的长期合作关系,往往会导致交易无法有效进行。正如美国电话电报公司(AT&T)和英国电信集团(BT)组建Concert 合资公司的过程。

 【案例 6-2】

Concert 合资公司的创建与终止

1998 年 7 月,美国电话电报公司(AT&T)和英国电信集团(BT)宣布,双方各出资 50% 组建一家新的合资公司,向跨国客户提供全球性电信服务。这家名为 Concert 的合资公司大张旗鼓地举行了开业活动,人们也对它寄予了很高的期望:这家新公司价值 100 亿美元,集中了资产、人才以及业务关系等多种优势,因此甫一开张,人们就预期公司的利润额将高达 10 亿美元。但仅仅 3 年之后,Concert 公司就倒闭了。公司辞退了 2 300 名员工,宣布了高达 70 亿美元的债务,并将资产中的基础设施部分退还给了母公司。诚然,Concert 的倒闭与市场不景气有关,但投资双方达成此项交易的谈判方式,无疑也是公司夭折的原因之一。例如,当 AT&T 公司的签约高手们通过谈判设法让 AT&T Solutions 公司保留旗下的重要跨国公司客户时,他们可能认为自己赢得了宝贵的胜利。但这样一来,AT&T 和英国电信就成了直接的业务竞争对手,而组建 Concert 公司正是为了避免出现这种情况。对英国电信来说,它拒绝出资参与 AT&T 对 IBM 环球网络服务部(IBM Global Network)

---

① 即标准条款,指当事人为了重复使用而预先拟订的并在订立合同时未与对方协商的条款。

的收购,看似在谈判中占了AT&T的便宜。但是,英国电信虽然因此省了钱,却搅乱了Concert公司的战略思想,使这家新公司与自己的一些产品形成了竞争。2000年,Concert公司宣布推出了一套新的综合措施,以期明确公司的战略思想,但客户归属、收入认定以及自家产品相互竞争等诸多问题仍然悬而未决。最终,两家母公司决定终止这一合资项目。

资料来源:丹尼·厄特尔(Danny Ertel).谈判者,别把签约当终点.哈佛商业评论,2004 (12):64-77.

与签约式谈判观念相对应,丹尼·厄特尔提出了一种新的思维方式,即执行式谈判观念,包括五个方面:①从一开始就要牢记谈判的最终目的;②帮助谈判对方做好准备;③将协调一致视为大家共同的责任;④保证信息的一致性;⑤把谈判当作一项业务流程进行管理。执行式谈判观念有助于谈判各方更有效地管理整个谈判过程,共同创造价值。

　**本章综合案例**

一波三折的外包价格谈判

B公司是一家从事PCB(printed circuit board,印制电路板)设计与服务外包的科技型中小企业。通过专业的设计流程和多年的技术积累,凭借成本及规模优势,B公司获得了较高的行业认可度。L公司是一家中外合资的大型汽车电子企业,在汽车电子领域拥有国际领先的技术优势。B公司于2008年开始为L公司提供PCB外包服务,包括设计、制作、加工以及其他相关技术服务。其中,PCB设计以现场工作模式为主,即B公司的工程师到L公司现场提供设计服务。

L公司的外包需求由各技术部门发起,通过采购部或自行寻找合适的外包供应商,经评定合格后,再由采购部与供应商洽谈长期合作价格并签订服务合同。2008年L公司的电子设计部找到B公司寻求外包合作,经过常识性外包测试和技术审核后,B公司的技术能力得到了该部门的高度认可,于是通过采购部签订了基本外包协议,包括固定的外包价格和结算方式。

B公司的外包工程师全部来自公司内部的设计团队。这些工程师在B公司内部都经过了三年左右的系统化培训,逐步成长为B公司的核心技术骨干。由于行业和软件的特殊性,这类工程师在市场上非常稀缺。L公司正是看中了这一点,才与B公司建立了外包合作关系。为了满足L公司的需要,保持与L公司长期稳定的合作关系,B公司把核心技术骨干派到了 L 公司,而公司内部则不得不再培训新的工程师,为此 B 公司付出了较高的成本。B 公司的外包工程师在 L 公司非常受欢迎,得到了 L 公司电子设计部门及上级领导庞经理的高度肯定。随着双方合作的进一步深化,L 公司电子设计部门的大部分工作都外包给了 B 公司。根据 2016 年业绩统计,针对 L 公司的外包服务在 B 公司整个 PCB 外包业务中占比 30% 以上,而 B 公司满足了 L 公司 90% 以上的 PCB 外包需求。

一、外包价格和结算方式

根据双方 2008 年以来的基本外包协议,长期外包业务按照外包工程师在 L 公司的"工作时间 × 工时单价"的形式进行结算,其中标准工作时间内的工时单价为 n 元,普通工作日加班为 1.5 倍,双休日加班为 2 倍,法定节假日加班为 3 倍,日标准工作时间最低保证 8 小时。由于市场竞争激烈,电子产品开发项目往往周期较短,快速上市在一定程度上决定了竞争的优势,因此,加班在所难免。根据与 L 公司合作以来的实际数据统计,加班相对比较稳定,其外包费用占比平均超过 30%,直接影响总的外包费用。因此,虽然标准工时单价不高,但是加上加班费用后,人均年总外包收入还是能达到 B 公司的预期目标。对于 B 公司来讲,总的外包收入才是最终考量的基准。

近几年受通货膨胀、劳动力成本上涨等因素的影响,在外包价格一直维持不变的情况下,B 公司的利润逐步减少,持续合作面临很大的挑战。2016 年 11 月,B 公司顶着竞争对手进入、L 公司外包业务减少等各种风险的压力,向 L 公司提出价格调整的期望。经过多次与采购、技术等部门的沟通和谈判,最终与 L 公司达成一致,工时单价上调 10%,2017 年 1 月 1 日起执行。价格调整缓解了 B 公司的成本压力,为进一步长期合作打下了基础。B 公司充满期待,计划推进与 L 公司更多的外包业务合作。

二、新规则降临,进退两难

2017 年 1 月 3 日,B 公司突然收到 L 公司人力资源部的通知:自 2017 年 1 月 1 日起,L 公司对外包日常管理实施了新的规范,外包供应商由人力资源部统一管理。新的外包管理规范涉及外包服务人员的资质审核、服务计时、绩效评估和价格结算,其中外包价格和结算方式变动较大。L 公司人力资源部要求 B 公司提供外包服务人员的劳动合同,并公开外包服务人员的薪资结构,分为工资和社保两部分。外包服务费将按照外包服务人员的薪资加一定比例的管理费,折算为工时单价进行结算,且管理费最高不超过薪资部分的 25%。L 公司此次新的外包管理规范是公司战略层面的重大调整,面向所有外包供应商,其中软件供应商的外包规模最大,占比超过 80%。

新的外包管理规范将 B 公司的老板王总推入了两难境地。B 公司的工程师都是内部培养的,由于考虑到培训等前期投入成本,所以薪资标准相对较低。如果按照实际薪资计算,即使管理费按最高标准 25%,外包服务费每年将直接损失三十几万元。而且,内部薪资结构属于 B 公司运营的商业机密,如果公开将会带来严重的竞争威胁。但是,王总也不想因此失去这么重要的客户。

与 B 公司不同,其他外包供应商的外包业务相对比较成熟,外包服务人员不需要任何培训方面的前期投入,很容易在人才市场上招聘到,薪资结构也相对比较透明。因此,新的外包管理规范对其他外包供应商没有太大影响。据 L 公司人力资源部透露,其他供应商都已经接受了新的管理规范,目前只有 B 公司没有接受。L 公司人力资源部再三催促 B 公司尽快同意他们的结算方案,否则后期的服务费无法结算。

三、求助调解,转危为安

面对 L 公司人力资源部的催促,王总找来商务经理李华紧急商量对策。

"我已经跟他们人力资源部谈过很多次,他们根本不理解。"李经理无奈地说,"他们人力资源部认为,哪有市场上招不到的人? 培训投入是我们公司自己的事情,而且他们认为电子设计部的工作不存在任何特殊性。已经 2 月份了,1 月份的还没有下订单。"[1]

"是啊,不能再拖下去了。"事情越来越紧迫,王总也着急起来,"我来给他们科室经理打电话吧。"王总马上拿起手机,拨了过去。

"庞经理,好久不见!"王总在电话中寒暄了一下就马上进入了正题,"你们公司人力资源部的新规则让我们骑虎难下啊! 我们公司的工程师跟其他外包公司不一样,您是知道的,我们都是经过长期培训培养出来的,现在把他们拿去跟市场比价,这太不公平了!"王总稍微有点激动,说:"既会 ZB 软件又有汽车电子的设计经验,这样的工程师太少了。你们也调查过,市场上很难招聘到。"

"这几年人力成本上涨厉害,我们原本利润就很少了,如果按照新的规则,我们根本做不下去啊。"王总开始诉起苦来。

"我理解你们的情况,你跟人力资源部解释了吗?"庞经理问道。

"解释快一个月了,他们根本不理解。"王总叹了口气,"他们觉得电子设计部的工作没有什么特殊性,工程师可以随随便便招聘到,不需要培训。"

"这样啊,我来跟他们沟通一下看看吧。"庞经理的回答让王总看到了希望。

通过庞经理的沟通和调解后,事情终于有了转机。2017 年 2 月 8 日,L 公司人力资源部与 B 公司达成一致:B 公司按照原来的价格倒推一个薪资结构(不公开实际薪资结构),管理费用采用最高标准 25%,但折算后的标准工时单价与原标准工时单价保持不变。B 公司开始统计 1 月份的服务工时并准备提交申请结算。

四、加班服务费分歧,再起波澜

2017 年 2 月 15 日,B 公司将 1 月份的服务工时与 L 公司电子设计部核实完成后,

---

[1] 通常,为了满足项目的及时性和不确定性需求,外包工作必须先行开展,然后每个月一次根据已经发生的工作量,按照固定的外包价格和结算方式进行统计。因此,由 L 公司采购部发出的正式订单往往滞后于外包工作开始一个月以上。

提交报价给 L 公司人力资源部启动订单和付款流程,一切进展顺利。

2017 年 3 月 10 日,B 公司将 2 月份的服务工时与 L 公司电子设计部核实完成后,提交报价给 L 公司人力资源部启动订单和付款流程。与 1 月份不同,2 月份增加了加班工时。第二天,L 公司人力资源部回复:加班服务费的报价不合理,因为标准工时单价是按照服务人员的薪资、社保加上 25% 管理费折算的,加班服务费不应该把标准工时单价作为计算的基数,而应该扣除社保和管理费后,再折算一个新的加班工时单价。

按照 B 公司与 L 公司在 2008 年签订的基本外包协议,以标准工时单价为基准,普通工作日加班为 1.5 倍,双休日加班为 2 倍,法定节假日加班为 3 倍。在新的外包管理规范谈判时,双方在标准工时单价上达成了一致意见,但是加班服务费并没有提及。B 公司认为,双方合作的基本框架是建立在 2008 年签订的基本外包协议的基础之上的,加班服务费一直是按照标准工时单价来计算的,应该维持不变。而且,2 月份针对新的外包管理规范进行谈判时,B 公司已经明确表示,同意 L 公司新的外包管理规范,但是不能由此影响到 B 公司总的外包收入。很显然,如果加班工时单价是按扣除社保和管理费来折算的话,加班服务费将会降低 50% 以上;加班服务费占总的外包收入的 30% 以上,这意味着总的外包收入将会大幅减少。而 L 公司人力资源部认为,加班服务费不会导致社保和管理费增加,因此加班工时单价应该扣除社保和管理费来折算。至于 2008 年以来一直以标准工时单价为基准的计算方法是错误的,B 公司因此多收取了外包服务费。而且,与其他外包供应商的价格相比,B 公司的价格明显高出很多。

一波将平一波又起,B 公司再次陷入困境,又一轮谈判就此展开。

五、多轮沟通,僵持不下

2017 年 3 月 14 日,针对 L 公司人力资源部的质疑,B 公司李经理给 L 公司人力资源部发了一封邮件,试图解除误解,获得 L 公司的理解和支持。

L 公司人力资源部 X 经理:

　　您好! 百忙之中再次打扰您了,非常抱歉!

　　关于我司常驻贵公司电子设计部外包服务人员的加班服务费问题,希望能理解和支持。

　　我们于 2008 年与贵公司建立外包业务关系,从最初 1~2 个人的临时项目外包,到今天同时常驻 8 个人的长期外包,我们一直竭力为贵公司提供最满意的外包服务。双方在互信互赢的基础上展开合作,绝对不会多收费或乱收费。

　　我们给贵公司提供的外包服务人员不是单纯的人才派遣。他们都是我们经过较长时间系统化培训出来的正式员工。这些员工原本就在我们公司内部的设计团队创造价值,后来因贵公司电子设计部的外包需要,我们才陆陆续续派到贵公司。这些员工离开公司后,我们还需要再通过重新培训来填补空缺。与普通的市场化人才相比,除了工资、社保等直接成本之外,我们公司还付出了较高的培训成本,以及公司内创造价值的机会成本。这些成本是很难量化的,因此把我们与其他纯粹人才派遣的外包供应商相比显然不太合适。

正是因为我们从来没有把自己定位成人才派遣,也从来没有按照人才派遣的方式去市场上随随便便给贵公司找一位工程师,所以我们的外包服务费也不是简单地赚取人才派遣的差价,还要考虑我们已经付出的培训成本和机会成本。

关于加班服务费的计算方式,我们是在2008年就与贵公司谈好的,当时并不是以外包服务人员的薪资结构为依据,而是经过双方充分评估之后,以人月平均总外包费为考量的基准,然后折算成标准工时单价和加班工时单价。正是基于这样的价格,我们才得以合作至今。然而,虽然受通货膨胀和劳动力成本上涨的长期影响,我们的价格直到今年才进行了微弱的调整,显而易见我们已经面临非常大的成本压力。在这种情况之下,如果贵公司再通过调整加班服务费的方式来降低外包费用,我们将很难继续维系下去。

不管贵公司的业务流程怎么改变,我们都会积极配合,但是希望贵公司能继续秉持相互信任、相互理解的原则,在保证贵公司利益的同时,也能尽量考虑我们的利益。

顺祝

商祺

李华

B公司

邮件发出后,L公司人力资源部并没有立刻回复。经过一周左右才打电话给李经理,他们还是坚持认为加班服务费的基数应该扣除社保和管理费,希望B公司尽快接受。B公司王总再次打电话向L公司的庞经理求助,可是庞经理表示无能为力,因为纯粹的价格问题太敏感,他不便参与。

之后虽然经过多次电话沟通,双方依然僵持不下,其间B公司李经理去L公司人力资源部沟通过两次,都无功而返。对方的态度非常坚决,所有外包供应商必须保持一致,不可能给B公司特殊待遇。

转眼到了4月下旬,2月份和3月份的服务工时还搁置在那里没有结算。王总决定与李经理一起到L公司再沟通一次。他让李经理把L公司人力资源部经理、电子设计部经理和采购部经理同时约上。

将 L 公司三个不同部门的经理约到一起不是一件容易的事情,经过 B 公司李经理多方协调,最终把会谈时间定在 2017 年 5 月 19 日上午 10 点,地点在 L 公司。

谈判之前,B 公司的王总把李经理叫来商量谈判对策。他们在谈判前需要做哪些准备呢? 如何才能与对方达成一致呢?

资料来源:根据上海财经大学商学院 MBA 学生朱金焰提供的事例改编。

【思考题】
- 1. 你认为 B 公司的王总和李经理在谈判前需要做些什么准备?
- 2. 如果你是 B 公司的王总,你会采取什么谈判策略来促成双方达成一致?

本章思考题

- 1. 什么是谈判目标? 在设立谈判目标时,需要注意些什么?
- 2. 什么是 BATNA ? 什么是底线? 二者有何区别?
- 3. 什么是分配式谈判? 什么是整合式谈判?
- 4. 谈判中的三种影响策略分别是什么? 在使用这些影响策略时,需要注意些什么?
- 5. 在谈判开场阶段,谈判者需要关注的主要问题有哪些?
- 6. 谈判者在谈判中分享信息时,需要注意些什么?
- 7. 什么样的让步方式更有效?

第三篇
群体和全球化
背景下的沟通

3

第七章　团队过程与群体沟通

 引例

阿比勒尼悖论

阿比勒尼悖论(Abilene paradox)由美国管理专家哈维(Jerry Harvey)在 1974 年首次提出。这个说法来自他的一次生活经历：

在得克萨斯州科尔曼城 7 月的一个下午,天气燥热,40℃的气温。但这个下午还是可以忍受的,后廊上有风扇送风,喝着冰凉的柠檬水,用多米诺骨牌作为消遣,直到我的岳父突然说:"我们去阿比勒尼吃晚饭吧。"我想:"去阿比勒尼? 53 英里[①]啊。冒着沙尘暴和酷热? 同时开着没有空调的 1958 年别克车? "但我的妻子附和说:"听上去是个好主意,我想去。你呢,杰里? "显然我的意见和他们不合拍,但我应道:"我没问题。"我又补充一句:"我只希望你妈妈乐意去。""当然我想去。"我岳母说,"我好长时间没去过阿比勒尼了。"

于是,我们上车前往阿比勒尼。天气酷热难当,我们身上裹满了尘土和汗,餐厅的食物平淡无奇。大约 4 个小时,往返共 106 英里后,我们回到了科尔曼,又热又累。

我们在风扇前坐了好长时间,沉默不语。后来,为了打破沉默,我开口说:"这次旅行挺棒的,是吧? "没有人答话。我的岳母有些生气地说:"说实话,我不觉得好在哪儿,我宁愿待在这儿。我是因为你们三个人都特想去才去的。如果你们不逼着我去的话,我才不会去呢。"我难以置信:"你说'你们'是什么意思? 我和'你们'可不是一伙的。我压根儿不想去。我只是想满足你们几个的要求。你们才是罪魁祸首。"我的妻子大为震惊:"别这么说我。你和爸爸、妈妈想去的。我是想有礼貌些,好让你们高兴。如果在这么一个大热天还想出去,我真是疯了。"她爸爸大叫:"天哪! 我从来没想去阿比勒尼。我只是觉得你们可能烦了闷了,我想确定你们是不是想去。其实我更想多玩一局多米诺,然后吃冰箱里剩下的食物就行。"在互相指责之后,我们又归于沉默。我们

---

① 1 英里 = 1 609.344 米。

四个都是相当理智的人,却在大漠里灼热的天气中冒着沙尘暴,违心地跑了106英里,只是为了在阿比勒尼一家蹩脚餐厅吃蹩脚食物。整件事情太荒谬了。

资料来源:王敏,张志学.谨防团队决策中的虚假共识.北大商业评论,2007,2: 16-20.

【思考题】
- 1. 谁在决定去阿比勒尼的过程中做出了决策?
- 2. 为什么没有人对岳父的提议提出质疑?
- 3. 哈维一家人需要怎样做,才能避免这种虚假共识带来的恶果?
- 4. 生活中还有哪些相类似的实例?

在生活和工作中,一些看似大家一致决定的事情,到最后却没达到预想的效果,甚至让事情变得更糟糕,这种群体现象甚是普遍。本章主要阐明团队的概念与发展过程,并揭示一些团队过程和群体决策的相关观点和决策技术。

第一节　群体概念与发展

一、群体的概念

群体这一概念经常被用来对人进行分类描述,比如,学生、教师、医生以及军人等群体。这些群体划分的标准主要依据共同特征和身份。有学者采用身份(identity)来定义群体,认为群体成员把自己群中的人看作"我们"而不是"他们"。[1]例如,在"三八"节这一天,女领导提议"我们"去看电影,这里的"我们"是区别于男性职员"他们"而存在的女性职员群体。

玛丽莲·布鲁尔(Marilynn Brewer)提出最佳区分性模型(optimal distinctiveness model)来解释个体加入群体的动机和过程。[2]她认为,社会身份来源于个体的包容需求和区分需求,而群体是这两种需求能达到平衡的一个"可行域",即在群体中,个体能够与他人建立让自己感到舒适的联系。正是因为这样,个体倾向于与相似社会身份的人联结成一个群体,尤其是通过组成和加入一些能够给自己带来良好情绪体验的群体,来满足

---

① Turner J C. Rediscovering the social group: A self-categorization theory. Oxford: Blackwell, 1987.

② Brewer M B. The social self: On being the same and different at the same time. Personality and Social Psychology Bulletin, 1991, 17 : 475-482.

自己的需求。

在组织行为领域,群体至少由三人组成。在社会心理学领域,群体是指两个或更多互动并相互影响的人。在本章中,我们将由 3~12 人组成、以完成特定工作任务为目标的小群体界定为团队。过去几十年来,组织行为学者吸收了社会心理学领域关于小群体的研究成果,丰富了有关工作团队的知识。由于本书侧重组织和管理情境下的沟通,本章所讨论的小群体就是工作团队,尽管二者没有明确的区分,我们在阐述相关知识点时尽可能采用主流的说法,如群体决策等。

互动和相互影响是小群体或团队的核心,互动强调人与人之间存在交流,不论是通过网络等虚拟交流还是面对面交流。同一时段收看同一电视节目的观众,由于没有通过电视或者相关平台进行直接的互动,也由于他们并没有共同完成某个具体的任务,因此这个观众群体就不是管理研究者所界定的群体。

二、群体／团队的发展模型

学者们突破了静态、横截面研究的局限,从时间的角度审视小群体或者团队如何发展和演进,并建立了相关的理论。本节着重介绍两个代表性的发展模型。

(一)五阶段发展模型

布鲁斯·塔克曼(Bruce Tuckman)认为小群体发展经历形成、震荡、规范化、执行任务和终止这五个阶段。[①] 这个模型适用于因完成某种特定任务而组建起来的小群体或者工作团队。

在团队的**形成**阶段,团队成员会面并对任务的本质和边界进行探索。此时团队成员的行为仍具有相当大的独立性。他们保持着高涨的士气与动力,但对任务的具体内容和目标尚未形成清晰明确的了解,从而导致任务成效较低。在这一阶段,团队领导者的主要任务是在团队中建立起一种包容、互信的工作关系,同时明确任务及人际边界。在团队的**震荡**阶段,团队成员开始全面了解彼此的性格与工作方式,团队内部展开不同观念、见解之间的激烈碰撞,并进行权力与地位的分配。在这一阶段,团队成员间可能发生冲突从而导致士气低落与任务成效降低。在团队的**规范化**阶段,团队的规则、行为方法、工具等均已建立,团队开始形成自己的身份识别。团队成员由于解决了分歧和冲突从而产生更强烈的亲密感,团队成员开始有意识地调适自身行为,从而实现团队的和谐与高效。在这一阶段,团队士气及任务成效均逐渐提升。但这一阶段潜在的危险是,团队成员可能为了团队和谐稳定回避一切冲突行为。在团队的**执行任务**阶段,团队运作如同一个整体,团队角色更为灵活与功能化,团队成员对自身工作职责

---

① Tuckman B W. Developmental sequence in small groups. Psychological Bulletin, 1965, 63 : 384-399.

有着清晰的理解,无须监督仍能积极工作、相互协助。团队工作顺利、高效,士气高涨。在团队的**终止**阶段,团队随着任务的完成面临解散,团队成员的任务成效与士气逐渐下降,直至团队完全解散,如图 7-1 和图 7-2 所示。

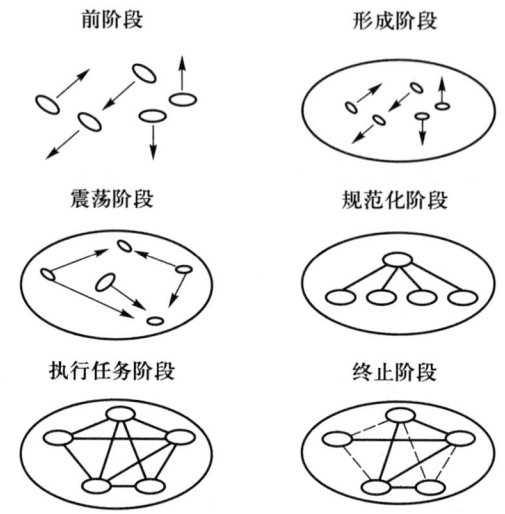

图 7-1　群体 / 团队发展的阶段[1]

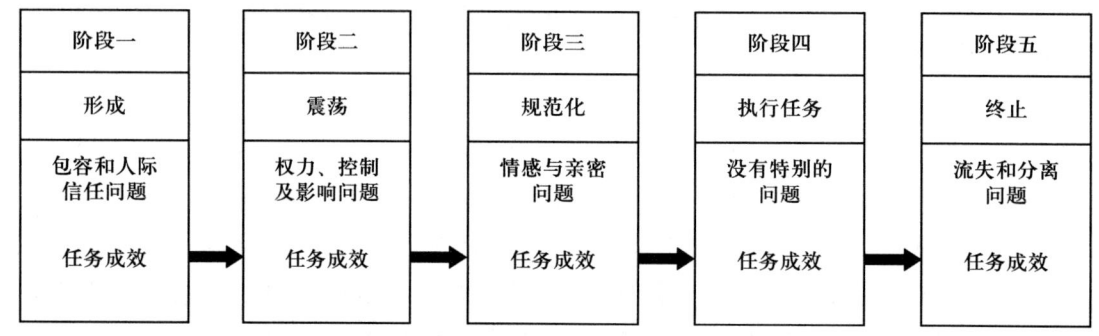

图 7-2　群体 / 团队发展阶段的特性[2]

(二)间断 – 平衡模型

康妮·格西克(Connie Gersick)提出了间断 – 平衡模型,认为团队发展经历了一个快速形成、保持、突变、再保持的过程。长期的渐进改善阶段与短期的不连续变革阶段两相交替,团队成员对任务的时间期限的知觉和完成任务的紧迫感通常会引发突变。

格西克采用观察实验的方法对八个任务型团队的发展过程以及推动团队发展的

---

①② Tuckman B W. Developmental sequence in small groups. Psychological Bulletin, 1965, 63 : 384–399.

标志性事件进行探索。研究结果发现,团队采取的行为方式多种多样,但团队形成、维持、转变的时间阶段都很相似;第一次会议决定了任务前半阶段的发展方向,形成一个默认的工作框架,但没有实质性的进展。此处出现第一个平衡阶段,也就是第一个惰性期。第一阶段即将结束时(整个任务阶段的中期),团队发生极大的转变,引起内部巨大的变动:团队几乎摒弃掉第一阶段的安排,同时表现出对截止时间的担忧;团队之间及与整个组织环境的接触和交流将增加,以获取更多关于团队目标的信息;通过交流、整合信息,对原有目标进行改进优化,对最终目标达成新的共识。第二阶段中团队趋于稳定,进行建设性的工作。团队工作有实质性的进展,并具有较高的工作效率。在第二阶段中,团队将进入第二个平衡阶段,即第二个惰性期。在最终阶段,团队开始讨论外部将如何对产品进行评价,并据此继续改进工作方案,但基本按照前一阶段的成果进行修正和完善(图 7-3)。

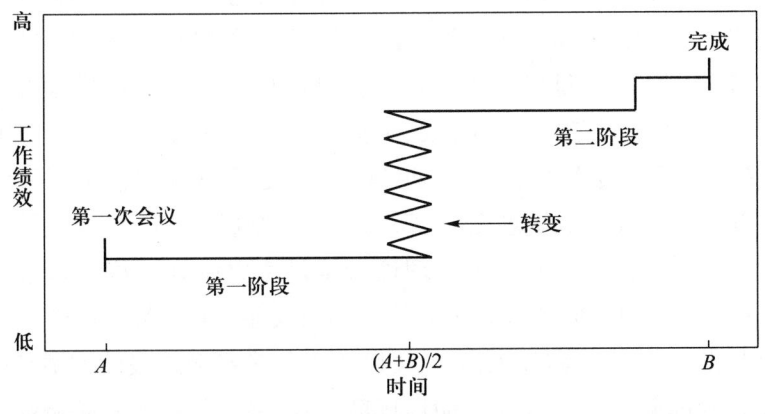

图 7-3　间断 - 平衡模型[1]

间断 - 平衡模型实践意义在于明确了第一次团队会议将决定团队的发展方向,因此团队领导应重视并认真准备第一次团队会议;在第一阶段中,团队无须取得明显进展,但要为成功转变做准备。任务的中期阶段是进行转变的关键时间点,团队可以在此时更新工作框架和设计,满足外部要求。管理者应在中期为团队提供足够的资源,以确保团队转变顺利进行。

第二节　团队过程分析

在组织环境下,由多个成员组成的团队,通过成员之间的沟通和协作,最终达到团

---

① Gersick C J. Time and transition in work teams: Toward a new model of group development. Academy of Management Journal, 1988, 31 : 9-41.

队的目标。任何一个团队都是有明确目标的,成员需要围绕目标进行沟通。因此,理解团队过程有助于成员进行更有效的沟通。

一、团队效能模型

团队过程就是团队成员在完成工作和任务过程中所表现出来的行为模式和团队成员之间的互动方式(如团队内部的沟通、合作和决策过程),包括团队成员为了实现共同目标,通过认知、语言和行为活动来组织工作任务,从而将输入转化为结果的互赖行动的整个过程。[①]可以看出,团队过程是团队输入(如成员的知识、能力,成员之间的熟悉程度,团队能够获得的资源等)和输出(如团队绩效、成员满意度等)之间的桥梁;团队过程也表现为团队成员之间以及与任务环境之间在认知和行为上的互动。

团队过程的上述特点与输入—过程—输出模型(input-process-output,IPO)是一致的。该模型的基本思想为:团队过程是连接团队输入和团队输出之间的中介机制。其中,"输入"是影响团队运作的相关因素,包括团队规模、团队构成、知识技能、任务性质等前因变量;"过程"是团队成员为了完成任务而进行的互动,包含专长识别、成员关系、沟通协调、任务分配等一系列过程变量;"输出"是团队绩效,包括工作成果以及团队成员的满意度、离职率等结果变量。IPO模型是团队过程研究中的基础。后续学者提出和发展团队理论大都是建立在IPO模型基础之上。作为一种静态研究范式,IPO模型强调的是单向因果关系,即输入因素通过过程因素影响团队的输出结果。然而,实际工作中,团队工作经常是多阶段性和循环往复的。上一阶段团队工作的输出,作用于下一阶段团队工作的输入,由此开始循环往复的因果路径。所以,团队工作的过程具有多阶段动态循环的特征。后来,有学者提出IMOI(input-mediator-output-input)模型[②],用M代替P来充分反映更为广泛的中介或调节因素。团队在输入的基础上整合不同的中介因素,作用于输出。针对IPO模型静态单向的缺陷,IMOI模型强调团队输出可作用于后续时间维度上的输入,继而影响接下来的输出。循环往复的过程反映了真实团队工作中动态的环形回路关系。

二、团队的信息加工——交互记忆系统

交互记忆系统(transactive memory system,TMS)最早由丹尼尔·韦格纳

---

① Marks M A, Mathieu J E, Zaccaro S J. A temporally based framework and taxonomy of team processes. Academy of Management Review, 2001, 26(3): 356-376.

② Ilgen D R, Hollenbeck J R, Johnson M, Jundt D.Team in organizations: From input-process-output models to IMOI models. Annual Review of Psychology, 2005, 56: 517-543.

(Daniel Wegner)提出。群体中的个人会依赖他人记住某些信息,从而使个人掌握的信息和知识大大增加。对于工作团队来说,合作的经历使团队成员们逐渐认识到其他成员的专长。基于对团队成员专长的认识,人们慢慢倾向于通过分工合作来获取、储存、记忆和交流信息。这种建立在相互记忆基础上的团队成员之间交流合作的行为,就是交互记忆系统。就像每个人都有记忆力一样,工作群体也可以形成一种记忆系统。国内外大量研究表明,交互记忆系统能够依据团队成员专长分配任务,提高了团队的合作效率。同时,通过有效协调和整合团队知识,提高团队的工作质量。

📖 延伸阅读7-1

临时伙伴和亲密伙伴,谁的工作绩效更高?
——亲密关系中的交互记忆

处于亲密关系中的个体可以通过长期的共同活动,在彼此之间构建交互记忆系统,从而享受共享记忆的好处。例如,亲密关系中的一方可能不知道屋子里的蜡烛放在哪里,但他仍然可以通过询问另一方来获知蜡烛的位置。

韦格纳等人对亲密关系中的交互记忆进行实验研究,招募了59对处于交往期的异性恋情侣作为实验对象。在实验中,参与者被随机分配与原有亲密关系中(亲密伙伴条件)或与另一对情侣中的异性配对(临时伙伴条件)。由此产生的配对再被随机分配,一部分被强制指定了记忆任务(如配对一方记住食物项目,另一方记住历史项目等),从而打破了原本可能存在的交互记忆系统;另一部分则没有强制分配记忆任务,配对双方可以根据原有的交互记忆系统自行分配记忆任务。在实验开始之前,参与者们被询问了他们擅长的专业知识领域,如科学、食物、电视、历史等,以便配对双方在之后的实验中彼此了解相应配对的专业知识。

实验包含两个环节。第一环节的记忆任务要求配对双方对句子里的下划线内容进行记忆,并且在此过程中禁止双方讨论。每个句子都为带有下划线的单词或短语提供了情境(如,Midori是日本的甜酒利口酒)。实验的第二个环节是一项5分钟的拼图任务。之后,配对双方被分开,分别写下第一个环节中的下划线内容。

研究结果表明,当没有被指定记忆结构,即保留了原有的交互记忆系统时,亲密伙伴记住的下划线条目(平均为31.4)明显多于临时伙伴(平均为27.64)。而当被强制指定记忆结构,即打破了原有交互记忆系统时,结果则相反,亲密伙伴记住的条目(平均为23.75)少于临时伙伴(平均为30.14),如图7-4所示。

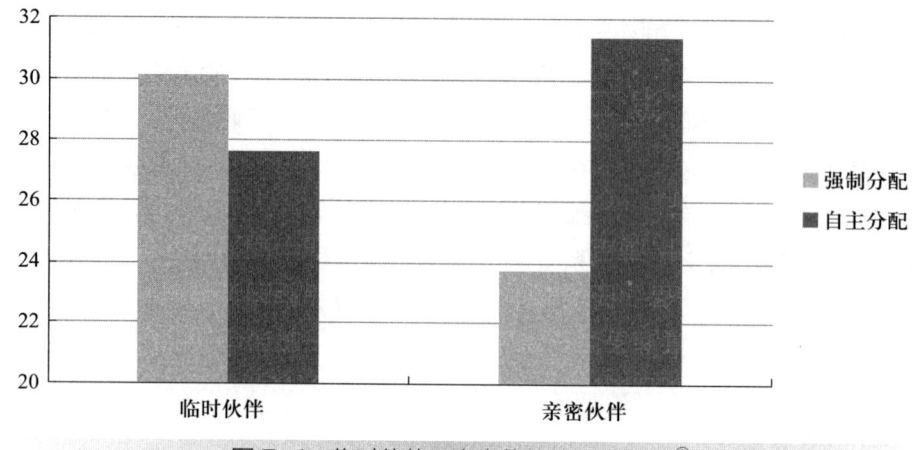

图 7-4　临时伙伴和亲密伙伴的工作表现 [①]

【思考题】

- 1. 自由分配记忆任务时,亲密伙伴的工作表现为何会高于临时伙伴?
- 2. 强制分配记忆任务时,亲密伙伴的工作表现为何会出现明显下降?

这个实验表明,亲密伙伴之间基于长期的合作和沟通,彼此了解对方的专长,形成了交互记忆系统。在共同承担某些任务时,亲密伙伴会很有默契地承担自己擅长的任务。对于这样的小组来说,外界强制给他们某个新的任务分工,会破坏原先的默契和共识,从而降低了工作绩效。而临时伙伴由于彼此之间缺乏了解,事先安排好的任务分工反而能帮助他们节省时间讨论任务分配,从而提高了工作绩效。

早先学界对交互记忆系统的研究主要采用实验室实验,在企业中开展的研究很少,一个重要原因是没有合适的测量实际工作团队的交互记忆系统的量表。凯尔·刘易斯(Kyle Lewis)运用实验样本和实地样本开发了交互记忆系统量表,提出交互记忆系统具有三个成分:专长、可信与协调。[②] 团队成员了解谁拥有专业知识,并信任其知识的可靠性。同时团队内部有效地协调和整合差异化的专业知识,使团队成员能够利用彼此的专业知识,创造一个比自身记忆系统更庞大、更复杂的知识储存系统。但由于该研究使用的实地团队样本量较小,难以充分证明交互记忆系统的作用。张志学等在中国从高技术企业中选取 190 个工作团队作为样本,对刘易斯的量表进行检验,提出了中国背景下团队交互记忆系统的测量量表。研究发现,删除第 2 题和第 9 题后,

① Wegner D M, Erber R, Raymond P. Transactive memory in close relationships. Journal of Personality and Social Psychology, 1991, 61 : 923-929.

② Lewis, K. Measuring transactive memory systems in the field: Scale development and validation. Journal of Applied Psychology, 2003, 88 : 587-604.

13 个题目的交互记忆系统量表具有更好的信度和效度（见表 7-1）。研究还发现，交互记忆系统与团队成员间信任、合作性目标导向，团队工作绩效、凝聚力具有显著的正相关。

表 7-1　交互记忆系统量表[①]

维度	题目
专长	1. 我们团队中的每名成员都具有与任务有关的某方面的知识
	2. 我具有其他团队成员不了解的与项目有关的知识
	3. 我们每位团队成员各自负责不同方面的专长
	4. 我们团队中不同的成员所具有的专门知识都是完成任务所需要的
	5. 我了解团队成员各自在具体方面的专长
可信	6. 我能够舒服地接受其他团队成员的建议
	7. 我相信团队中其他成员掌握的有关我们项目的知识是可以信赖的
	8. 我相信团队中其他成员在讨论中提出的信息是可靠的
	9. 当其他团队成员提供了信息，我总想自己再检查一遍（反向计分）
	10. 我不太相信其他团队成员的专长（反向计分）
协调	11. 一起工作时我们团队协调得很好
	12. 我们团队对于该做什么很少产生误解
	13. 我们团队经常需要对已经做过的工作重新再做一次（反向计分）
	14. 我们顺利而且有效率地完成任务
	15. 我们对于如何完成任务体会到很多混乱（反向计分）

那么，如何构建交互记忆系统？ 交互记忆系统是如何影响和作用于团队过程和团队发展的？ 对此，在中国从事的相关研究为理解这些问题提供了答案。

张志学等人又对中国信息技术、电信、电子工程、生物工程等相关领域的高科技公司中的 104 个团队共 566 位成员进行了调查，发现团队中的交互记忆系统可以在不同的组织环境中产生有效的表现，三种团队特征——互赖的任务、合作性目标和支持创新的氛围——与交互记忆系统存在正相关。此外，还发现交互记忆系统可以调节这些团队特征与团队绩效之间的关系。该研究表明，由于交互记忆系统是一个关于团队成员之间知识分配的集体记忆系统，因此为了构建交互记忆系统，团队应根据团队成员独特的专业知识进行任务分配，并通过鼓励团队成员之间的沟通与互动，发现彼此的专业知识，以在必要时了解他们可以从谁那里寻求帮助。当团队成员意识到任务的

[①] 张志学，Hempel P S，韩玉兰，邱静. 高技术工作团队的交互记忆系统及其效果. 心理学报，2006，38（2）：271-280.

成功完成取决于彼此之间的有效合作时,团队更有可能构建成熟的交互记忆系统。其次,研究结果表明合作目标相互依赖与交互记忆系统存在正相关,管理者们可以促进合作目标的建立,从而使团队成员认识到目标的达成是对大家都有益的。除此以外,营造鼓励新观点、新方法以及沟通和分享信息的氛围也将使交互记忆系统更容易形成,如图 7-5 所示。[①]

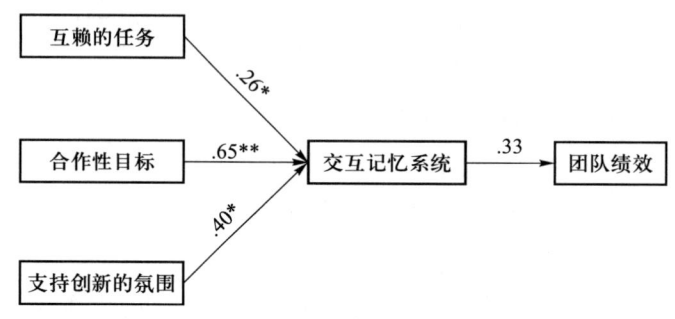

图 7-5 交互记忆系统连接工作团队的特征与绩效

 【案例 7-1】

阿米巴经营模式

"全员参与经营,主动创造收益"是稻盛和夫的阿米巴经营哲学。阿米巴经营在当今的企业管理实践过程中越来越多地被提及和参考。而在众多企业中,最为经典的阿米巴经营导入的案例——日本航空公司(以下简称"日航")的重建,深刻地阐释与说明了全员参与经营的重要性。

何为阿米巴? 在生物学上,阿米巴原虫是一种没有固定形体的微小动物,灵活易变。"阿米巴经营"是将企业划分成多个被称为"阿米巴"的独立核算的小组织。每个阿米巴的全体成员都努力实践"销售最大化,费用最小化"这一经营的原理原则。与传统企业中的严格层级制相比较,阿米巴的存在赋予了该小组织中员工更多的经营权。不同于以往传统的企业管理,每个部门的员工都按照上级分配的任务去完成本部门的工作,只有管理层拥有经营管理权力。而当企业规模不断扩大,仅靠经营者和各部门的负责人已经不可能有效管理整个企业,单纯由管理层来经营企业是远远不够的,这时候,将组织划分为独立核算的小单元("阿米巴"),管理层将经营权下放至每一个"阿米巴",由各个小单元的领导人(阿米巴长)负责把握所在小单元的经营,这一授权模式使得每一个"阿米巴"内的经营情况与员

① Zhang Z X, Hempel P S, Han Y L, Tjosvold D. Transactive memory system links work team characteristics and performance. Journal of Applied Psychology, 2007, 92 : 1722–1730.

工的利益关系更直接相关,因此,每一位员工就会通过更加充分地发挥个体的主观能动性来降低单元内的生产成本,努力获取更多的收益。同时,阿米巴与班组管理也存在不同。班组管理是一种被动性管理,上级下达计划指令,班组在班组长的带领下努力贯彻执行的管理模式;阿米巴经营模式是通过下放经营权,让每个阿米巴独立经营,激发员工的主动性,通过自我管理完成内部客户订单的管理模式。

以日航的经营为例,首先明确旅客收入(旅客销售额)被全额计入事业责任部门的航线统括本部。同时,飞机航运所需的所有成本算到此部门,这两者的差额就是收益。因此,如果机场本部的国内航班值机柜台在工作中发现,单价较高的高级座席有空位,从事值机手续的员工就会积极努力地劝说客户升舱,以获得更高的收益;整备本部会为消耗品打上标签,表明采购价格,积极努力地缩减费用。如上所述,各个部门在拥有了经营权之后,就会根据自己的实际情况调整生产经营活动来实现收益最大化,而当每一个"阿米巴"都为缩小成本而努力时,整个公司的成本也就能随之降低,实现高收益,持续发展壮大。

资料来源:《阿米巴经营实践:全体参与经营,主动创造收益》,作者:稻盛和夫,译者:曹寓刚。

【思考题】
- 1. 如何理解阿米巴经营模式? 它是否属于交互记忆系统?
- 2. 您所在的组织中是否适合推广阿米巴经营模式?
- 3. 如何打造阿米巴经营模式?

三、中国背景下的团队过程研究

大多数有关团队过程的理论模型和实证研究都是在西方背景下产生的,中国背景下的团队过程研究起步较晚。为了解中国背景下团队的运行过程及其对团队绩效的影响,刘雪峰和张志学对团队运行过程中成员们通过沟通所浮现出来的状态进行考察。他们让组织中的员工参加一项团队任务,观察团队成员在任务中的表现。团队成员在任务完成后反思全过程,并总结导致团队绩效或失败的因素,在此基础上建立了一个包含 16 个团队内部互动过程的题目。结果表明,描述团队互动过程的 16 个题目落在了结构(5 题;涉及团队成员制定行动计划、分配任务、确立领导、监控过程等)和人际(4 题;涉及在执行结构性任务时所进行的沟通、协调,以及信任等)两个维度上(见表 7-2),即团队的结构因素和团队成员互动的人际因素对团队的工作绩效都具有显著影响,而且任务绩效高的团队在这两个方面都比绩效低的团队表现得更好。[①]

表7-2　团队工作的过程

题目	因子	
	1	2
1. 接到任务后我们小组立即分析要达到的目标是什么	0.53	0.05
2. 我们小组制定了完成工作的计划	0.79	0.20
3. 我清楚地了解我在活动中承担的任务是什么	0.61	0.29
4. 我们小组的活动是按照预定计划进行的	0.72	0.25
5. 我们小组有一位组员起了主导的作用	0.60	0.00
6. 我们小组中的每位成员都参与讨论完成活动的方案	0.19	0.66
7. 活动中我信任本小组的其他成员会尽职尽责	−0.00	0.79
8. 我们小组所有成员都各尽所能	0.20	0.75
9. 我们小组成员之间相互尊重、彼此听取别人的意见	0.21	0.80

第三节　群体决策

群体决策越来越普遍,广泛存在于组织决策过程中,这是因为群体决策存在很多优势。成员的多样性和特性给组织带来更多的决策相关的信息,决策中可以讨论多种方案,发挥群体智慧的优势;成员参与决策过程,有助于吸收各方利益诉求和观点,进而有利于决策制定后对决策的理解和执行,提高满意度。

一、群体决策偏差

任何事物都存在两面性。群体决策具备一些优势,也存在一些不足,如浪费时间、少数人控制局面、群体成员从众压力大等,以及下面的群体盲思和群体极化等问题。还记得本章开头的案例吗?哈维一家人所做的决策最终没有带来好的结果。虽然群体决策存在诸多好处,但群体决策并非总是明智的。

(一) 群体盲思

1. 什么是群体盲思

在群体讨论中,群体成员经常陷入满足于当前方案,对当前方案相当自信,期望达到群体一致,并屏蔽或者压制怀疑观点的状态,被称为群体盲思(group thinking),也

[①] 刘雪峰, 张志学. 模拟情境中工作团队成员互动过程的初步研究及其测量. 心理学报, 2005, 37(2): 253-259.

被称为群体思维。当团队成员认为寻求一致性重于所有其他优先选择时,就会出现群体盲思。群体盲思通常表现为:对群体非常自信,自以为无懈可击;对群体道德深信不疑;少部分异议提出者想办法合理化自己的观点,自我抑制意见的表达;忽视,甚至压制挑战群体共同观点的声音;等等。前面提到,群体决策的一个优势就在于,获取信息的深度和广度增加,能够倾听来自不同方面的声音,但在实际决策中,这一优势并没有被很好地发挥出来,经常陷入群体盲思。

 【案例7-2】

一群精英的错误决策

1960 年总统大选后,肯尼迪入主白宫。他继承了艾森豪威尔关于对付古巴菲德尔·卡斯特罗领导的革命政权的计划。虽然肯尼迪非常不情愿从艾森豪威尔的顾问那里继承东西,但他发现很难停止这一计划的实施,而且肯尼迪经验不足,只好对他们听之任之。

中央情报局制定的计划来源于一个独创的游击渗透战的思想,后来又演变成一个全方位的两栖作战方案。计划登陆一支大规模的流亡者军队,并提供空中支援,战机从尼加拉瓜的机场起飞,击垮古巴的空军力量,然后继续支援登陆行动。登陆军队将得到炮兵的火力援助,并期待能够控制沿海的大片地区,以便在那里聚集全国的反卡斯特罗的力量。接下来,在这一地区建立一个临时政府,美国正式承认它,然后公开提供军事或供给援助。

作为一个军事计划,它存在许多明显的缺陷。参谋长联席会议的一份评估报告指出:行动的成功或者依赖于古巴国内的大规模起义,或者依赖于外部的重要支援。然而报告的这一部分立刻被惊人的论断驳斥。论断认为:该计划至少有可能成功,并将有助于推翻卡斯特罗政权。显然,有人犯了一厢情愿的错误,而这正是危及军事计划的基础。这份报告的政治寓意非常重要。首先,肯尼迪明确表示美国不会进行直接的军事干预,所以外部的援助从一开始就应该被忽略。然而,中央情报局和古巴流亡者双方都认为,美国人不会坐视入侵失败,并承担由此而带来的国家耻辱。因此,他们歪曲地理解了总统的声明。

如果外来的援助不能带来胜利,那么古巴全国性的武装行动怎么能带来成功呢?美国人回答不了这个问题,原因很简单,他们并没有努力去搞明白。他们没有接触古巴国内的任何团体,仅仅满足于相信流亡者的说法。他们声称,面对价值选择,他们会得到广泛的支持。在这个事件中,这是一个严重的判断错误。在最后的分析中,参谋长联席会议的报告就站不住脚了。那些经验丰富的军事参谋们怎么能相信,一支只有 1 400 人的古巴流亡者入侵军队,其中正规军人没有几个,能够"相当有把握地"战胜卡斯特罗 20 万人的军队和民兵呢?

尽管取消整个计划是一个理智的选择,但是新政府被中央情报局官员强有力的主张说服,例如艾伦·杜勒斯和小理查德·比赛尔认为,如果终止计划,美国政府就不得不去面对如何处理目前在危地马拉接受训练的古巴人这一问题。显然,肯尼迪无法回答这个问题。如果知晓整个计划被取消,那些一直被灌输着自己将去解放祖国的古巴人,就可能有非常激烈的反应。一旦关于美国政府策划了一场反对卡斯特罗的远征,但美国政府在战争前退缩的事情在他们当中流传,美国国家及那个初出茅庐的总统的威望就将大打折扣。

杜勒斯和比赛尔经常宣称,在古巴境内潜伏有 2 500 人的地下抵抗组织,并拥有超过 2 万人的公开支持者,他们认为入侵军队将获得至少 1/4 的古巴人的支持。这些话并未得到任何证实。他们宣称:古巴境内的"联系人"已经告知他们,一旦发出战斗信号,这些人就会投身战斗。但是这些话都是夸张的,以此作为一场军事行动的基础是荒谬的。

对于肯尼迪来说,真正的问题是,他和他的新政府被某些人的计划牵着鼻子走,而且现在陷得如此之深,难以止步。行动预定在 4 月 17 日开始,聚集在危地马拉的入侵部队人数已达到 1 400 人。即使在最后的紧要关头,肯尼迪仍被疑惑困扰。他派遣一名身经百战的海军上校去观察那支队伍,并向他报告。这份报告让肯尼迪宽心,但却完全让人误入歧途。报告中指出:"我的观察增加了我对这支队伍能力的信心,他们不仅能够出色地完成最初的作战任务,而且能完成最终的目标——推翻卡斯特罗政权。部队指挥官们都知晓整个计划的细枝末节,每个人都摩拳擦掌,信心十足。这些军官都很年轻,有活力,有智慧,并被强烈的欲望激励,去迎接战斗。他们说他们了解自己的人民,相信在他们给予敌方军队一次重创后,敌军将树倒猢狲散,背离卡斯特罗而去……"

这个文件尽可能掩盖事实的真相,把卡斯特罗的陆空军力量看得无足轻重。报告说古巴陆军一遇见那 1 400 名亡命之徒,就会兵败如山倒,四处逃散;空军还未等起飞就被老式的美国飞机炸毁。中央情报局同时欺骗了总统和古巴流亡者。即使在出兵的那一刻,肯尼迪已经肯定美国不会进行军事干预,但是中央情报局的顾问们还信誓旦旦地告诉那支流亡者军队,他们登陆后,在 72 小时内就可以得到美国的军事援助。4 月 14 日,入侵部队分乘五艘小型货船,从尼加拉瓜出发。一名中央情报局顾问给每个船长一个密封的信封,里面装有 100 多张航海图,并告诉他们在踏上去往古巴的路前不要打开它。当船长打开信封时,他发现两份至关重要的航海图不见了踪影。在另一艘船上,二副想试验一下机枪,这些机枪在尼加拉瓜组装得很差。当他开火时,枪管突然脱落,四处喷散的子弹射向船员,造成了一人死亡,多人受伤。

4 月 17 日,入侵舰队抵达目的地后,准备在旅游胜地吉隆滩附近而不是在队员们曾演习过的沙滩登陆。中情局的顾问们忘记警告他们,这个地区的海湾里布满了危险的珊瑚。结果,两艘登陆艇的龙骨被撕裂,船上的人只好跳进大海。事先,入侵者被告知卡斯特罗的空军已失去了战斗力。但是当登陆时,他们收到一份从迈阿密发来的情报,警告他们一些古巴飞机仍是完好无损的。实际上,第二天早上,按计划将发起新一轮空中打击,去摧毁那些在上一轮打击后幸免于难的古巴飞机。但是总统亲自取消了这次袭击,从这一刻开始,行动注定要失败。上岸以后,入侵者们发现中央情报局的计划再次让他们失望。他们被告知,在海边的数英里范围内没有无线电发报机。但实际上,在几百码处就有一台。就在入侵者穿过海浪、费力涉水前进时,警报就已经源源不断地发给卡斯特罗了。

每一个环节都在开始阶段就出现差错,卡斯特罗的陆军力量被低估,大规模的人民起义也未发生。在登陆猪湾的 64 个小时之内,残余的入侵者被古巴军队彻底击败,俘虏被投进哈瓦那的监狱中。他们伤亡惨重:114 人被击毙,1 189 人被俘。直到最后时刻,他们依然心存幻想:美国人是不会眼睁睁地看着他们被打败的。

在猪湾事件惨败后的反思中,肯尼迪绞尽脑汁想弄明白:事情怎么会出现这样的结果呢?一个负责任的政府怎么能把自己卷入这样一次带来厄运的荒谬冒险中呢?最后的分析结果表明,行动失败是因为肯尼迪犯了一个致命的错误:他试图尽量避免政治性危险,这势必导致军事上的危险。最终决策权掌握在总统手中,但是他并未将之牢牢记在心中。肯尼迪事后发表评论说:"在我一生中,我已经明白,干什么最好不要只依靠所谓的专家,我怎么能如此愚蠢地让他们为所欲为呢?"

资料来源:陈海宏.肯尼迪的败笔.中外书摘,2008(2).

【思考题】
- 1.猪湾事件为什么会发生?
- 2.总统明确表示没有援助的情况下,是什么让中情局认为计划会成功?
- 3.怎样避免群体决策的负面影响?

欧文·詹尼斯(Irving Janis)建立了群体盲思研究的基础。在分析了包括珍珠港事件、朝鲜战争、猪湾事件、越南战争四个典型的群体失败决策案例后,詹尼斯发现,在讨论尤其是封闭式讨论中,当成员倾向于使自己的观点与团体保持一致时,新颖的、有争议的想法往往会被压制,从而使群体思想简单化、模式化,使决策参与者无法进行独立客观分析,最终作出不合理甚至荒谬的决策。詹尼斯认为,决策群体成员之间越友好、越有团队精神,独立批判性思维被群体盲思替代的危险就越大。

为什么群体决策经常不能像预想的那样,充分吸收有用信息和观点,而是滑入群体思维的泥淖呢?强有力的领导或者部分成员地位、权威太高容易导致群体盲思,因为强势和富有激情的领导擅长推销自己的观点,下属出于情面和整个群体士气等方面的考虑,不会反对领导的方案;刚进部门的实习生在开会时定然不会轻易发言,更不会对前辈的观点提出异议。在凝聚力高的群体中,群体盲思容易出现。成员之间的良好关系容易导致互相维护对方的观点,进而演化出一种群体共同观点。

群体面临外部压力时,也容易陷入群体盲思。此时,所有对共同观点提出质疑声音的行为都可能被认为是不团结和破坏行为,出于应对维护群体形象等来自群体外部的压力,成员之间倾向于采取"攘外先安内"的方针,暂时与群体保持步调一致,压制对群体的异议和质疑。

与群体盲思类似的一个概念就是本章开篇提及的"阿比勒尼悖论",意指组织采取的行动往往与组织成员真正的意图相悖,从而不能达到想要的结果,如表7-3所示。阿比勒尼悖论的产生源于组织成员的行动忧虑与负面臆想,即由于组织成员无法达成共识而导致的组织功能失调。阿比勒尼悖论可能发生在个人经历行动忧虑时——如果他们不这样做,群体可能对他们表达消极态度,如排斥、疏离等。这种对于说出真实想法的后果的负面臆想,使组织成员尽力与其他成员保持一致,从而导致集体的荒谬行为与决策。

表7-3 阿比勒尼悖论与群体盲思的区别 [①]

类别	阿比勒尼悖论	群体盲思
总体描述	单个成员都想得到正确的决策,但公开的行动却正好相反。每个成员都意识到这种荒诞却不敢阻止。人们私下的决策是好的,但最终的集体决定却很糟糕	在事情的结果出现之前,群体士气高涨,并认为群体非常优秀。人们公开的决策是糟糕的,但在此之前群体的自我感觉非常良好
决策后的成员感受	产生冲突或不舒服,群体凝聚力降低甚至崩溃	群体的团队精神和凝聚力增强,个体对组织更加忠诚
领导方式	无领导,或领导无力、无效	领导对问题带有个人偏见
外部威胁造成的压力	无	有
个体观点与群体幻觉	坚持个体观点,为此感到痛苦;群体小于个体之和	群体产生幻觉,认为他们的观点高度一致且无懈可击;群体大于个体之和
成员被迫或自愿	迫于形势而赞同决策	自愿
对决策是否满意	不满意	满意
态度	消极	积极
是否相互谴责	事情发生后,成员责备领导者或别的亚群体	捍卫本群体及其成员的观点
最根本的原因	个人对疏离感和孤独的畏惧	群体高度的凝聚力导致从众,成员对问题缺乏客观的判断

---

① 王敏,张志学.谨防团队决策中的虚假共识.北大商业评论,2007,2:16-20.

虽然阿比勒尼悖论与群体盲思十分类似,都是出于寻求群体内一致性而导致的非理性化行为与决策,但两者仍然有所区别。一个最大的不同是,在群体盲思中,个人的客观独立思考能力受到影响,个人并不违背他们的意志对决策表示赞同,并且总体上对群体所做出的决策感到满意;在阿比勒尼悖论中,个人仍保留自身清晰的独立思考能力,个体在违背自身意愿的情况下对决策表示赞同,从而容易对决策结果产生消极情绪。

2. 如何防止群体盲思

如上所述,詹尼斯发现,紧密结合的团体可以快速且低成本地达成共识。然而,随着时间的推移,这一决策过程可能降低团队成员的批判性思考能力。因此,防止群体盲思至关重要。对此,詹尼斯提出了避免群体盲思的一些策略:

(1) 领导者应该为每个成员分配"关键评估者"的角色,允许每个成员自由反对和怀疑。

(2) 在将任务分配给团队时,领导者不应表达意见。

(3) 领导者不应该参加太多团队会议,以免过度影响结果。

(4) 组织应该建立几个独立的团队,处理同样的问题。

(5) 应检查所有有效的替代品。

(6) 每个成员都应该与团队外的可信赖人员讨论小组的想法。

(7) 团队应邀请外部专家参加会议,允许团队成员与外部专家讨论并提出质疑。

(8) 至少指派一名团队成员从反面看问题,且每次会议都应该是不同的人。

与群体盲思类似,阿比勒尼悖论使组织成员根据无效或不准确的信息,出于个人对孤独和疏离感的畏惧,做出违背自身意愿且对组织意图和目的起反作用的错误决策。由于采取适得其反的行动,组织成员会对其组织感到沮丧、不满和恼怒。如果组织不解决这一问题,将进入一个循环往复的困境。对此,现有研究提出了以下几条策略:

(1) 在群体中直面问题。

(2) 指定某些人提出尖锐问题。

(3) 进行私下投票。

(4) 最大限度地减少地位差别。

(5) 设立正式的论坛讨论富有争论性的事项。

(二)群体极化

请每个同学为张先生选择哪个工作给出一个建议,之后几个同学在一起讨论并达成共识,最终为张先生提一个建议。比较个人给出的概率和小组讨论后给出的概率。

张先生是一位电气工程师,已婚,有一个孩子。5 年前大学毕业后便在一个大型电气公司就职。他的工作稳定,工资虽然不高,但却足够满足生活所需。不过,直到退休他的工资也不可能上涨太多。有一家新成立的小公司愿意为他提供更高的薪水,该公司未来的前景很不确定。不过一旦公司能够在同大公司的竞争中存活下来,张先生将可能获得公司的股份。

如果这家公司的赢利状况很好的话,你会建议张先生去小公司工作。请写出这家公司赢利很好的最低概率(从 0 到 100)。

相比单独一个人,如果一群人讨论上述张先生的决策问题,决策结果可能更冒险,也可能更保守。群体决策过程中,冒险者更冒险,保守者更保守的现象,被称为群体极化(group polarization),在新闻学上也称为"沉默的螺旋"。温和的女权主义者在参加某次讨论会时,可能变得更为激进。明星的狂热粉丝团、恐怖组织等都是群体极化的现实表现。

为什么个体最初的观点会被集体放大? 第一种可能是,在集体讨论过程中,个体总是从自己支持的观点出发,也能找到更多的信息来支持自己的观点,进而增强自己继续持有该观点的信心,变得更为激进或保守。第二种可能是,展示自己与众不同,个体最开始持有观点时,没有参照物,所以也就没有比较;在群体中,中庸的观点与很多人相似,没有特色,为了展示自己观点与众不同,只能朝更极端的方向移动。

二、少数派的影响

历史上,很多社会运动刚开始只由少数人发起倡议,然后他们的队伍逐渐壮大,不断地有人加入,最终成为大多数。群体会影响个体,反过来个体也会对他们所在的群体产生影响。并非所有的成员都会被群体盲思和群体极化限制,具有影响力的个体甚至能扭转整个群体的决策。在企业中,反对意见可能不是最受欢迎的,但一定是需要的,重大事项的决策过程中没有反对意见反而让人担忧,权威大多数时候会限制讨论和质疑。决策过程中,专家意见会被尊重。可见,少数派的观点能够为群体提供其他可替代建议,反对的声音和异议,对于改善系统过程是有益的。

什么因素导致少数派对群体产生影响呢? 早在 1969 年,法国学者谢尔盖·莫斯科维奇(Serge Moscovici)通过实验研究发现,少数派前后观点具有一致性,且对自己所在的小群体充满自信,决定了少数派影响产生;多数派中部分人的叛离能够加速少数派影响的扩散和传播。[①] 一直坚持自己观点的少数派相比于自身立场不坚定的少数派更容易影响群体,坚持让少数派的观点更具有一致性,给多数派提供更多关于他们

---

① Moscovici S, Zavalloni M. The group as a polarizer of attitudes. Journal of Personality and Social Psychology, 1969, 12 : 125–135.

观点的信息,促使多数派考虑他们的观点。自信的少数派更能影响群体,自信让少数派的观点更具有感染力,自我支持和相信能够促进多数派考虑他们的观点。少数派的声音打破虚假共识。一方面,虚假共识被打破后可能出现更多观点,因为其他成员关于维护群体共识的顾虑被打破,更倾向于表达异议。另一方面,少数派的观点被考虑,甚至获得支持,原本的多数派叛离群体共识,这种叛离使得少数派的观点更具有说服性,吸引更多的支持。如果领导是少数派或者倾向于支持少数派,此时,少数派对群体影响更大。但在实际中,领导要么是由多数派产生,要么是为了获得支持而选择支持多数派,即使同意少数派的观点,也会谨慎小心地施加影响。

三、群体决策技术

(一)头脑风暴

群体盲思和群体极化等经常导致决策出现偏差,群体决策的优势得不到正常发挥,因此,需要一些群体决策技术来减轻群体盲思和极化现象对决策的干扰。常用的方法有头脑风暴、名义小组技术、罗伯特议事规则和建设性争论等。

亚里克斯·奥斯本(Alex Osborn)发明了头脑风暴(brain storming)。这种方法目的在于,打破群体思维和从众压力,开放思想,激发创造性,寻求解决问题的新方案。

 【案例7-3】

电线除雪方法

美国北部某地区冬季格外严寒,大雪纷飞,电线上积满冰雪,大跨度的电线常被积雪压断,严重影响了通信。过去,许多人试图解决这一问题,但都未能如愿以偿。后来,电信公司经理尝试着解决这一难题。他召开了一次座谈会,参加会议的是不同专业的技术人员,同时他要求与会人员必须遵守以下四项原则:

(1)自由思考,即要求与会者尽可能解放思想,不受拘束地思考问题并畅所欲言,不必顾虑自己的想法或说法是否符合常规做法和逻辑。

(2)延迟评判,即要求与会者在会上不对他人的设想品头论足,不发表"这主意好极了""这种想法太离谱了"之类的赞誉或贬抑之词。至于对设想的评判,留给会后组织人员来考虑。

(3)以量求质,即鼓励与会者尽可能多地提出设想,以大量的设想来保证有价值的设想的产生。

(4)结合改善,即鼓励与会者积极进行智力互补,自己提出设想的同时,注意考虑如何把两个或更多的设想结合成一个更完美的设想。

按照这种会议规则,大家纷纷发表意见。有人建议设计一种专用的电线清雪机,有人想到用电热来化解冰雪,也有人建议用振荡技术来清除积雪,还有人提出能否带上几把大扫帚,乘坐直升机去扫电线上的积雪。对于这种"坐飞机扫雪"的设想,大家心里尽管觉得滑稽可笑,但在会上无人提出疑义。

有一位工程师听到用飞机扫雪的想法后,突发奇想,一种简单可行且高效率的清雪方法就此产生了。他想,每当大雪过后,出动直升机沿积雪严重的电线飞行,依靠高速旋转的螺旋桨产生的风力即可将电线上的积雪迅速吹落。于是他马上提出"用直升机扇雪"的新设想,这个设想又引起其他与会者的联想,有关用飞机除雪的主意一下子又多了七八条。不到一小时,与会的 10 名技术人员共提出 90 多条新设想。

会后,公司组织专家对设想进行分类论证。专家们认为设计专用清雪机、采用电热或电磁振荡等方法清除电线上的积雪,在技术上虽然可行,但研制费用大,周期长,一时难见成效。那种由"坐飞机扫雪"激发出来的几种设想,倒是一种大胆的新方案,如果可行,将是一种既经济又高效的好办法。经过现场试验,公司发现利用直升机螺旋桨转动清除积雪果然奏效,一个悬而未决的难题,终于巧妙地得到了解决。

资料来源:付文才.冰雪激发的头脑风暴.农村青少年科学探究,2008(8):39-40.

【思考题】
- 1. 什么情况下,采用头脑风暴会有好的效果?
- 2. 你认为头脑风暴的规则是否真的能促进思考?请说明理由。
- 3. 怎样避免头脑风暴的负面影响?

进行一次头脑风暴,需要确定需要讨论的问题和参与头脑风暴的成员,让成员充分了解要讨论的问题是什么,并向成员介绍规则:短时间内尽可能多地提提议和方案;开展过程中拒绝评议;鼓励想法大胆甚至荒诞;引发联想,进行补充。

虽然头脑风暴受到广泛的欢迎,但它也存在一些缺点。在准备阶段,需花很大的精力让各个成员熟悉所讨论的问题,这是头脑风暴顺利进行的前提条件。开展过程中,也存在一些缺陷,比如,不是所有类型的员工都适合这个方法,腼腆、害怕在公众面前表现的成员在头脑风暴的氛围中思维可能受到限制;成员的发言会相互干扰各自的思考过程;自说自话,从自己的观点出发,同时还担心自己的观点不够创新。采用网络等手段匿化可以让头脑风暴的效果更好,同时,也不能忽视独立工作和思考的重要性。

(二)名义小组技术

名义小组技术(nominal group technique),指每个成员按顺序表达自己的观点,表达观点期间,不允许讨论。每个成员都表达完自己的观点后,群体讨论和评估每种

观点,最终通过排序找出选择人数最多、位列第一的观点。在需要解决的问题确定后,具体流程如下:

会议开始,每位成员写下自己对问题的看法、解决问题的方法等,并提交。

成员按顺序发言,阐明自己的观点和看法,会议记录员清晰记录每位成员的发言要点,在发言和记录过程中禁止讨论。

等所有成员发言完毕,并记录完后,开始逐一讨论,评价每个成员的观点。

讨论完毕,每个成员将所有观点进行排序,记录员收集后进行汇总,综合排序靠前的观点和想法作为最终决策。

这种方法的好处是:能够获取大量与主题相关的观点;侧重于任务的解决;所需成本较低;既保证了成员独立思考,又不至于讨论过于分散。这是一种被很多研究认为优于头脑风暴的方法。但由于发言、记录和讨论等工作量较大,不适合大规模群体决策。

(三)罗伯特议事规则

罗伯特议事规则(Robert's rules of order)能够在群体决策时,提供清晰的议事规则和流程规范,提高决策的效率和有效性。从长篇的原著中,12条基本议事规则被提炼出来:以动议为中心;主持中立;机会均等;立场明确;发言完整;面对主持;限时限次;一时一议;遵守裁判;文明表达;充分辩论;多数通过。该议事规则是在西方议会和社团经验的基础上,通过系统工程的方法编撰而成,适用范围从联合国大会、各国国会到企业会议等。在中国,袁天鹏将其与农村治理实践联系起来,演变成为"南塘十三条"。

📖 **延伸阅读7-2**

"罗伯特议事规则"的南塘试验

袁天鹏曾留学美国,回国后,他成立公司专门推广源自英国议会规则的罗伯特议事规则。此次到安徽阜阳南塘村,是应南塘村兴农合作社的负责人杨云标邀请。杨云标总结:农村开会难,难在三大问题。一是跑题,讨论常常言不及义;二是"一言堂",话语权多被村领导和几个话多的人垄断;三是野蛮争论,抓住人家言语中的一个词不放,甚至打起来。请来袁天鹏,就是为了让村民们学习罗伯特议事规则,学会民主辩论与表决。

"南塘十三条"——乡村版议事规则。582页的一本书被删成了"南塘十三条",再做"本土化"修改,如"……如果主持人有表决权应该最后表决,防止抱粗腿"。学习会拉的横幅是"合作社能力建设培训",没有任何"罗伯特议事规则"的字样,袁天鹏也绝口不提。为了让村民们能理解厚厚一本的《罗伯特议事规则》，袁天鹏将一整本书压缩成 50 多条。但村民们仍然记不住。最终 582 页的一本书被删成了"南塘十三条"。

……

为避免野蛮讨论，最重要的一条规则是，不能以道德的名义去怀疑别人的动机。这背后有深刻的哲学理念，一来动机不可证实；二来会议要审议的是某件事情，不是某个人，对动机的怀疑和揭露是对议题的偏移；三来利己是人类共性，在不损害他人的前提下，追求利益最大化并不为过。

袁天鹏介绍了罗伯特议事规则中为防"顺大流"的设计，比如九个人开会，一人提议（另一人附议），只有一人赞成，无人反对，则其他八人算作弃权。那么该提案也能获得通过。这样一来，与会者就明白沉默于己不利，因为弃权越多，自己不喜欢的提案被通过的可能性也越大，所以一定要表明赞同或反对的态度。根据村民的接受程度，教师们对南塘十三条还做了"本土化"修改，例如，第十一条规则的最后，这样写道："……如果主持人有表决权应该最后表决，防止抱粗腿。"

……

南塘十三条

第一条：会议主持人，专门负责宣布开会制度，分配发言权，提请表决，维持秩序，执行程序。但主持人在主持期间不得发表意见，也不能总结别人的发言。

第二条：会议讨论的内容应当是一个明确的动议："动议，动议，就是行动的建议！"动议必须是具体的、明确的、可操作的行动建议。

第三条：发言前要举手，谁先举手谁优先，但要得到主持人允许后才可以发言，发言要起立，别人发言的时候不能打断。

第四条：尽可能对着主持人说话，不同意见者之间避免直接面对面的发言。

第五条：每人每次发言时间不超过二分钟，对同一动议发言每人不超过二次，或者大家可以现场规定。

第六条：讨论问题不能跑题，主持人应该打断跑题发言。

第七条：主持人打断违规发言的人，被打断的人应当中止发言。

第八条：主持人应尽可能让意见相反的双方轮流得到发言机会，以保持平衡。

第九条：发言人应该首先表明赞成或反对，然后说理由。

第十条：不得进行人身攻击，只能就事论事。

第十一条：只有主持人可以提请表决，发言次数都已用尽，或者没有人再想发言了，才能提请表决。如果主持人有表决权应该最后表决，防止抱粗腿。

第十二条：主持人应该先请赞成方举手，再请反对方举手。但不要请弃权方举手。

第十三条:当赞成方多于反对方,动议通过。平局等于没过。

资料来源:《英国规则遭遇中国农民:农村如何开会？"罗伯特议事规则"的南塘试验》。作者:翟明磊,吴达。

建设性争论(constructive controversy)在群体决策过程中有着重要的影响。争论也就是不同观点之间的冲突,在制定决策和问题解决过程中不可避免。传统观点认为,争论会对群体工作造成损失,直到一些学者研究发现,直面争论,而不是避免反而对领导效率和组织效率有促进作用。[①] 迪恩·乔斯佛德(Dean Tjosvold)认为,面对争论时,个体主要有两种应对策略:第一种是,找到对方观点中的漏洞,尽可能地贬低和攻击,并试图让对方服从自己的观点。与之相反,第二种是,不同观点之间的冲突增加个体感知到的内部冲突和不确定性,促使他们去关注和理解对方的观点,在这个过程中,发现自己观点的不足,从相反的观点中学习,将其中有益的部分融合进自己的观点,这就是建设性争论。[②] 它能促使人以一种开放、包容的心态去对待与自己不同的言论,承认相反观点存在的价值,不同观点有益部分的融合意味着,群体决策建立在丰富的信息和综合背景之上,更具有有效性,犯错误的概率也进一步降低。

▶ 本章综合案例

《十二怒汉》

美国影片《十二怒汉》讲述的是一个发生在陪审团秘密评议室里的故事。一个在贫民窟中长大的男孩被指控谋杀生父,目击证人和凶器均已呈堂,似乎铁证如山。此案有两个证人,其中老人是男孩的邻居,他曾经听到男孩对父亲喊"我要杀了你",而且在案发时听到隔壁有动静,还跑出走廊看到了男孩逃跑的身影;女证人的证据更为确凿,她在 60 码[③] 外隔着一架铁路桥目睹了男孩把刀插入其父身体的过程。在法庭上,男孩辩解自己并不在场,而是去看电影了,但他说不出自己看了什么电影,以及主演是谁。此外,有人证明他曾买过一把与凶器一模一样的刀。

[①] Burke R J. Methods of resolving superior-subordinate conflict: The constructive use of subordinate differences and disagreement. Organizational Behavior and Human Performance, 1970, 5: 393-411.

[②] Tjosvold D. Implications of controversy research for management. Journal of Management, 1985, 11: 21-37.

[③] 1 码 = 91.44 厘米。

陪审团在庭审之后退庭评议,只有达成一致结论才能正式结案。12 名陪审团成员中有广告商、工程师、富家子、新贵族、银行家、推销员等。很多人希望早点结束枯燥的审判回去忙自己的事,在第一次投票表决是否有罪时,结果为 11 : 1,只有 8 号陪审员投了"无罪"票,坚持要求进入讨论阶段。8 号提出了自己对证据的怀疑,经过反复争吵和一次又一次的激烈争论和思维斗争,越来越多的人认为本案有着诸多疑点,每一轮表决都有人折向"无罪"一方。最顽固的坚持"有罪"的成员(一个叛逆儿子的父亲)最终在复杂的情感之下放弃了自己固执的意见,12 人最终全票通过"无罪"决定。

资料来源:张雪纯,葛琳.证伪方法、经验法则和心理因素——以影片《十二怒汉》为分析文本诠释"排除合理怀疑"在陪审团制度下的运作要素.当代法学,2005,19(5):104-111.

【思考题】
- 1. 为什么刚开始的时候,陪审团中 11 名成员都觉得男孩有罪?
- 2. 少数派在决策过程中是怎样发挥影响的?
- 3. 从有罪到无罪的决策过程中,陪审团采用了哪些决策方法?

本章思考题

- 1. 群体是如何形成的,可以分为几个阶段?
- 2. 什么是交互记忆系统? 为什么它是重要的?
- 3. 如何防止阿比勒尼悖论与群体盲思?
- 4. 群体极化是什么意思? 为什么会发生群体极化?
- 5. 少数派为什么会对群体产生影响?

第八章 全球化与沟通

 引例

跨文化冲突中,他缘何缴械?

张工程师(以下简称张工)是 HB 地矿的技术骨干,拥有多个大项目经验。农历牛年的大年初五,张工登上了飞往阿尔及利亚的航班。他回想着昨天公司为他举办的外派欢送宴会,心里充满了喜悦与憧憬。但之后的事情是他万万没有想到的,外派不到两年,自己就"因病"提前回国。

一、阿尔及利亚的新生活

曾经在浙江工业大学留学的库利巴利,是 HB 地矿阿尔及利亚分公司第一位当地雇员,并被授权进行业务拓展,后被聘为业务经理。不久,一位在当地生活多年的中国人张院通过大使馆网站上的信息也来应聘。张院是一位"老非洲",有十几年的非洲地质勘查工作经验,退休后,他留在了当地并把两个女儿也带去做了法语翻译。阿尔及利亚分公司的总经理叫王新,和张工同岁,两人都正值精力和能力大显身手的好年龄。很快,张工被提拔成分公司副总。于是,国内又返聘原 HB 地矿在马里的总工程师董工来协助他工作。

二、两张之争

由于长期生活在国外,张院对自己的家乡已经陌生,也不熟悉 HB 地矿的企业文化。分公司成立后,张院凭借之前在当地的人脉关系使公司业务得到迅速发展,再加上其女儿张瑛在公司担任法语翻译,王新对他很是倚重。张工刚开始也对张院及其女儿热情有加。哪知共事一段时间之后,行事为人正统严谨、工作上属于"拼命三郎"的张工却越来越反感张院的行事风格。

一次,张工向张瑛指出其翻译的标书中"井口管"应改为"护井管",这样更加专业,可张院却插口说在非洲"井口管"被叫了几十年了,大家都知道什么意思,不需要争辩。还有一次,张工在向张瑛请教法语单词,张院路过却要带张瑛走,还冷嘲公司没有进行过语言培训。张院经常说"今天是周末,我们要休息",并多次讥讽张工"把工

作当成了生活",而张工认为张院是拿着公司的工资在享受,很是看不惯。

三、搞不懂的库利巴利

库利巴利在中国留过学,汉语说得还不错。张工因为和张院关系越发紧张,平时出门大都带上库利巴利而不是张瑛做翻译。张工每次在出行前都会做好计划,而库利巴利认为不必做计划。

最令张工不能忍受的是出差路上,库利巴利经常要找清真寺做祷告。一次斋月期间的出差,使他们俩的关系彻底恶化。在出差回来的途中,库利巴利要停车去做祷告。张工说:"马上到公司了,回去祷告不行吗? 我都快饿晕了。"库利巴利坚持要去,并说:"这个清真寺是附近最大的,每到斋月就会有大师来讲古兰经。"半个多小时过去了,库利巴利还没出来,电话也不接听,已经饿了一路的张工生气地抽烟。不一会儿,从清真寺出来的库利巴利冲着他大喊道:"你怎么能在这么神圣的地方抽烟呢?""你去了那么久,我抽根烟提提神儿。"张工把烟头丢到车外说:"也没有影响到别人啊。"库利巴利大怒:"烟味这么大,路过的人都可以闻到。现在是斋月,让他们闻到这些就是侮辱! 王总那么爱抽烟,但斋月里从来不在外面抽。你怎么能这样啊? ! "库利巴利摔门而去,打了个出租车回去了。结果,张工自己开车回去,路上迷路了,最后在警察的帮助下才有惊无险地回到公司。

四、张工升"张总"

张工被任命为分公司的副总后异常兴奋,一时完全忘记了以前种种不愉快。张工回到分公司时,王新已经回国休假了。新官张总上任的第一把火,就是开除了工作一向马马虎虎的司机穆斯塔法,原因是他总不按领导安排做事,还经常私自开公司的车出去。穆斯塔法找来律师和张工交涉无果,便将公司告上了法庭。

几天后,刚从国内休假回来的王新将张工请到了办公室:"你怎么把穆斯塔法开除了? 他工作有那么差劲吗? "王新指着桌子上面的法院传票对张工说:"现在他把我们告上法庭了,劳动合同违约。"看着王新着急又无奈的表情,张工始终不太能理解。

五、董工出事了

64 岁的董工在外派员工里面威望很高。退休后被单位返聘回来,协助张工工作,才使得张工担任副总以来的工作能够顺利开展。董工本来该回国休假了,却从机场二楼的海关安检口跳了下来。万幸的是,经过抢救脱离了生命危险。

医生在董工身上发现了一封遗书,大概的意思是:从工地回来感觉压力很大,进度不如预期;国内年近九十的老母亲无人照顾;小儿子至今还只是单位的临时工,感觉自己活得很失败。自己的所有行为与单位无关。据董工身边的翻译小刘描述,阿尔及利亚总统选举期间,局部地区动乱,董工在去工地路上被当地人抢劫并殴打后,精神一直不好。董工出事对张工触动很大。平日里的老大哥,竟然做出这样的举动。

渐渐地,张工萌发了提前回国的念头。虽然他已经被提为分公司的副总,但要是继续待在这里,家庭和孩子的学习也会受到影响! 而且在这里工作每天要面对的烦心事儿简直无休无止! 在连续几个不眠之夜后,张工提出了"病休",申请回国休养治疗,结束了不足两年的外派历程。这时,张工愁肠百结、满腹心酸。

　　资料来源:苏文平,韩丁欣. 跨文化冲突中,他缘何缴械. 清华管理评论,2015(6):72-83. 有改动.

> **【思考题】**
> ● 1. 张工为什么会萌发提前回国的念头?
> ● 2. 张工外派过程中遇到了哪些跨文化沟通的障碍?
> ● 3. 张工遇到诸多不顺的可能原因有哪些?

第一节　文化价值观与沟通

　　经济全球化是当今社会发展的重要趋势。在这样的趋势下,不同文化背景的人们一起合作达到工作目标已经成为一种常态。文化的碰撞和比较使得人们愈加意识到不同文化间的差异和跨文化沟通的重要性。但是,究竟什么是文化? 在全球化背景下,如何理解不同文化的差异? 这种差异又会怎样影响人际沟通? 相信学习完本节课程,大家会找到这些问题的答案。

一、理解文化

　　文化是一个群体内共享的知识(shared knowledge),这里的群体可以是一个国家、一个地区,或是一个组织。这种共享的知识通常具有以下几个特征:第一,它们是群体内成员普遍认可的,具有较强的内群体一致性;第二,它们是不言而明却影响深远的,是人们行为的指南,尤其是在无意识状态下,对个体的行为影响更大;第三,它们的存在较为稳定,形成和改变都需要较长的时间,是群体在适应外界环境和增强内部整合的过程中形成的;第四,它们的获取需要后天努力习得,而非生而知之;第五,它们具有区分性,能够反映出群体间的差别。

　　文化有着十分丰富的内涵,既有显性的部分也有隐性的部分。据此,有人提出了文化的洋葱模型和冰山模型。在洋葱模型中,文化由表及里分为三个层次:表层文化,由可观测到的物品体现,比如服饰、建筑、语言、饮食、影视作品等;中层文化,由社会规范和价值观体现,是群体成员遵循的规则系统,使得群体内成员有类似的思维框架和行为反应模式;深层文化,由理念和原则体现,反映了群体内成员对于是非对错和信仰不假思索的假定。类似地,冰山模型也认为文化的组成要素既有显性的部分也有隐性的部分。露出水面的只是冰山的一小部分,类似于洋葱模型中的表层文化,更大部分的构成隐藏在水面之下,是文化的隐性部分,往往是无意识的,比如决策模式、对美丑善恶直觉的判断等。文化的显性部分需要隐性部分做支撑,而文化的隐性部分也需要通过显性部分来展现。

小思考

以下表述分别归属于文化的洋葱模型中的哪个层次?

● 西方人和中国人喜欢的绘画、电影、音乐类型不一致。

● 西方人采用分餐,而中国人喜欢分享菜肴。

● 中国人比西方人更喜欢"沉默"。

● 在规则和人情之间,西方人倾向选择规则,而中国人倾向选择人情。

● 西方人偏好逻辑思维,对一个问题进行深入剖析;中国人偏好整体思维,把不同的问题综合起来思考。

二、常见的跨文化研究框架

不同文化之间的区别纷繁复杂,因此,学者们试图通过建立一套跨文化分析框架来系统地研究不同文化之间的区别。本节介绍其中两个应用最为广泛的跨文化分析框架:霍夫斯泰德的五维度文化差异理论和特姆彭纳斯与汉普顿-特纳的七维度文化差异理论。

(一)霍夫斯泰德的五维度文化差异理论

荷兰学者吉尔特·霍夫斯泰德(Geert Hofstede)的五维度文化差异理论是在世界范围内被广泛认可和接受的一个理解跨文化差异的框架。基于 1967—1973 年在 IBM 公司进行的一项覆盖 72 个国家 11.6 万多名员工的问卷调查,霍夫斯泰德总结出了五个区分不同文化差异的维度,分别为:

1. 个体主义(individualism)与集体主义(collectivism)

这一维度关注群体更看重个人利益还是集体利益。个体主义的文化下,群体以较为松散的方式组织结构,群体成员关注个体目标和利益,强调个人身份的认同;集体主义的文化下,群体以较为紧密的方式组织结构,群体成员关注集体目标和利益,强调集体身份的认同,有较为强烈的内群体(in-group)和外群体(out-group)区分。个体主义文化和集体主义文化面对成功或失败会展现出不同的倾向。比如一名美国跨国公司的负责人曾去日本调查分公司的一个严重错误,希望能够找到问题的具体原因和负责人,然而,日本经理却告诉他"我不知道谁犯的错,整个工作小组都对此承担了责任"。

2. 权力距离（power distance）

权力距离指群体成员中掌握权力较少的那部分成员对于群体内权力分配不平等这一事实的接受程度。权力距离大的文化中，群体内层级分明，金字塔结构较为陡峭，通常表现为自上而下的决策方式；权力距离较小的文化中，群体内层级较为模糊，组织结构较为扁平，更倾向于自下而上的决策方式。权力距离的大小可以用权力距离指数（power distance index，PDI）来衡量。

3. 不确定性规避（uncertainty avoidance）

不确定性规避反映了群体成员对事物不确定性的容忍程度。高不确定性规避的文化中，人们更容易感受到不确定性的威胁，看重规则和职业安全，对异常情况的容忍度较低；低不确定性规避的文化中，人们更加欢迎变化和不确定性，对未来更有信心，喜欢冒险，对异常情况较为包容。

4. 男性化（masculinity）与女性化（feminity）

这一维度主要关注两性的社会性别角色差异是否明显。男性化的文化中，两性社会性别角色差异较大，男性独断、坚强、自信且具有攻击性和竞争性；女性温柔、谦逊，关注生活质量。女性化的文化中，两性社会性别角色相互重叠。

5. 长期取向（long-term orientation）与短期取向（short-term orientation）

这一维度体现了对长期利益和短期利益的不同偏好。长期取向的文化中强调坚毅、秩序和节俭，更关注未来；短期取向尊重传统，追求眼前利益，并且注重"面子"，更关注现在和过去。

霍夫斯泰德的这个跨文化分析框架在商业实践中有诸多体现。比如，相比较个体主义文化，在集体主义文化中绩效考核较难推行，因为考核结果较好的人会觉得用别人的不足来反衬自己的优秀难以接受，而考核结果较差的人同样会排斥突出个人而非集体的优秀。再比如，在高权力距离的国家中，突出领导者威权的家长式领导是一种可以被接受的领导行为，然而在低权力距离的国家中，这类领导行为会被认为武断而专权，无法得到下属的认可。

（二）特姆彭纳斯与汉普顿－特纳的七维度文化差异理论

冯·特姆彭纳斯（Fons Trompenaars）和查尔斯·汉普顿－特纳（Charles Hampden Turner）等人将不同文化的差异问题简化为三类：①与人际关系相关的问题。②与时间态度相关的问题。③与环境相关的问题。进一步，根据帕森斯关系取向理论以及不同文化对特定问题的不同解决途径，他们通过在全球 55 个国家的调研进一步界定了文化的七个基本维度，分别为：[①]

---

① Trompenaars F, Hampden-Turner C. Riding the waves of culture: Understanding cultural diversity in business. London: Nicholas Brealey Publishing, 1997.

1. 普遍主义（universalism）与特殊主义（particularism）

不同文化背景中，人们对于世界是否存在普适化的规则有着不同的观点。以德国和瑞士为代表的普遍主义文化认为"孰优孰劣是可以界定并且普遍适用的"，对于跨国企业而言，总部承担着全方位掌控生产制造、人力资源、市场推广等工作的角色，各地分部应遵循总部制定的唯一标准。而以墨西哥为代表的特殊主义文化更重视不同关系间的义务，而非高度标准化的规则。这些地方的分部常常假装遵循总部的约定，但事实上更倾向于根据自身实际情况制定地方标准。而且在特殊主义文化中，雇主和雇员间的权贵关系更为复杂，因为他们善用关系来达到目的。

2. 个人主义（individualism）与集体主义（communitarianism）

不同文化背景中，人们对于应该把自己当作独立的个体还是团体的一部分有不同的观点。以工作动机为例，个人主义文化下的美国和西北欧多信奉"主观利己，客观为人"，他们所追求的最高级别的需求是自我价值实现的需要，在团队合作中更喜欢彰显自我价值并独享奖金和荣誉。而集体主义文化的中国和日本多强调个体是群体的一部分，群体利益的最大化是首要目标，因此他们的工作动机常常包括获得同事的认可和支持。

3. 情感中立型（neutral）与情感型（emotional）

不同文化背景中，人们对于情绪表达的接受程度有不同的观点。在情感中立型文化的北美和西北欧，商务关系是工具性的，以达到目标为唯一目的。他们在工作中不考虑情绪，即使要考虑，也是因为担忧情绪的负面影响会搞砸事情。而在南欧、南美及其他文化中，商业被视为人的正常事务之一，人们愿意并且被允许通过表情、手势等及时宣泄自己的情感，以实现更有效的沟通和反馈。

4. 区分型（specific）与弥散性（diffuse）

不同文化背景中，人们对于关系多样性的认识有不同的观点。在区分型文化里，个体可供与他人分享、交流的公共空间与私人生活空间是相互独立的，人们在一个领域中的互动和关系与另一个领域中的互动及关系没有必然联系。如北美和西欧文化，工作关系是独立的，领导对下属的权威不会扩散到工作场合之外：一位美国的销售经理在高尔夫球场遇到下属，绝不会把工作中的上下级关系扩散到这种关系中，他反而可能向下属请教打高尔夫的技巧。而在以法国和大部分亚洲国家为代表的弥散型文化中，个体各个领域之间是相互弥散和渗透的，也就是说领导在任何地方都是令人敬畏的存在，即使是业务能力之外的烹饪技术、服装品位等也要比旁人略胜一筹。

5. 成就型（achievement）与归属型（ascription）

不同文化背景中，人们对于社会地位的决定因素有不同的观点。在成就型文化中，个人的地位由最近取得的成绩、历史记录来决定。而在归属型文化里，个人的社会地位受到出生、血统、性别、年龄、社交网络以及教育经历的影响。例如，在求职面试过程中,成就型文化下,人们被问到的第一个问题可能是"所学的专业",而在归属型文化中的第一个问题更可能是"毕业的学校"。如果所毕业的学校很一般,归属型文化下的人可能就不会再询问专业。

6. 内控型(internal locus of control)和外控型(external locus of control)

不同文化背景中,人们对其自身和环境之间关系的看法有不同的观点。内控型文化认为影响人类生活的主要因素及人类善与恶的根源在于人类自己,动机和价值观都是内生的。而外控型文化则强调环境比人类更强大,大自然是值得敬畏和模仿的。例如,对于商业成功的归因问题,内控型的人认为是产品的某个特征或者企业有效的管理使商业获得成功,而在外控型的人眼里,市场是决定产品适销与否的重要因素,商业要注重与外部环境的互助共生关系。

7. 时间(time)

不同文化背景中,人们对过去、现在及未来的重视程度有不同的观点。在美国,人们通常信奉一切从零开始,过去取得的业绩并不是那么重要,重要的是对将来的计划。个人可以通过现阶段的主观努力和个人成就控制未来。但通常对于法国人来说,过去的业绩十分重要,它代表了能力与实力,并预示着现在和未来成功与否。例如有些公司会在宣传册上列出过去取得的辉煌成就,并且在后续的印刷中依然保留,甚至完全不更改宣传册的内容。显然,法国人认为公司的未来与过去的成功紧密相连。

小思考

1. 如何在文化的洋葱模型下理解霍夫斯泰德的五维度文化差异理论?试根据示例提示完成下表。

项目	表层体现	中层体现	深层体现
个体主义(示例)	饮食习惯:分餐	绩效规则:个体导向	自我认知:独立自我
集体主义(示例)	饮食习惯:分享菜肴	绩效规则:团队导向	自我认知:互依自我
低权力距离			
高权力距离			
低不确定性规避			
高不确定性规避			
男性化			
女性化			
短期取向			
长期取向			

2. 李安导演的影片《推手》中反映了哪些跨文化差异？

知识链接

其他主要的跨文化分析框架

蔡安迪斯的个体主义——集体主义理论 (Triandis, 1995)

舒华兹的十大价值 / 需求导向理论 (Schwartz, 1992)

克拉克洪与斯乔贝克六大价值取向理论 (Kluckhohn & Strodtbeck, 1961)

三、跨文化沟通

跨文化沟通(cross-cultural communication)指不同文化背景的个体之间进行的沟通过程。这是一个"符号交换的过程"，即来自不同文化背景的个体通过外在象征性的互动行为来试图构建一个共同的意义，这个意义构建的过程根植于某一特定的社会系统并且受到基于文化的解释和推断的影响(见图8-1)。

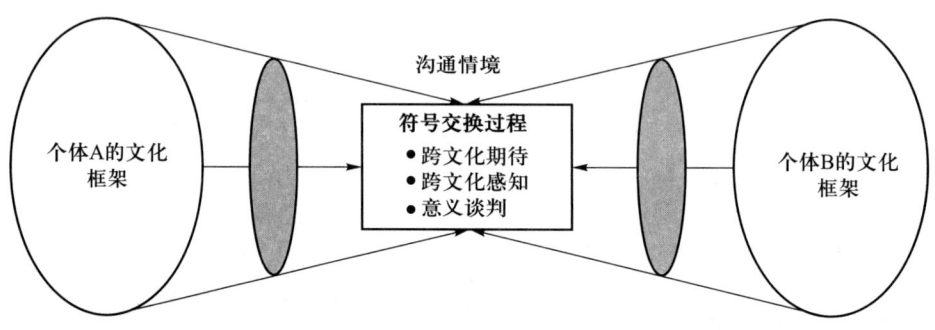

图 8-1　跨文化沟通过程[①]

跨文化沟通与一般沟通的不同在于沟通对象有不同的文化背景，这会影响符号交换的过程。首先，不同文化背景下，大家对于沟通方式有着不同的期待。文化为个体提供了一个认知框架，在对个体行为起到指导作用的同时，还会影响个体对于沟通对象如何反应做出的预期。比如，东方人和西方人在夸奖完对方后，对于对方如何回答有着不同的预期。中国传统文化中讲究用语谦卑，面对别人的夸奖时，喜欢说"抬爱""谬赞""错爱"，这样的表达并非表示认为自己配不上对方的夸奖，而是一种自

---

① Ting-Toomey S, Chung L C. Understanding intercultural communication. New York: Oxford University Press, 2005.

谦的说法。然而,西方文化中人们对类似的恭维会很自然地接受,并且表示"Thank you"而非"No,I don't think so"。再比如,美国文化中,party 文化非常流行,即使是完全陌生的人,也可以很快建立起沟通的话题,因此,大家很适应"自来熟"式的沟通方式,面对"拉近乎"的推销员不仅不会反感,还可能被对方的热情感染。然而在中国文化中,大家对于人际交往更加谨慎,习惯于长期交往后建立起来的亲密关系,因此,很难建立起对陌生人的信任,面对"拉近乎"的推销员会警觉性地推托。

　　其次,不同文化背景下,大家对于沟通过程中信息和意义的编码和解码过程存在差异,因此可能产生不同的感知。比如在东方文化中,沉默(silence)经常被认为是一种正面的沟通方式,可能表示尊重、接纳、友善、顺从、深思、有涵养等,"知者不言,言者不知""讷于言,敏于行""此时无声胜有声"等都体现了对于"沉默"较为积极的解释。然而在西方文化中,语言被认为是探索和表达真理的工具,比如美国大选中辩论是非常重要的一个环节,学校教育中思辨是要培养的重要能力之一。亚里士多德、苏格拉底等受人尊敬的哲学家擅长通过演讲、辩论来改变他人或社会。在这样的环境中,"沉默"经常被认为是一种负面的沟通方式,西方人信奉"speech is the picture of the mind",不通过言语无法准确清晰地向沟通对象传达信息。

　　与此相关,由于文化提供的认知框架不同以及大家对于沟通过程中信息和意义的编码和解码存在差异,不同文化背景下,大家对于沟通将要构建的共同意义可能存在分歧。跨文化沟通中人们希望在三个层次上达成一致:第一是内容(content meaning)层面,沟通双方需要彼此确认对事实的理解是一致的。比如,OK 这一手势(大拇指和食指合成一个圈,其余三个手指略曲)在美国表示赞扬,在巴西则是一种污秽手势。再比如,不同文化下,大家对于"多说话"的人的印象是不同的。在美国,一个人多讲话,别人会认为其有专长;在中国,一个人多讲话与否,并不会影响其他人对其专长的判断。① 不同文化背景的人在沟通时,首先应该确认大家对于事实本身的理解是否一致。第二是关系(relational meaning)层面,沟通双方需要通过非语言信息,来确认彼此之间的关系,它传达了关于关系距离(亲密 – 不亲密)和权力距离(平等 – 不平等)的信息。第三个是身份(identity meaning)层面,沟通双方需要确认彼此在沟通过程中的身份,比如是否受到尊重,身份是否获得了认可等。比如早年宝洁公司曾经为一款沐浴露 Camay 设计过一款广告:广告中呈现了一个妻子在使用 Camay 沐浴等待丈夫回家,然后两人相吻相拥的场景。这则广告在西方社会收到了很好的效果,然而在日本却受到了大家的批评,认为这样的广告没有尊重女性,并且有暴露隐私

---

① Yuan Y C, Bazarova N N, Fulk J, Zhang Z X. Recognition of expertise and perceived influence in intercultural collaboration: A study of mixed American and Chinese groups. Journal of Communication, 2013, 63 : 476–497.

之嫌。

　　跨文化沟通的这些独特性使其往往需要耗费更多的认知资源和时间成本,因此要花费比一般沟通更高的成本,并且随着文化距离(沟通主客体文化背景的相似度)的增大而增加。

【案例8-1】

外籍上级与中国下属讨论工作

　　这天,从美国总部派来巡查的外籍项目总监Frank要听取中国下属Li的工程阶段性汇报。Li带来了厚厚的项目资料和内容丰富的PPT,准备向大老板好好展示一下。

　　可是Li讲了不到5分钟,Frank就打断了他。

　　"这样吧,Li,这些项目背景情况我已经基本了解了,你就不用再介绍了,我想听听重点。"

　　"好的,那我就从项目目前的进程来说吧,目前呢……"

　　Li没说两句,又被Frank打断了:"Li,谢谢你的介绍,这些我也了解了……这样吧,我有些其他问题想了解,据我所知,管道承包商那里出了点问题……"Frank直截了当地提出了三四条项目中出现的问题,并问Li有什么可行性建议。

　　Li被Frank这么劈头盖脸地一问,不禁愣住了,心想:"这老外怎么这么直接啊,一上来就戳人家软肋,我准备了那么多铺垫,不就是为了说明这些问题吗!"Li赶忙把材料翻到倒数几页,解释起来。

　　由于没有前面的铺垫,Li讲解起来有些吃力,不时要回到前面的资料和PPT,把各方面的原因都结合起来分析,把想得到的解决方法都说了一遍,不落下任何一个细节。其间,Frank仍然不时地打断Li,直言不讳地提出异议。而Li则始终忍着性子,保持着中国人传统的儒雅和大局观,力争通过自己的方式给出全面的解释。虽然这次的对话是有成果的,但对于整个交流过程,双方心里都有些不悦。

【案例8-2】

外籍上司与中国下属的职业发展交流

　　Jason是一家美资企业派往中国分公司的法籍技术部门经理,近日与具有发展潜力的中国工程师张华(Michael)进行职业发展交流。

　　"Michael,我们都看到你在工作上的出色表现,对于自己今后三年的职业发展,你有什么想法吗?"

"是的,我愿意继续从事技术方面的工作,如果亚太区有合适的机会,希望 Jason 可以给予推荐。"

不久,中国籍人力资源经理 Emma 也找到 Michael,和他探讨未来的职业方向。Michael 却表示,目前自己在技术部门的工作还不错,但对市场方面的工作也很感兴趣,如果可以的话,也愿意尝试。

最后,技术部门经理 Jason 与人力资源经理 Emma 坐在一起交流 Michael 的职业发展计划时,发现两个人得到了完全不同的答案。对此,Jason 很是困惑,"如果 Michael 真的这么想,为什么没有直接告诉我呢?如果没有一个明确的奋斗目标或规划,又该如何采取实际行动呢?"Emma 则很释然,他告诉 Jason,"Michael 也许还在犹豫,并没有刻意向你隐瞒他的想法,只是为自己留有一些余地,我们还是多给他一些时间考虑吧,多给他一些选择的机会……"

【思考题】
● 1. 以上两个案例共同反映了什么跨文化差异?
● 2. 分别从 Li、Frank、Jason 和 Michael 的角度思考如何尽可能地避免跨文化差异带来的沟通障碍。

第二节　团队文化多样化与沟通

商业活动的全球化使得工作团队的构成日益多样化。来自不同国家、地区的员工组成团队合作完成某项任务成为一个趋势,尤其是技术推动下虚拟团队(不同地域、时空的员工借助信息技术和通信媒体进行合作)的日益流行,更凸显了这一现象。这样的工作方式打破了以往工作的流程和惯例,对团队成员间的沟通提出了新的挑战。

一、团队文化多样性对沟通过程的影响

(一)沟通环境愈加模糊

个体在团队工作时,需要遵循一定的群体规范,并且受到角色知觉(个体对于自己在团队情境中应该如何表现的认识和了解)和角色期望(他人对于自己在团队情境中应该如何行事的期待)的影响。文化多样性意味着不同的思维模式和行为方式,个体在辨别团队规范、感知角色知觉和角色期望时都面临着诸多的不确定性,即要在一个愈加模糊的环境中进行沟通。面对模糊环境时,个体有希望为问题快速找到答案,

从而使自己不再处于混乱和模糊的倾向,心理学家把这种个性特征称为认知闭合需求。一项基于中美跨文化谈判的研究表明,相比文化内谈判,跨文化谈判更容易受到认知闭合的负面影响,即认知闭合越高,双方越不容易达成共识且最终的联合收益越低。要想在这种模糊的沟通环境中达成共识并取得较高的联合收益,应该更多地关注他人而不是寻求确定性。[①]此外,还可以通过加强任务的具体性(task specificity)来创造一个强情境(strong situation),降低个体确认团队规范、角色知觉和期望的难度。[②]

(二)达成一致愈加困难

尽管不同的文化可能提供不同的视角,但是霍夫斯泰德认为,文化往往是冲突而非协同作用的来源。文化差异经常带来麻烦甚至是灾难,不仅会影响个体间的人际沟通,还会影响组织内的运作以及组织间的合作。基于第一节介绍的文化洋葱模型,不同文化间的差异可能表现在很多层面,并且有些差异关乎个体对基本问题的看法,即文化差异在广度和深度上均有所体现,很难达成一致。

(三)信任关系愈加脆弱

由于来自不同文化背景的个体在信息处理、沟通方式等方面存在差异,文化多样性团队出现冲突的可能性相比一般工作团队更高,团队成员之间的信任关系也因此更容易受到威胁。此外,文化是个人身份识别的重要线索,因此文化多样性容易激发个体区分自我和他人的过程(categorization process)。根据约翰·C.特纳(John C.Turner)等人的社会分类理论(social categorization theory),分类过程会强化差异,降低个体对于沟通对象可信任性(trustworthiness)的评价,破坏双方的信任关系。

(四)文化多样性的潜在优势

尽管从短期来看,文化多样性可能增加团队的冲突、破坏团队的信任,从而降低团队运行效率,但是,长期来看,多元文化团队和单一文化团队的表现逐渐趋同,并且最终多元文化的团队反而会表现得更好。和其他类型的多样性一样,文化多样性也可能为团队带来潜在优势,比如经过长期磨合,文化多样性团队在视野范围和替代方案寻找方面表现更好,具有更强的学习能力,在复杂性和创新性问题的解决上更有优势。此外,文化多样性团队在全球化背景下更容易取得合法性。比如,一个美国银行的白人经理曾经这样解释他的团队中黑人职员的意义:"如果我们的团队中全部都是白人,

---

[①]　Liu L A, Friedman R, Barry B, Gelfand M J, Zhang Z X. The dynamics of consensus building in intracultural and intercultural negotiations. Administrative Science Quarterly, 2012, 57 : 269-304.

[②]　Nouri R, Erez M, Rockstuhl T, Ang S, Leshem-Calif L, Rafaeli A. Taking the bite out of culture: The impact of task structure and task type on overcoming impediments to cross-cultural team performance. Journal of Organizational Behavior, 2013, 34(6): 739-763.

和当地(黑人)社区的关系就会很紧张,他们会说:'这些白人在我们社区做什么？'"雇用不同国家的员工本身传达了一个信息:每个人都应该是平等的,因此,文化多样性释放了组织注重公平的信号。这种信号将有利于组织建立积极的雇主形象,吸引更多的优秀求职者。

二、团队文化多样性与沟通障碍

(一)文化多样性下的语言沟通障碍

语言障碍是文化多样性背景下跨文化沟通面临的主要障碍,首先表现为语言的不同会影响意思传达的准确性。每种语言体系中都有大量独特的表达方式,尤其是口头语言方面,词汇细微的差别可能就会带来意思上的天壤之别。即使是同样的词汇,在不同的文化背景中,也可能有着十分不同的含义。比如英语中形容一个人非常"hot",直接翻译成中文为"热",这样的翻译很难让人理解"hot"这个词语在原本语境中的意义。当然,这种障碍可以借助精通不同语言的翻译来克服。但是,要想克服语言障碍更深层次的体现,即思维差异的区别,就不那么容易了。

语言是思维的产物,所以不同语言的背后反映的是思维方式的不同。语言学中有一个经典的假设叫萨丕尔-沃尔夫(Sapir-Whorf)假设,认为语言里包含的文化成分会影响语言使用者的认知过程。比如词语的选择反映了一个人的认知图示(cognitive schema)。具体来说,使用词语的频率被认为反射了人们的心理过程:一个词语越被频繁地使用,越说明它在认知过程中处于中心地位、起到重要作用;反之,一个词语如果只是偶尔被提及,则说明,它处在认知活动的周边地带。关于语言的使用对个体的行为和思维的影响,也有一些实证方面的间接证据。有学者在双元文化的个体间,通过语言成功地操控了个体的文化倾向:当他们分别用不同国家的语言回答问题时,会潜意识里认可不同的文化,体现为不同的手势、表情和自我认识等。[1][2] 还有研究发现语言和儿童的数字理解能力有关系,中、日、韩三国的低年级小学生对数词的理解要比美国和法国的同龄人更好一些,因为这些国家的语言是十进制的算法语言,而英语和法语分别为 13 进制和 17 进制的语言。

汉语最大的特点就是灵活多变,一个词语在不同的语境会呈现不同的意思。比如下面是一个网上流传很广的笑话:

---

① Bond M H, Yang K S. Ethnic affirmation versus cross-cultural accommodation: The variable impact of questionnaire language on Chinese bilinguals from Hong Kong. Journal of Cross-Cultural Psychology, 1982, 13: 169-185.

② Ross M, Xun W E, Wilson A E. Language and the bicultural self. Personality and Social Psychology Bulletin, 2002, 28: 1040-1050.

小明送给领导一个红包。

领导:"你这是什么意思?"

小明:"没什么意思,意思意思。"

领导:"你这就不够意思了。"

小明:"小意思,小意思。"

领导:"你这人真有意思。"

小明:"其实也没有别的意思。"

领导:"那我就不好意思了。"

小明:"是我不好意思。"

问:这段对话是什么意思?

语言上的灵活性体现了我们文化中用变化、动态视角看世界的思维方式,比如我们认为"物极必反,否极泰来""塞翁失马,焉知非福",同时也体现了我们对于不确定性的容忍以及对于复杂性的接纳。

(二)文化多样性下的非语言沟通障碍

在文化多样性的环境中进行沟通,个体还会遇到非语言沟通障碍。不仅是语言在不同文化背景中有不同的含义,非语言信息在不同的文化背景中也有不同的含义。比如在某些地区,点头表示"不是",摇头表示"是",和我们通常对于点头、摇头这两个动作的解读正好相反。

文化多样性下非语言沟通的障碍还来自信息语境对沟通的重要影响。沟通不仅仅是靠语言来实现的,沟通过程发生的情境对沟通的有效性同样重要甚至更加重要。相比语言,非语言线索由于掩饰难度较大而更加真实,这也是为什么我们会形容一个虚伪的人"口是心非"。因此,学者们提出了信息语境(message context)这一概念。信息语境指沟通中伴随着语言信息发生、用以暗示或推断其他潜在信息的线索。[①] 不同文化对于信息语境的依赖有差别,有些文化中信息和意义的交换不完全依赖所说的语言的内容,更多地依靠沟通的情境以及表达时的语气、方式、手势、语速等,被称作高语境沟通(high-context communication)文化;相反,有些文化中信息和意义的传递更多地依靠信息本身,而不是其他线索信息或者人们默认的"共识",被称作低语境沟通(low-context communication)文化。高语境沟通文化和低语境沟通文化下个体的沟通风格具有显著的差异,也有可能造成沟通的障碍。

首先,低语境沟通文化中的个体可能无法理解高语境沟通文化中的弦外之音,而

---

① Adair W L, Buchan N R, Chen X P, Liu D. A model of communication context and measure of context dependence. Academy of Management Discoveries, 2016, 2 : 198–217.

高语境沟通文化中的个体可能过度解读低语境沟通文化中直白的表达。高语境沟通文化中倡导"听鼓听声,听话听音",往往将语言配合手势、语音、语调、表情等传达信息。中国就是典型的高语境沟通文化,察言观色是沟通中一项非常重要的技能。低语境沟通文化中的个体不具备这样的技能,因而在和高语境沟通文化中的个体沟通时,经常无法完全接受并正确解读对方传达的信息。同样的道理,高语境沟通文化中的个体也有可能由于对一个无心之举的过度解读而曲解沟通信息。

其次,高语境沟通文化和低语境沟通文化中个体的沟通风格不同,沟通风格的不匹配也可能造成沟通过程中的误解。比如低语境沟通文化下,沟通风格直接明确,意义直接由字面表达;高语境沟通文化下,沟通风格较为含蓄,意义较为委婉地表达。当来自两种文化的个体对对方沟通风格不够了解时,高语境沟通文化中的个体可能认为对方太过鲁莽,不照顾自己的"面子"和感受;低语境沟通文化中的个体可能认为对方铺垫太多,不够真诚,更无法理解为什么"关系好了,什么事儿都好办"。另外,低语境沟通文化中的个体在沟通中不回避争议,善于争辩;高语境沟通文化中的个体崇尚和谐,回避冲突和争议,谦让礼貌。因此,沟通中可能前者认为后者沟通不够积极主动,而后者认为前者太过咄咄逼人。

两种文化下沟通风格的差别还体现在沟通中情绪使用的差异。高语境沟通文化中,沟通过程较为克制,经常沉默,感情并不外露;低语境沟通文化中,沟通过程较为激烈,经常借助情绪来表达观点,较少沉默。事实上,近年来我们发现这两种文化背景下,沟通双方在一些基本信念上可能都存在显著的差异,比如有学者研究了中美谈判中的信念差异,发现双方对于竞争和合作关系能够达成一致,但是由于文化差异的存在,在谈判中,中国人更加注重等级制度和关系,而美国人更加看重经济利益和对抗。

三、文化多样性下高效沟通团队的打造

(一)营造平等的工作环境

营造平等的工作环境对于文化多样性较高的团队来说至关重要。实际工作中有三类跨文化团队,分别为:象征性文化团队(token group),即团队中大部分人来自同一文化,只有1~2人来自其他文化;双元文化团队(bi-cultural group),即一个团队的成员来自两种文化,且来自这两种文化的成员人数基本持平;多元文化团队(multi-cultural group),即一个团队的成员来自三种或三种以上文化。平等的工作环境对于象征性文化团队来说,核心在于不要边缘化少数文化成员,甚至要给他们特别的关注和尊重。类似地,对于双元文化团队和多元文化团队来说,核心在于给与所有文化背景的成员平等的发言机会。此外,保证团队氛围的公平性,尽可能减少团队成员由于不公平感而产生的工作不满意感。

（二）鼓励打破"潜台词"

团队文化多样性较高，尤其是包含高语境沟通文化的成员时，应该鼓励打破沟通过程中的"潜台词"，在一个相对开放的环境中进行沟通。营造这样的氛围可以通过有针对性的培训实现。比如欧莱雅曾开展过一项名为"管理对峙"的项目，传授如何在会议中表达不同意见。这种辩论的方式原本并不是中国企业中推崇的方式，但是一位中国员工在参与完之后，感慨道："培训教会了我们表达不同意见的方法，哪怕参会者都是中国员工，我们也会实践并赞赏这一做法。"此外，还可以通过强化组织文化的作用来弱化国家间文化的差异。比如华为的创始人任正非曾经说："华为文化是我们认同的基础。一个不认同华为文化的员工，是很难在华为工作的，处处评价都受挫。"任正非在华为的发展过程中将这种企业文化制度化，并将其价值准则移植到海外子公司。在华为拉丁美洲地区的子公司，华为将自身吃苦耐劳、努力拼搏的企业文化融入培训、绩效考核等各个环节，以影响拉丁美洲员工，使他们改变原有的时间观念及工作态度。再比如，海尔在美国投资建厂也采用了人力资源本土化的策略。在招聘美国新员工时，对其进行海尔文化培训，只有接受并认同海尔价值观的员工最终才能被录取。在海尔组织文化的影响下，文化差异并没有成为中美职员之间相互协作的障碍，反而增加了大家了解彼此的兴趣。

（三）甄选文化智商较高的员工

在文化多样性较高的团队，团队成员如果不能很好地理解和处理跨文化差异，有可能导致沟通障碍进而导致合作失败。因此，在甄选成员时，应该特别注意员工的文化智商（cultural intelligence，CQ），即个体在文化多样性较高的环境中有效运作和管理的能力。学者们提出了包含四个维度的文化智商量表，这四个维度分别为：①元认知文化智商（metacognitive CQ），指预期他人文化偏好并在跨文化体验期间调整心理模型的能力，是一种思维过程的高级心理能力；②认知文化智商（cognitive CQ），指通过观察、个人经验和教育等方式学习不同文化的能力；③动机文化智商（motivational CQ），指在不同文化情境下，能够有效引导和分配自身注意力的能力；④行为文化智商（behavioral CQ），指在不同文化背景下，能够表现出适当的语言和非语言行为的能力。

知识链接

文化智商量表①

请您根据自己的实际感受和体会,对下面20项描述进行评价和判断,并在最符合的数字上画圈。计算平均分,分值越高,文化智商越高。

1= 非常不同意,2= 不同意,3= 稍微不同意,4= 中立,5= 稍微同意,6= 同意,7= 非常同意							
我能意识到自己与不同文化背景的人交往时所应用的文化常识。	1	2	3	4	5	6	7
当与陌生文化中的人们交往时,我调整自己的文化常识。							
我能意识到自己在跨文化交往时所运用的文化常识。							
当与来自不同文化的人们交往时,我检查自己文化常识的准确性。							
我了解其他文化的法律和经济体系。							
我了解其他语言的规则(如词汇、语法)。							
我了解其他文化的价值观和宗教信仰。							
我了解其他文化的婚姻体系。							
我了解其他文化的艺术和手工作品。							
我了解其他文化中表达非语言行为的规则。							
我喜欢与来自不同文化的人交往。							
我相信自己能够与陌生文化中的当地人进行交往。							
我确信自己可以处理适应新文化所带来的压力。							
我喜欢生活在自己不熟悉的文化中。							
我相信自己可以适应一个不同文化中的购物情境。							
我根据跨文化交往的需要而改变自己的语言方式(如口音、语调)。							
我有选择地使用停顿和沉默以适应不同的跨文化交往情境。							
我根据跨文化交往的情境需要而改变自己的语速。							
我根据跨文化交往的情境需要而改变自己的非语言行为。							
我根据跨文化交往的情境需要而改变自己的面部表情。							

① Ang S, Van Dyne L, Koh C, Ng K Y,Templer K, J, Tay C, Chandrasekar N A. Cultural intelligence:Its measurement and effects on cultural judgment and decision making, cultural adaptation and task performance. Management and Organization Review, 2007,3:335-371. 量表由OBHRM(www.obhrm.net)翻译整理.

第三节　企业的全球化与沟通

"走出去"和"引进来"是我们国家在经济全球化新形势下制定的重要发展战略,党的十七大报告中指出:坚持对外开放的基本国策,把"引进来"和"走出去"更好地结合起来,扩大开放领域,优化开放结构,提高开放质量,完善内外联动、互利共赢、安全高效的开放型经济体系,形成经济全球化条件下参与国际经济合作和竞争的新优势。在我国加快构建以国内大循环为主体、国内国际双循环相互促进的新发展格局的重大部署中,"双循环"不是走向封闭,而是以更高水平的开放,促进国际经济大循环。跨文化沟通是企业在全球化战略中面临的重要问题之一,能否顺利地适应不同的文化,保障沟通的顺畅成为很多企业跨国投资或并购成败的关键。

一、全球化背景下的文化适应

每种文化都有自己偏好的商业模式和规范,无论是"走出去"还是"引进来",企业都要经历文化适应的过程。并且,这种适应是对一整套文化体系的适应,包括企业文化、产业文化、商业文化、国家文化等不同的层次(如图 8-2 所示)。

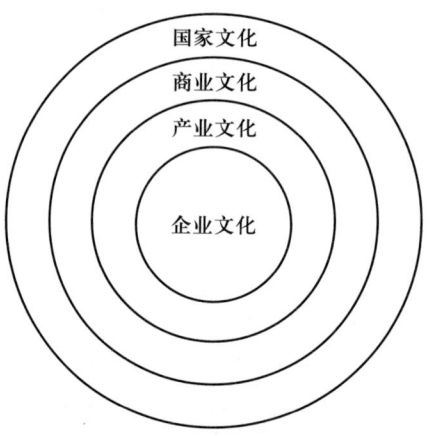

图 8-2　文化适应的多层次体系

对于个体来说,跨文化适应指在新文化中为了达到一个舒适程度而做出的调整,包括:一般性调整,即在一般生活条件,比如饮食、居住等方面的调整;人际调整,即在与其他文化背景的人交往过程中做出的调整;工作调整,即在工作方面做出的为适应其他文化工作环境要求的调整。根据约翰·W. 贝利(John W. Berry)的文化适应模型 [1],个体进入一个新的文化环境中,会考虑两个问题:

---

① Berry J W. Immigration, acculturation, and adaptation. Applied Psychology: An International Review, 1997, 46 : 5-33.

（1）是否保留原有的文化认同。

（2）是否建立新的文化认同。

基于这两个问题会形成 4 种文化适应的策略，分别为：

（1）同化（assimilation），即积极适应新的文化的同时，抛弃原有的文化认同。应用此种策略的个体并不认可自己原有的文化，反而对新的文化充满向往。

（2）隔离（separation），即在新的文化环境中仍然保留原有的文化认同，将自己隔离在新的文化之外。应用此种策略的个体往往是被迫进入一个新的自己并不认可的文化环境，因此他们并不会主动接触新的文化。

（3）融合（integration），即在积极适应新文化的同时，仍旧保留对原有文化的认同。应用此种策略的个体对原有文化和新文化都持积极态度，并积极思考如何更好地整合这两种文化，最终形成一种新的文化认同，这种认同中包含两种文化元素。

（4）边缘化（marginalization），即对新文化和旧文化均不认同，逐渐将自己边缘化。应用此种策略的个体首先对原有文化并不认同，但是进入到新的文化后发现或者自己主观不认同新的文化或者客观上新文化不接受自己，因而最终也无法形成对新文化的认同，逐渐成为社会的边缘人物，如图 8-3 所示。

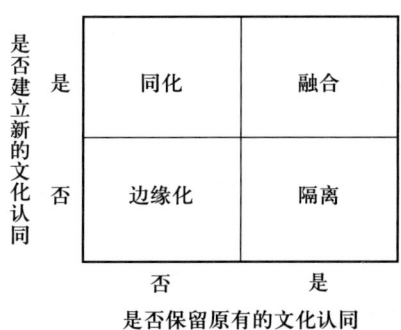

图 8-3　Berry 的文化适应模型

对于企业来说，进入到一个新的文化环境，也需要做类似的选择：应该沿袭母国的经验，还是适应东道国的文化，即应该是全球化战略（globalization）还是本地化战略（localization），或者是两种战略的整合——本地全球化（glocalization）。回答这个问题，通常会从权变的视角（contingency perspective），选择和东道国文化相匹配的战略。最近，几位中国学者在管理任务层次上对这个问题进行了更为精细的回答，认为选择什么样的战略取决于任务的类型。具体地，以日本公司在中国的经营为例，运作类任务（比如运营）应该采用母国的管理文化，本地任务（比如客户关系、政府关系）应该采用东道国的管理文化，人员任务（比如绩效薪酬制度）应该兼顾母国和东道国的管理文化。[①] 即使对于那些仅在本地经营的企业,在全球化的浪潮中,也难免受到跨文化的冲击。

　　跨文化适应不是一蹴而就的事情。美国人类学家卡勒沃·奥伯格(K. Oberg)提出跨文化适应大体上会经历4个阶段,分别为:蜜月期(honeymoon stage)、敌意和偏见期(hostile stage)、恢复期(recovery stage)和适应期(adjustment stage)。[②] 比如,留学生在留学初期,通常显得非常兴奋,心情愉悦,积极主动地和当地学生交流;随着进一步交流,会慢慢发现遇到了越来越多的沟通障碍,比如听不懂当地学生讲的笑话,遇到困难找不到可以交心深谈的好友,当地学生和自己只是泛泛之交,自己无法真正融入他们的圈子等;经过一段时间之后,通过对上一阶段遇到的各种困难进行反思,开始慢慢调整自己的思维和行为模式;最后,逐渐形成对新的文化环境的适应。

二、全球化背景下的沟通障碍

　　全球化既为企业发展提供了机遇,也为企业发展提出了挑战,比如全球化可能导致以下几个方面的沟通障碍。

(一) 文化冲击

　　文化冲击(culture shock)指个体进入新的文化后,由于新旧文化差异性导致的混乱而产生的焦虑和不安。文化冲击所带来的消极情绪会直接影响沟通的有效性。根据"三位一体"大脑理论,个体在沟通中,情感脑和意识脑会同时工作:前者负责感性部分,多在潜意识层面工作,工作无序且难以控制;后者负责理性部分,多在意识层面工作,工作有序且可以被控制。情感脑的反应速度和能量是意识脑的上万倍,因此,当文化冲击带来的强烈负面情绪使得沟通主要依赖情感脑而非意识脑时,个体便无法有意识地去区分文化差异并做出正确的行为反应。

(二) 种族中心主义和保护主义

　　种族中心主义指人们作为某一特定文化群体成员而感知和表现出来的优越感。根据亨利·塔菲尔(Henri Tajfel)的社会身份理论,个体对自己文化的认同会形成内群体偏爱和外群体歧视,进而形成一种防御型的优越感,高估自己文化的积极性而拒绝了解其他文化或对其他文化产生偏见。比如,认为自己的母语更加高贵而无法接受其他语言,抑或是对某些特殊的习惯进行抨击,都是种族中心主义的体现。种族中心主义的另一个极端是保护主义,即由于对自己文化的自卑感,而过分高估其他文化的优越性,比如"认为国外的月亮更圆"体现的就是保护主义。无论是种族中心主义还是保护主义,都会在跨文化沟通过程中影响个体的信息处理,并最终产生认知和行为过

---

①　Ma L, Chen A, Zhang Z X. Task success based on contingency fit of managerial culture and embeddedness. Journal of International Business Studies, 2016, 47 : 191-209.

②　Oberg K. Cultural shock: Adjustment to new cultural environments. Practical Anthropology, 1960, 7 : 177-182.

程中的偏见。

知识链接

内群体偏爱与外群体歧视

塔菲尔认为个体的群体身份(group membership)会形成内群体偏爱和外群体歧视,哪怕这个群体的形成仅仅依靠非常微弱的线索。为此,他在十四五岁的男孩间做了一个实验。首先,他让这些男孩看 Klee 和 Kandinsky 两个人的作品,并告知将根据他们对这两个人作品偏好不同将他们划分成两个组。然后,实验者将这些男孩单独带到小隔间,要求他们将虚拟货币分发给两个组的其他成员。这些男孩并没有亲自见过自己组和其他组的成员,只是知道每个人属于哪个组。令人吃惊的是,男孩们在这种情况下,仍然表现出了对自己所在群体的偏好:给他们分发更多的虚拟货币,哪怕这种行为并不能给他们带来任何实质性好处。

(三)深层文化的隐蔽性

当我们进入一个新的文化之后,可能很快就会意识到一些表层文化的区别,比如语言、建筑风格、饮食习惯等的不同。然而,对于那些深层文化的区别,却并不容易感知到。深层文化往往涉及对问题的基本假定,生活在该文化中的人时刻受到这些假定的影响,却很少意识到这些假定的存在;他们往往认为这些都是理所当然的,不会进行深入的思考,而是有下意识的反应。然而对于该文化之外的人来说,这些假定是很难直观理解,甚至是无法意识到的。比如,一个欧洲人来到中国后可能很快就会发现社区里有很多帮子女带孩子的老人,进而意识到这与其所在国文化中主要由父母自己来带孩子不同;随后,其在交谈中可能发现在中国,无论是老人还是子女对于在养老院养老的模式都十分不认可,老人晚年由子女全权负责的观念根深蒂固。尽管这些外显的区别较容易发现,但是如果深究"为什么"会这样,可能源于东方人"互依型自我概念"和西方人"独立型自我概念"的区别,而这种深层次区别是中国人和欧洲认为理所当然却很难清晰表述的,因此也很难通过短期观察、体验学习到。这也是为什么很多人进入到一个新的文化,经过短暂的文化冲击之后,会很快发现自己"掌握"了跨文化沟通的技巧,但是随着进一步了解,又会再次感到困惑,发现很多不解的跨文化差异。

这种深层文化的隐蔽性在商务环境中也有很多体现,这也是跨文化沟通和管理中遇到的最大难题。美国商人来到中国,可能发现有的商人在做生意前会通过饭桌和人情等来拉近关系,美国人会疑惑为什么这样做,而这些商人却没有想过这个问题,这对他们来说是一种自然而然习得的规范。对深层文化理解的匮乏,很容易造成跨文化沟通中的冲突。比如 2006 年的娃哈哈达能之争中,娃哈哈的领导人曾经在万言公开信中提到:"我们(娃哈哈)要筹建一个科研中心,要到法国去参观考察一下,他们(达能)还要向我们收取陪同人员的差旅费,每人 1.2 万欧元的陪同费,如果要接受培训还得付每人每月 1.2 万欧元的培训费……我们与你们在印尼合资的乳品厂至今亏本,他们连报表都难得给我们一份,而且从设备选型、配方工艺一直到安装调试、解决质量问题都是我们派人无偿予以解决的,相比之下你们是否亦太小家子气了。"这种抱怨其实源于中法之间对于"契约"不同的理解。在中国,"契约"强调互惠互利,不计较当下和单一的一次交易,维持长期合作的基础是彼此信任;而在法国,"契约"强调对合同和规则的绝对遵守,确保每一次交易都符合事先的约定,维持长期合作的基础是对规则的认同和遵守。但是,在矛盾爆发之前,娃哈哈和达能都没有意识到这一点。

(四)文化刻板印象

缺乏基本的跨文化知识会影响沟通的有效性,但是,掌握"太多"跨文化知识有时也会起到负面作用。比如,人们普遍认为某国人很开放,某国人很严谨,某国人很保守等,这些认知是对某一文化群体的个性特征共性的认知,被称作文化刻板印象(cultural stereotypes)。然而,这些认知并不一定准确。一项发表在《科学》杂志的研究基于 49 个国家 3 989 名个体的样本发现,关于这些国家公民个性特征的刻板印象与这些国家公民自我汇报的个性特征并不一致,不同国家间文化刻板印象的差异要大于实际的个性特征差异。[①]而且,必须承认群体内个体间个性特征差异的存在,因此,文化刻板印象即使准确刻画了某个文化群体整体上的个性特征,也不能代表某一具体的沟通对象的特征。用先入为主的刻板印象去进行跨文化沟通会形成认知上的偏见进而影响沟通的有效性。

三、全球化背景下的沟通能力培养

面对全球化带来的各种机遇,我们必须培养自己的跨文化沟通能力,才能抓住这些机遇实现发展。为了应对全球化背景下的种种沟通障碍,我们应该着重培养自己以下几方面能力。

(一)文化敏感性

文化敏感性(culture sensitivity)是一种对文化差异高度敏感的能力,也有人称之为文化移情(cultural empathy)。这种能力能够帮助个体快速理解与自己居住的文化环境不同的个体的感受和行为,并愿意设身处地为他人着想考虑问题。这种能力建立在对自己和他人文化背景的深刻理解的基础上。拥有这种能力的人预先就会考

---

① Terracciano A, Abdel-Khalek A M, Adam N, Adamovova L, Ahn C K, Ahn H N, Avia M D. National character does not reflect mean personality trait levels in 49 cultures. Science, 2005, 310 (5745): 96–100.

虑到文化差异可能引起的障碍,并采取相应的应对措施。在沟通过程中,会根据对方的文化背景,调整自己的沟通策略。比如下面这个笑话中,船长的行为就体现了高文化敏感性。

> **小笑话**
>
> 一群商人在一条船上谈生意。突然,船在行进时出了故障,渐渐下沉,客人只有跳水才能逃命。船长深谙世事,了解这些商人的文化背景,因此采用了不同的方式来说服他们。
>
> 船长对英国商人说:"跳水是一种运动。"英国崇尚体育,听罢即跳。
>
> 船长对法国商人说:"跳水是一种时髦,你没看见已经有人跳了吗?"法国人爱赶时髦,听罢即跳。
>
> 船长对德国商人说:"我是船长,现在跳水,这是命令。"德国人纪律严明,服从命令听指挥。
>
> 船长对意大利商人说:"乘坐别人的船遇险可以跳水,但在我的船上不准跳。"意大利人多有叛逆心理,不让他跳,他偏跳。
>
> 船长对美国商人说:"跳吧,反正有人寿保险。"美国人非常现实,听罢也跳了下去。

(二)换位思考的能力

换位思考(perspective taking)是人对人的一种心理体验,是将心比心、设身处地达成理解不可缺少的心理机制。换位思考的基础是同理心(empathy),是一种将自己置于他人位置,并能够理解和感受他人所经历事情的能力。这和同情心(sympathy)不同。同情心是置身事外对他人经历的一种感受,客观上其实切断了和对方的联系,因此,并不容易感知并理解对方的立场和做法。换位思考是将自己的内心世界,比如情感体验、思维方式等,与对方联系起来,站在对方的立场去思考问题。这个过程会产生移情,了解对方的情绪体验,但不会陷入对方的情绪旋涡。

这样的能力能够避免种族中心主义和保护主义,相对客观地在跨文化背景下思考问题,减少归因错误。换位思考的能力还有助于个体找到和对方的共同点,这是跨文化沟通的核心。值得注意的是,换位思考并不是只强调对对方文化和立场的了解,对自己文化的理解同样重要,甚至是更加重要。只有对自己的文化有了深刻理解,才可能去真正理解和对方文化的差异,并识别跨文化沟通中的核心分歧。

(三)开放的心态

跨文化沟通中的很多障碍涉及对基本问题的假定不同,这种不同只有对两种文化背景的生活均有长期体验的人才可能意识到。当不具备这样的前提时,我们应该保持一个开放的心态,不要假定别人对人和事物的假定一定会一样,即使面对熟悉的事物,也要警惕对方可能和自己的理解不同,不要有理所当然的想法,这便是松下幸之助口中的"素直之心"。

> 心智没有被禁锢,可以自由地使之有效地适应于新的环境。拥有素直之心的人关注事物的当下状况而且不会受特殊偏见、情绪化或先入之见的影响。一个有偏见的人总是用过滤器或变形镜来看所有的事物。对他来说,白纸或许看起来是蓝色的或者直线看起来是弯曲的。拥有素直之心的人无时无处不在向各方学习。
>
> ——松下幸之助

(四) 多元文化的心智模式

多元文化的心智模式指个体不仅能够很好地区分和理解不同文化的相异之处,而且能够接受和融合这些不同,在个体或者团队内实现不同文化的共存甚至整合。在研究双元文化(bi-culture)个体(比如亚裔美国人)时,学者们提出双元文化背景可能给个体带来潜在益处,比如赋予他们转换思维框架(frame switching)的能力,即根据不同的情境,激发相对应的文化思考模式,以增强跨文化适应性。这种心智模式对于跨文化沟通十分有益,然而,并不是所有拥有双元文化背景的人都拥有这种能力。比如一个亚裔美国人可能无论在美国还是中国工作,都表现出完全的"美国范儿"[①]。只有那些拥有较高双元文化整合性(biculture integration)的个体,才可能享受多元文化背景带来的益处。这些个体不会将不同文化看作彼此的对立面,相反,他们会认为不同文化是可以和谐兼容的,并且他们对于这种兼容感到很舒适。[②] 在全球化的浪潮中,个体可能有很多暴露在多元文化环境中的机会,但是要想真正成为一个地球村村民,将这种多元文化的经历转化成优势,还需要有多元文化的心智模式,而这需要拥有较高的多元文化整合性。

事实上,多元文化的心智模式不仅会破解沟通中的困局,而且可能创造性地解决问题。比如一个总部在美国的芯片公司曾遇到这样一个问题:其在欧洲代表处的销售人员抱怨,由于美国总部不能提供满足欧洲客户不同要求的产品,他们在欧洲销售产品遇到了很大的瓶颈并丧失了大量潜在市场。然而,美国总部认为,倘若专门为欧洲

---

① Friedman R, Liu W, Chi S C S, Hong Y Y, Sung L K. Cross-cultural management and bicultural identity integration: When does experience abroad lead to appropriate cultural switching? International Journal of Intercultural Relations, 2012, 36 : 130-139.

② Benet-Martínez V, Leu J, Lee F, Morris M W. Negotiating biculturalism: Cultural frame switching in biculturals with oppositional versus compatible cultural identities. Journal of Cross-cultural Psychology, 2002, 33 : 492-516.

客户定制产品,公司将蒙受规模不经济和生产不饱和带来的损失。这种冲突促使双方最后形成了一个新的目标,即创造一种新的、独特的、按需定制的芯片,然后由此引发新一波的"通用销售"。在这个过程中,起初体现了美国总部和欧洲销售处存在的普遍主义和特殊主义两种文化的冲突,但是在沟通之后,双方了解了对方的需求,在解决方案中同时考虑了两种文化的需求,创造性地形成了新的双方都认可的目标,即兼顾量产和按需定制。

四、对跨文化沟通的反思

在本章的学习中,我们强调了文化对于沟通的重要影响。但是,无论在学界还是业界,都存在着另外一种声音,认为跨文化管理,包括跨文化沟通,都是一个伪命题。比如海尔的管理者认为"就像康德所说:人是目的,不是工具。如果你把员工当作目的来看,很多问题都能解决;如果你把员工当作工具来看,肯定要出很多问题。就像中餐和西餐完全不同,但有一点相同:都是为了吃饱、吃好"。类似地,学界也有人提出尽管在策略层面可能存在文化偏差,但是人的本性是相通的,抓住这些相通的共性才是跨文化沟通的关键。比如"敬人者,人恒敬之"强调了沟通过程中的对等原则,尽管在不同的文化背景下,如何才是"敬"人,可能有不同的理解,但是作为一条基本的规则,"敬人者,人恒敬之"是普遍适用的道理。

这样的观点拓展了我们对于跨文化沟通的理解。事实上,过度强调"跨文化",有可能隐藏着对企业管理共性问题的漠视,很多企业国际化不成功,都将原因归结为跨文化管理的失败,却较少反思自身内部管理的问题。这方面,华为国际化的经验可以给我们启发。华为在国际化过程中一直信奉一条理念:跨文化并不是中国企业国际化的最大障碍,最大障碍应该是企业对人的理解,对规则的理解和对管理体系的建设,这些才是企业真正的核心竞争力。华为的管理者认为,"破除了狭隘的民族自尊心就是国际化,破除了狭隘的华为自豪感就是职业化,破除了狭隘的品牌意识就是成熟化"。华为能够走出去,证明中国企业能够国际化,跨文化并不是中国企业国际化的最大障碍。

> **本章综合案例**

高效沟通打造字节跳动全球化团队

2020年,字节跳动在成立八周年之际,更新了自身的企业文化(内部称"字节范"),新增"多元兼容",旨在打造多元化的全球团队。而随着字节跳动国际化进程加快,企业内部保持高效沟通变得尤其重要。新冠病毒疫情期间,得益于字节跳动高效的沟通技术和工具,分布在世界各地的 10 万员工仍然实现了远程沟通和写作,工作效率相比之前不降反升。字节跳动高效沟通的关键主要体现在以下方面:

首先,准备办公协同工具。字节跳动非常重视对各种协同工具的投入和应用,他们认为每件工具只要改进 5%,就能对公司效率产生巨大影响。例如,针对存在部分同事回家没有带计算机的情况,IT 团队从工位上或者库存里找出上千台计算机寄到各地。有个别同事到了其他国家,字节跳动就通过企业的海外办公室调用计算机,寄到员工手中。

其次,自行开发在线沟通和协作软件。在沟通上,字节跳动一开始使用外部第三方软件,包括 Skype、微信企业号、Slack 和钉钉。但随着公司的发展,字节跳动发现这些公司都不能完全满足公司对于协作效率的要求,因而自主开发了"飞书"这款沟通工具。而在协同工具上,字节跳动一开始使用的也是 Word、Excel 等本地协同软件,但为了进一步提高协同效率,字节跳动做了自己的飞书文档。飞书文档是一种协同文档,同时支持计算机端和手机端。飞书还开发了一个"日历"产品,便于查找他人的空闲时间,以及这一时间段能够使用的会议室,还可以迅速创建群聊,进行音/视频会议。对管理者而言,日历是一个很好的分析管理工具,可以通过团队成员的个人日历,判断出目前大家的精力分配、资源投入、系统运转等内容,然后进行宏观和细节的调控管理。

为了让大家即使在世界各地也有"一起工作"的感觉,字节跳动还开发了"线上办公室"这个功能。同一个团队在同一个群里,打开"线上办公室"这一功能就可以进行语音沟通。语音可以一整天都开启但默认静音,大部分时间没有什么人说话,有事情的时候就可以直接沟通:"谁谁谁,你现在方便吗? 字节跳动讨论一个东西"。它模拟了一个办公室的环境,让大家仿佛身处同一个空间,也让沟通变得轻松自然。

资料来源:一本书读懂数字化转型.陈雪频.北京:机械工业出版社,2020.有改动

【思考题】
- 1. 字节跳动为什么在文化中增加"多元兼容"的成分?
- 2. 字节跳动如何促进不同文化背景下员工的沟通效能?
- 3. 字节跳动在促进员工跨文化协同方面的做法,哪些具有普遍适用性? 哪些无法推广到其他企业?

本章思考题

■ 1. 可以用哪些框架理解不同文化之间的差异?

■ 2. 跨文化沟通和一般的沟通过程有什么不一样?

■ 3. 团队文化的多样性会给沟通带来哪些挑战,应该如何应对?

■ 4. 全球化背景下,有哪些沟通的障碍?

■ 5. 全球化背景下,我们应该如何提高自己的沟通能力?

第四篇
综合演练

4

组织和管理情境下的沟通需要做到知行合一，即在对于问题进行分析和判断的基础上，沟通者能够通过行为来展示自己的想法，从而顺利地解决问题。

鉴于案例和模拟并举或者相互补充是训练管理沟通意识和技能的有效方法，本书的最后一部分包括两个综合演练：第一个综合模拟，将组织管理中的重要知识点融入其中，使得学生在活动之后，基于对活动过程和结果的反思，了解影响组织情境下沟通的重要因素及其效果。第二个综合案例，描述了在国有企业某部门的工作中，不同代际成员之间的互动与冲突。出于课堂教学设计的考虑，本书没有提供案例的后续部分。这个案例具有普遍性，既可以组织学生通过案例分析体会本书讨论的多个主题，还可以安排角色模拟，让学生体会解决沟通问题的意识、困难和技巧。应课堂教学的需要，本书主编及本案例的作者可以提供教学指导和后续的案例资料。

第九章　综合模拟:合伙 [①]

"合伙"是基于以往的研究和教学所开发的一项综合模拟活动。该模拟适合从本科到高级管理人员的各类学员使用。

一、练习目的

本练习通过让担任不同角色的参与者共同完成一项开放性的任务,展示在完成任务过程中成员之间的沟通与互动,使得参与者认识个体因素、团队过程以及人际交流等因素对于任务完成的影响。

二、角色与流程

本活动中有五类角色,各个角色的资源和任务如下:

创始团队:每个团队由 3 名联合创始人组成,每人有 20 枚筹码 / 原材料,共同搭建模型。

一期合伙人:每人有 30 枚筹码 / 原材料,与创始团队双向选择是否加入。

二期合伙人:每人有 50 枚筹码 / 原材料,与产品团队双向选择是否加入。

客户团:共同制定评价体系,并给每个团队的最终产品评分。

观察员:每人负责观察、记录一个团队的全部过程,拍照记录并评价该团队各个阶段的作品。

活动开始前,教师根据课堂规模确定创始团队的个数以及各个角色的人数。活动开始后,给不同角色的成员发放相应的材料和活动说明。

活动的流程以及每个环节的大致时间如下:

第一阶段(20 分钟):由几名成员(建议 3~5 人)构成的创始团队用自己拿到的筹

---

① "合伙"模拟练习由张志学和魏昕共同开发。 若需要使用该练习并获得相关的练习材料, 请与开发者联系。

码共同搭建一个产品模型。

第二阶段(40分钟):若干个一期合伙人进入创始团队工作的场地,考察各个团队的工作。合伙人可以与任何团队交流,创始团队向合伙人介绍自己的作品,回答一期合伙人提出的各种问题。经过充分沟通和了解之后,合伙人选择加入其中一个创始团队。加入该团队后,合伙人必须拿出自己的所有筹码,与创始团队成员一起在已经完成的模型上继续搭建。

第三阶段(30分钟):若干位二期合伙人进入创始团队的工作场地,考察各个团队的工作。与一期合伙人一样,二期合伙人可以与任何团队交流,由新加入的一期合伙人和创始团队构成的新的团队向二期合伙人介绍自己的作品,并回答二期合伙人提出的各种问题。经过充分沟通之后,二期合伙人选择加入某个团队。加入该团队之后,二期合伙人必须拿出自己的所有筹码,与原团队成员一起在其模型上完成最终作品。

在第一阶段至第三阶段期间:客户团自创始团队开始工作不久,即可以任意出入创始团队的工作现场,观察各个创始团队的工作情况,但在创始团队工作过程中,尽量不要影响或干扰他们的工作。客户团的成员观察一段时间后,通常会离开工作现场,根据对于各个团队的作品的理解,商讨初步的评估标准。随着一期和二期合伙人相继加入创始团队并继续开展工作,客户团将会返回工作现场继续观察。客户团成员可以与各个工作团队的成员交流,了解他们所设计的产品代表什么、其设计思路以及这种产品的前景等。综合考察各个工作团队的产品之后,客户团成员共同讨论,并最终设计出一套评估系统,用于评定各个团队的最终产品。评估系统包括具体的指标以及各指标所占的权重。

产品展示阶段(每个小组2分钟):所有团队在限定的时间内完成产品后,每个团队向客户团及参加活动的所有其他学生展示最终的成品。每个团队完成展示之后,客户团成员可以向该团队提问,澄清一些问题。基于对各个团队产品的了解,客户团成员独立地给各个团队的成品打分。将客户团成员对于每个团队的打分进行汇总,即可得出各个团队的最终得分和排名。

活动反思:所有成员在活动之后,根据要求思考若干问题,为随后的课堂讨论做准备。

三、设计与准备

由于这个模拟活动涉及的角色和环节比较多,需要找到合适的场地,事先准备好所需材料。

场地:包括若干创始团队工作的大房间、一期合伙人入场前的房间、二期合伙人入场前的房间、客户团的讨论室。

材料:提供给创始团队、一期合伙人和二期合伙人的原材料/筹码,供团队成员用于创建产品；用于标识不同角色的标签；给不同角色的活动说明。

安排：提前将提供给不同角色的原材料分装好，给创始人的材料可以提前放在他们的工作台上。一期合伙人和二期合伙人在进入工作现场之前有较长的等待时间，教师可以根据课堂需要安排他们从事相关的任务。例如，让他们思考并写出：可以拿手上的筹码做出什么产品，他们心目中好的产品是什么，他们最希望看到创始团队做出什么样的产品，他们希望加入什么样的创始团队等。

四、讨论流程与要点

"合伙"活动既有其固定的结构，又具有相当大的开放性。这个活动起源于对初创企业的观察：这类企业通常由少数几位成员基于他们的专长，通过合作和讨论，产生某个具有创造性的想法或者方案。但要将这种想法变为可以执行和实施的商业计划，既需要考虑市场和客户需求，也需要引入适当的合伙人提升团队的能力，还需要与投资人沟通获得资金的支持等。

教师在引导学生进行活动后的讨论时，可以先以得分最高的团队作为讨论对象。首先，让客户团成员介绍他们觉得这个团队的产品在哪些方面表现优秀。其次，请这个团队的一期和二期合伙人回顾他们为什么选择加入这个团队。再次，请创始团队的成员介绍他们的产品理念，在整个活动过程中创始团队成员之间如何合作，他们后来与合伙人和客户团如何交流和沟通。最后，可以选择得分比较低的团队，请客户团以及团队成员根据以上的问题分享他们的观察和反思。

学生可以在教师根据自己的教学需要而组织的课堂讨论中，基于对活动过程和结果的思考，发表自己的见解。所讨论的要点包括但不限于以下这些方面：

（一）团队发展、结构与过程

在这一活动中，每个团队的成员组成由教师随机分配，团队会经历磨合、发展的过程。教师可以结合本书"群体决策"和"团队发展"中相关知识点，引导各个团队讨论自己所在团队的发展阶段和特点。

由于合伙人的加入，几乎每个团队都经历了团队成员的变动（当然，也有些团队始终没有赢得合伙人加入），这些变动给团队的发展带来了新的动态。教师可以请一些团队后加入的合伙人分享：

他们为什么选择了这个团队？

加入团队后，他们承担了什么角色？

与原有的团队成员之间如何互动？

……

对应地，可以请原有的团队成员分享：

接受合伙人加入的原因是什么？

合伙人加入后,对团队有哪些影响?

认为本次合伙是否成功?为什么?

……

这些新的动态也影响了团队的发展、结构与过程,学生可以在教师的引导下开展更多讨论。

(二)沟通、冲突与谈判

团队成员之间的冲突与处理也是这一活动中常见而重要的讨论话题。教师可以结合第五章"冲突及冲突处理"的相关内容组织学生进行讨论和总结。例如,成员之间的冲突是什么类型?对团队的任务进度、目标完成、凝聚力等各方面有何影响?团队成员采用了什么方式来解决冲突?这些方式的效果如何?基于这些讨论,在教师的引导下,学生可以总结出成功的团队和不成功的团队在解决成员之间分歧时有哪些不同,进而结合以往的重要研究文献,理解优秀团队和失败团队在处理冲突时所具有的一般性特征。对于那些排名居中的团队,成员也能够通过课堂讨论理解本团队可以在哪些方面加以改进。

另外,以往活动中,有些合伙人在加入团队之前,会与团队进行谈判(如关于股权分配)。如果涉及这方面的分享,教师可以结合第六章"谈判的策略与技巧"中的相关内容引导学生反思与总结自己在谈判中的表现。

(三)创造力与创新

在这个活动中,许多团队试图开发一个具有创新性的产品,客户团制定的标准中也常常包含与创新性相关的指标。教师可以组织学生讨论如下问题:

团队的创造性想法是如何产生的?

在将想法落实为模型的过程中,团队是如何实施的?

最初的想法或模型与最终产品相比,在原创性和实用性上是否有所差别?

在模型演变过程中,团队是否与外界(如客户团、合伙人)有互动?这些互动的作用是什么?

在分析和总结这些问题时,学生可以理解哪些因素影响了小组成员的创造力和小组产品的创新程度。学生可以结合创造力与创新领域的相关研究,懂得创造力和创新的一般性规律。

(四)权力与影响力

在活动中,有些合伙人,特别是二期合伙人,由于筹码较多,认为自己比创始团队拥有更大的权力。而创始团队成员对于自己与合伙人之间的权力对比的感知则较为复杂。这些不同的权力感知影响了他们之间的互动方式,甚至可能是团队内冲突的导火索。学生可以结合在活动过程中反省不同角色在活动中的作用,分享对于自己重要性的感知,对于别人在活动中所掌握的资源及其对于活动结果的重要性的认识,并反思和讨论个人的感知如何影响彼此的互动。在此基础上,可以更深入地理解有关权力与影响力的知识和理论。权力的基础是对资源的掌控以及他人对于自己的依赖,但"资源"可以是物质资源(如筹码),也可以是专业技能、知识、行业人脉等。有些团队会自发地涌现出团队领导,学生可以讨论为什么这位成员成为团队领导,其领导力的表现形式是什么,其他成员认为其领导的有效性如何等。而有些团队没有明确的领导者,学生可以将这类团队与有领导者的团队进行对比,思考团队过程、任务进展、团队结果等各方面有什么样的差别,进而对于领导力的概念和作用、领导者的特征等有切身的体会。

 本章思考题

　■ 1. 你处在自己的角色中主要考虑的问题有哪些?

　■ 2. 你个人的目标是什么? 你的目标与处在同一角色的人的目标是否相同? 你们是如何求同存异的?

　■ 3. 你的角色所要完成的任务会受到哪些因素的影响? 你又是如何在制定工作计划的过程中纳入这些影响因素的?

　■ 4. 你是否投入到模拟的活动中? 哪些因素决定了你的投入程度?

　■ 5. 联想你从事的实际工作,有哪些方面与本次模拟活动存在相似之处?

　■ 6. 回顾整个模拟活动,你认为该活动揭示了哪些与沟通有关的主题? 你从中获得的启示有哪些?

第十章　综合案例：部门里的年轻人

此案例可以支持与管理沟通相关的多个知识点的教学。这里呈现主编在使用本案例过程中所积累的学习资料和心得，具体案例见本章附录。

一、案例摘要

全实集团是一家大型国有企业，成立于 20 世纪 80 年代。借助改革开放的春风，以及一度拥有的尖端技术创新，成为八九十年代的 IT 领域创业先锋。2000 年以来，随着社会主义市场经济深入发展，以及互联网经济逐渐兴起，全实集团在市场竞争中一度濒临困境，在新旧领导班子的共同努力下，渐渐走出困境，并发展成为多元控股产业集团。

从 2008 年起，全实集团基本完成转型蜕变，从单体高科技公司转型成为拥有五个以上非相关多元产业的控股集团。由此，全实集团需要加强总部的专业化组织管控能力。在此背景下，全实集团在内部提拔优秀干部，也尝试从市场引入多位专业人才，而由于种种原因，最终能够落地生根的外来人才并不多。本案例以全实集团在成为产业控股集团过程中，集团某职能部门发生的管理沟通的真实案例为背景，通过 2011—2014 这三年的时间线，还原矛盾冲突及其背后的线索，以期展现一个大时代下的典型企业在转型期的一个部门小切口的鲜活案例。本案例对于思考职场内的代际冲突，以及不同背景职业经理人风格所引发的企业内部亚文化及其冲突，有着深入的启发意义。

二、背景信息

这个案例是发生在一家著名企业里的真实事件。为了便于课堂讨论和保护企业及相关的人物，案例对公司和人物采用了化名。

本案例写作期间，全实集团已成为具影响力的高科技集团之一。公司业务范围包括 IT、房地产、金融等。由于企业发展快速，吸引了大批优秀的员工和管理者加入，公司总部的职能部门也呈现生机勃勃的态势。本案例涉及的集团品牌部就是其中之一。

全实集团的品牌部在很大程度上承担了企业战略转型的重任。至2000年，全实集团凭借其尖端原创技术，在国内的某利基市场处于绝对垄断地位；但随着该利基市场被新技术颠覆取代，全实的业务逐渐萎缩。公司为了继续发展，曾经进行了很多尝试和变革，但效果都不理想。2000年以后，公司陆续引入外部优秀管理人才，在新老领导班子共同努力下，全实在原来的高科技产品基础上，陆续开展了一些非相关的业务。努力数年，集团业务总算稳定下来，也逐渐水到渠成地成为一家多元投资控股集团。然而，在客户和消费者心目中，全实品牌如同一位中年的、不合时宜的工程师。人们对全实的印象还停留在过去的单一王牌产品且普遍认为已不再被广泛需要，如何让全实品牌顺利转型成为符合时宜与战略的新形象，进而获得业界和消费者的普遍认同，成为摆在全实集团新董事会面前的紧要课题。董事会希望，通过品牌重塑，向外界流畅地呈现一个全新的、完整的全实品牌，为此，经过多方选择，全实集团最终从外企引入了吴美虹。

吴美虹原来在世界最大的4A国际广告公司工作，经历了中国广告业最辉煌的年代。她具有极其敏锐的消费者洞察力和卓越的工作能力，曾成功地帮助某外资手机品牌在中国市场打出一场漂亮的翻身仗。由于其出众的业绩，吴美虹在其就职的外企中做到本土女性最高的职位。全实集团在一次偶然的机会中接触到了吴美虹，双方的洽谈与相互考察持续了将近半年。吴美虹加入全实后，其工作风格与公司的国资企业风格大为不同，也受到诸多掣肘。但是，她以自己丰富的经验和专长，看出全实集团存在的问题，并提出通过阶段性的子品牌传播和母品牌公益传播，以三到五年为周期，全面实现全实集团的品牌转型。全实集团董事会接受了吴美虹的方案，吴美虹也为此在集团品牌部和全集团的品牌线进行改革，推进品牌工作的专业化，并在此后的几年内成功地为全实集团推出一波又一波成功的品牌活动。

本案例正是在这样的背景下展开。吴美虹实施品牌变革很重要的一个舞台就是集团品牌部，这里也是吴美虹对于整个全实集团品牌专业化战略的实践基地。在持续完善集团品牌职能、建立人才体系之后，随着社交自媒体时代的来临，吴美虹不断变革部门的工作思路，也通过招募优秀的员工和管理者来帮助自己实现变革。但是这些不同背景的员工走到一起，必然会存在磨合的问题。

在一个开放的环境下，发挥每个员工的创造力和主动性至关重要。但是，员工在年龄、性别、经验、职位、背景、专长等方面的差异，会给企业和工作造成诸多麻烦。中国社会在过去几十年的快速变化，由于生活经历和环境的差别，不同代际在价值导向、行为方式以及对于工作和职业的理解，都存在显著的而且可能对个人工作风格和结果产生影响的差异。代际差异是一个永恒的命题，也是管理沟通中应当涉及的问题。虽然学术界和实践界都意识到管理多样性或者差异性很有必要，但揭示人员多样性及其处理的案例较少。本案例希望促进学生关注并讨论这一主题,找到处理这类问题的方法。

三、教与学的线索

本案例综合展现了企业中人与人之间沟通的场景、人际冲突的多重原因以及因人际冲突导致的后果。本书推荐将这个案例作为综合的管理沟通案例来使用。

这个案例可以将企业的外部环境变化到战略重塑再到组织变革与执行联系到一起。学生在阅读了案例之后,可以思考这两个问题:全实公司作为一家曾经辉煌的企业,为什么引入吴美虹这样的高端人才?面对与以往工作环境全然不同的企业文化,吴美虹如何才能够在企业立足?对于这些问题的思考和讨论,有助于理解这个案例发生的大背景。

接下来,学生要思考一个业务运营的问题:如果你是吴美虹,面对日新月异的媒体业和集团公司内部的诉求和压力,品牌部怎样才能应对这些挑战?你认为吴美虹打造起来的团队是否能够应对这些挑战?

接下来就进入了这个案例的重要部分。李飞才华横溢,而部门由于工作需要又引进了同样才华横溢的何西。这种安排可能产生的优势和冲突有哪些?怎样才能发挥优势消除冲突呢?

有工作经验的学生会发现,本案例所描述的情况具有普遍性。公司要创新就需要引入不同背景和代际的员工,先不说工作能力和认知水平,背景与代际本身可能就造就分歧与差异。中国社会在快速发展过程中,各区域文化的不同,经济发展水平的不同,家庭和受教育背景不同,以及不同代际在价值观上的差别等等,导致思想观念和做事方式上存在巨大的差别,有人曾经感叹 80 后、90 后员工很难办,现在又要迎接 00 后的员工。本案例生动地体现了人物不同的经历和成长环境产生的不同。因此,在使用该案例时,教师引导学生思考上述问题,往往能够引发有工作经验的学生的参与。很多学生会列举自己经历过的与本案例中的某些人物很相似的上司、同事或下属,也会分享发生在他们公司里的类似冲突。虽然这类冲突非常普遍,但个人和组织如果采取必要的措施,可以降低冲突给组织和个人带来的消极影响。为此,管理者除了具备业务能力外,还需要具备明确的沟通意识和高超的沟通技巧,而管理者敏感地察觉到冲突及其背后的线索,则是解决问题的第一步。

结合本书所宣传的教学理念,对于这个案例的教学可以综合运用案例分析、情景模拟,以及行为反馈等多种方法。通过对案例的学习和研讨,学生可以深刻地理解到,个人在工作中遇到种种矛盾和冲突往往是有原因的,解决这些冲突既需要个人具有正确的自我认知、职场角色意识和必备的调适能力,也需要组织通过提升成员的沟通意愿和沟通技能来降低矛盾和冲突。学生从这个案例的学习当中,能够体会到在管理情境中沟通的必要性和重要性。由于工作场景下每个人都需要完成任务和达到目标,而且往往需要与他人协调和合作,个人需要具有更强的沟通意识。因此,对这个案例的综合讨论可以体现本书多个章节所阐述的重要知识点。

本章思考题

- 1. 吴美虹的职场价值观和管理风格是什么样的?
- 2. 李飞的职场价值观和职业风格是什么样的?
- 3. 何西的职场价值观和职业风格是什么样的?
- 4. 你最认同上面三位中的哪一位? 为什么? 你最希望与哪一位共同工作? 为什么?
- 5. 你是否对于其中某个角色所处的困境有一些建议? 请阐述。
- 6. 在案例结尾,吴美虹将与李飞谈话。你认为吴美虹将与李飞谈些什么?
- 7. 通过对本案例前因后果的充分理解,尤其是结局部分细节的阅读,请大胆预测一下:离开全实之后毅然选择创业的李飞,未来会是怎样一番情景?

部门里的年轻人 [1]

序

2014 年春天，某个星期一早晨，北京东南四环外，在租住的小屋里，李飞躺在床上，突然意识到自己不知不觉已经穿戴整齐；紧接着他苦笑了一下，想起自己从今天起不用去上班了。

就在昨晚，他再三考虑之后给吴美虹发出了一条微信，吴美虹回复了三个字"没问题"。

时间好漫长。这时候，吴总应该已经到办公室了吧……李飞这样一分一秒计算着。

突然，李飞的手机屏幕亮了，是吴美虹的微信……

李飞与吴美虹

李飞，男，90 后。李飞作为高考状元，以优异的高考成绩从江南小镇考入第一志愿所报考的大学：北京明天大学。这所大学，虽不像北大清华那么耀眼，但对于外地文科考生来说，仍不失为好的选择。四年中文系的学习，读遍古今名著，逐渐开始喜欢文学创作；其间经历了初恋的失败，李飞始终无法忘却这段感情，也始终无缘投入新的恋情。面临毕业，普通家庭出身的他，在北京毫无求职人脉，只能一边忙毕业论文，一边拿着简历四处碰运气，心想实在不行就考研以便缓冲一下就业压力。

很偶然，李飞得到了一个面试机会：应聘全实集团品牌部的实习生。

全实集团成立于 20 世纪 80 年代，长期以来是一家中规中矩的国有企业。最初十

① 本案例是魏亚欧在张志学指导下完成的。撰写该案例仅仅为课堂讨论提供素材，无意表明管理实践有效与否。本案例中的企业名称和人物都以化名呈现，但所陈述的情节都是事实。该案例除在教材中供教学使用外，如有其他使用需求，请联络主编或案例作者。邮箱：mgtcomm@163.com。

几年专门从事 IT 产业,后来引入职业经理人团队,进行有序多元化发展,逐渐成为包含金融、房地产等多元产业在内的大型投资控股集团。六年前,全实集团董事会招聘了资深品牌传播人士吴美虹,希望此人能帮助实施品牌转型。

吴美虹,女,70 后。十年品牌传播从业经验,相较于同一代人,她行事风格颇显新锐前卫。在她的带领下,全实集团品牌转型的成效令集团内外人士与业界瞩目。入职三年后,吴美虹由集团品牌部总经理升任集团副总裁,并继续分管集团品牌部。吴美虹严于律己也严以待人,管理风格强势,但凭借出众的专业水准在公司和部门内部拥有很高的威信。

吴美虹很重视对年轻人的培养。在大会小会上,她都反复说明自己的人才战略,大力推行团队年轻化。

“全实集团是 80 年代成立的,是 80 后企业;80 后企业的品牌,要由 80 后乃至 90 后担任执行主力。”

当李飞带着自己的简历以及装订成厚厚一册的个人作品前来面试时,他没奢望眼前萍水相逢的吴美虹会收留自己。他不知道,吴美虹自己也是大学毕业后闯荡北京、从一无所有的草根外地孩子成长起来的,奋力拼搏才有了今天。这样的经历使得她格外愿意培养外地来京打拼的年轻人,她深信外地孩子往往有一种九死一生的拼劲:作为草根,想在北京活下来,没有别的办法,只有奋斗。吴美虹之前已通过某种渠道了解了李飞,因而整个面试的过程显得轻松、不那么正式,因为吴美虹心里很清楚,自己愿意给这个外地孩子提供实习机会。

于是,这位 90 后穿着皱皱的衬衫,打着皱皱的领带,尽可能让自己看起来很成熟地出现在众人面前,成为大公司的一名实习生。吴美虹交代自己的下属、品牌部总经理韩缨:他是中文专业的,文笔很不错,你让他在企业文化组实习,应该可以提升我们内刊的文字质量。

韩缨,女,70 后。大学一毕业就来到全实集团,“司龄”已经十几年。跟吴美虹一样,韩缨也是典型的草根外地孩子在北京拼搏,从全实集团下属企业的最底层做起。六年前当吴美虹到任全实集团时,韩缨被抽调到总部,配合吴美虹的工作,两人一直配合得很好,越来越默契。韩缨擅长沟通协调,在员工中也有很高的威信。此外,她学习能力和执行力强,对吴美虹绝对尊重和服从,有时也凭借吴美虹对自己的信任和倚重,向吴美虹提出一些建议和意见。吴美虹先是将韩缨从经理提拔为总监、高级总监,进而在自己升任集团副总裁之后,提拔韩缨接替自己担任品牌部总经理,放手让韩缨管理部门。

吴美虹的用人原则也一直在影响着韩缨。在吴美虹的用人字典中,从没有“自己

人"这个词,这是一种典型的职业经理人思路。谈到自己的用人原则,吴美虹说:

> 连自己都是老板的人,不要想着自己另立山头,不要想着纠集"自己人",我不带任何一个人来这家公司,将来如果离开也不带任何人走;而是要注重培养现有团队,并按战略需求谨慎招聘新人加入,带着志趣相投的人一起向前走,帮大家争取应得的,帮公司筛掉不行的;所有人都是"公司的人",团队要凭良心对"公司"负责,而非对某一个人负责。

已经跟随吴美虹好几年的韩缨很清楚,虽然吴美虹亲自面试了这个实习生,但这绝不说明这孩子将会得到吴美虹的特殊照顾,相反,说明吴美虹希望严格和认真地考察这个孩子,以防选错人。

90后的入职在品牌部引起不小的骚动。此前,全部门最年轻的也无非就是87年出生。"我们老了!"所有人都惊呼。当时,这是一个普通员工平均年龄不超过30岁的年轻而充满活力的部门,由于吴美虹不拘一格的管理方式和天马行空的创意风格,加上韩缨的温和与宽容,整个部门没有严格的等级氛围,彼此可以随意开玩笑。员工之间自建了QQ群,屏蔽了吴美虹和韩缨,一边工作一边叽叽喳喳,开心而繁忙。两位老板对于员工的自由自在全然不在意。吴美虹认为,年轻人就该疯,不疯就不对劲儿了,没必要上班时间禁网,反倒要让他们多从互联网找灵感。

在这样自由的氛围中,李飞从部门小不点儿的小心翼翼逐渐变得放松,展现出越来越真实的状态:他熟悉互联网文化,为一向"端着"的内刊文风持续注入生机,而他一步步调整内刊文风的试探之举均得到吴美虹与韩缨的支持。在被大佬信任的激励下,李飞持续展现出较强的文字能力。实习期满后,李飞并没有找到更好的求职机会,表达了希望成为全实集团正式员工的意愿。吴美虹征求了韩缨的意见,并通过韩缨征求了部门内总监及组员的意见。虽然有员工对这位性格或许过于文艺和敏感的90后能否适应高强度的实打实的工作保持怀疑,但吴美虹和韩缨还是签署了李飞的录用通知。

接下来一年半的时间,是内刊最辛苦的时期。吴美虹决定将内刊由四版扩为八版,下属公司稿件质量又不高,全靠品牌部内刊小组的区区几个人完成激增的工作量。当时负责内刊组的公关总监是一位保守谨慎的80后小杨,对下属只交代工作,不干涉过程,也不提供建议和意见;下属的工作成果,小杨也不加修改,基本都会直接提交给韩总和吴总判断。这其实为李飞造就了大量机会可直接向韩总和吴总呈现自己的工作。李飞持续展现出较强的文字能力,几次由李飞提出的创意性报道选题都令吴总和韩总眼前一亮。当时,各企业都在运营官方微博,李飞在负责内刊之余还渐渐一人担负起全实集团官方微博的维护,初期吴总和韩总还会审他的文字,后期都交由他全权打理。

除了难以判断的重大问题的传播口径需向上请示外,通常他一人都能圆满完成任务。后来,小杨辞职,一时没有找到合适的公关总监人选,韩缨暂时代管内刊组。

接下来的一年,由于社交自媒体大热,吴美虹决定取消纸质内刊,由原内刊组成员转而开发企业自媒体,例如智能手机 App 以及微信公众号。由于李飞对互联网得心应手,韩缨让李飞做项目接口人,负责与软件开发商沟通企业 App 需求。这个工作烦琐得无从下手,又毫无案例可供学习参照,一度令李飞情绪失控。但是,想到自己不能让吴总看走眼,不能让韩总失望,李飞咬牙坚持。在这些自媒体相继面世之后,李飞一方面怀念以前的纸质内刊的墨香,一方面在吴总的强势推动下,越来越展现出对互联网内容编辑和创作的游刃有余,佳作不断。他的文字或幽默活泼或亲和温暖,一些作品又符合吴总一直要求的"品牌相关性"而非任意的天马行空。

但是,在工作深得吴总和韩总认可的同时,李飞也暴露了一些问题。

大家渐渐发现,李飞是一个比较爱面子的人。部门有同事这样说道:

> "他骨子里有傲气,高考状元嘛,也的确有才华;但更有不知道为什么的敏感,一句话不对劲马上就不高兴了,他就好几天不理人。"

但是由于李飞年龄小,大家都尽量包容他。虽然无论年龄还是资历都是部门最底层的小不点儿,李飞对于自己的作品,却只能接受来自吴总的批评。他私下里对同事说:"文字方面我谁都看不上,除了吴总。"于是,除了吴总,即便是韩总的意见和建议,李飞也未必每次都接受,甚至有当面顶撞的情况;而其他人如果要指出他的不足或者开他的玩笑,措辞要非常谨慎和委婉。

工作的压力也令李飞情绪不稳定。由于内刊扩版,出刊前后的一星期几乎每天都要加班到凌晨,李飞有时会急躁地与同事争执,有同事回忆说:

> "内刊组的每个人,他几乎都跟人家吵过,又都没什么大不了的事,过后就和好了,好像都是工作压力大造成的。"

李飞也曾偶尔流露出"第一份工作,不会是终点,早晚会离开"的浮躁,或者感觉在北京太累,不如回老家发展。由于吴总反感越级打小报告,且部门同事普遍保持善意,因而没有人把这些冲突和情绪传递给吴总和韩总,反而大家总是耐心开导他要珍惜全时这个平台。一位以前曾在小公司打工的同事对他说:"你没在小公司做过,大学一毕业你就能来全时这个平台,所以你根本不知道全时这个平台有多大有多好!"李飞沉默不语。

大家发现李飞的睡眠很差,无论多晚,都能看到他在微博和朋友圈里活跃着,而白天又打不起精神。吴美虹不喜欢越级管理,但是对李飞放纵自己失眠非常看不过去,就此找李飞多次谈话,希望李飞趁年轻充分重视睡眠问题,主动调节,否则影响一生的健康和事业,而这种自我约束和自我责任感同时也是职业化素养的组成部分。但是收效不大。

一些小事也经常会影响李飞的情绪,例如长假或春节前如果没有顺利抢到回家的车票,他会消沉好长时间,坐立不安。这种"乡愁"最终导致了"台风事件":在一次长假期间,明知道长假最后一天家乡会有台风、交通状况会有重大不可知变故,李飞依旧按既定行程返回,导致他经历了必然的停运和风雨中的狼狈,更严重的后果是错过了长假过后第一天举行的一次非常重要的行动学习,这是提前一个月就已确定时间并且吴总明确要求过"不允许任何人以任何理由缺席"的活动。李飞并非完全无法参加这次活动,只是火车延误之后,他情绪低落,下车就直接回家休息了,而不是争分夺秒赶到公司参加后半程活动。非但如此,李飞的情绪仅停留在为自己的倒霉而"沮丧",而非对自己明明能参加至少半程学习却任性缺席的"反省"。吴美虹建议韩缨找李飞谈谈,指出他的问题。于是,同为外地孩子出身、也曾饱受长假返乡之苦的韩缨语重心长地批评李飞:

"退一万步讲你不能回家又怎样?大家都是从这个时候过来的,回不了家天就塌下来了吗?你一方面希望自己尽快职业化,一方面又不能主动提升职业化素养;一方面希望自己学到更多的东西,一方面又轻易放弃学习机会只因为心情不好不想来?"

受到批评后,李飞就此写了一封道歉邮件:

吴总、韩总:

你们好!非常抱歉,因为自己的职业素养问题,缺席了假期第一天工作以及部门重大活动。

细究原因,台风只是客观原因,最重要的是,自己存在侥幸心理,没有提前规划出行。由此暴露出我的职业素养问题,尤为明显。

我重视也喜欢自己现在的工作,但却在一些看似简单的事情上随意处置,屡有差池。许多事情需要学,而学的前提是有由点及面的能力,比如上班不能迟到,背后是职场人士应有时间观念,这样的观念,在工作上任何场合上都适用。比如缺席部门活动,背后不仅是少了锻炼自己的机会,还把本应自己承担的工作推给与自己亲密合作的同事。

我做得不够,很多地方也很逊色,在看在学,但缺乏深入思考、严格执行。

我希望能够得到吴总、韩总两位领导的谅解,而我会加强自己的职业化程度,把犯过的错作为自己今后处理事情的镜子。以后提高自己的时间意识,时刻作备忘录,安排自己的工作、生活,规划自己的出行。职业化不够,以后就应该为自己找"触点",从言谈举止到基本素质再到商务礼仪,都重视并严格执行。

再次向吴总、韩总以及全部门同事道歉,并希望得到领导和同事更多的指导和教育。

看到这封邮件,吴总并不满意。她认为,李飞显然仍旧没有意识到自己的问题。吴美虹回邮件说:

李飞:

缺席活动这件事情你前后这样处理,我还是非常震惊和失望的。

当机会来临,一直抱怨没有机会的人,却在"按计划"睡觉。这是悲剧。

希望悲剧不要再发生。

"90后",只是强调你的年轻和对你的期待,而非作为可以随时犯错的理由。

请对自己负责,对得起自己拼搏在青春的每一天。

没有人不给你机会——无论你在哪里。这是个相对公平的世界。不给自己机会的,往往是自己。

"加油"这种话,我不会再说了。我没跟部门第二个员工谈过这么多话,关心过这么多。

好自为之。

此时,李飞才真正意识到,事情真的很严重。回想到此次长假之前,刚刚与吴总促膝谈心,吴总给了很多指导和建议,然而仅隔一个长假又捅了这么个大娄子,吴总的确会对自己很失望。

于是,李飞回邮件说:

吴总:

收到您的邮件后,翻了一遍从入职到现在,您陆陆续续给过我的指导和鼓励邮件。

这是我每次遇到挫折时的动力之一。再想起长假前您找我谈话以及部门聚餐时的教导,一下子明白您为什么非常失望,以及您回复我邮件时的心情。

　　我不希望自己是"恨铁不成钢"的那块铁，也无法接受自己不断让那些对我好的人失望。

　　我会牢记您今天的邮件，当自己有懈怠、松散的时候，就拿出来看。

　　不辜负您说过的"加油"，您给予的那份知遇之恩，以及一直以来您对我的特别关心。

　　对不起，吴总。

　　李飞的工位前，是吴总进出办公室的必经之路。李飞觉得，"台风事件"之后，每次经过自己的工位，吴总很少跟自己打招呼了。这也许是李飞过于敏感，但不管怎么说，这次"台风事件"令吴美虹眉头紧锁。此时，李飞已入职满两年。

　　毕竟，这是部门第一个90后，大家都没有与这一代人相处的经验，因此吴总和韩总在李飞身上倾注了大量的关注，与李飞的直接一对一谈心比跟任何员工都多。吴总认为：第一，人品和敬业精神以及工作能力没有问题；第二，缺乏一以贯之的斗志和状态，需要持续调教，带得的确比较累；第三，对其关注不能导致众人将其特殊化。在这样的大原则下，吴总刻意保持与李飞的距离，李飞因而在每次情绪低落需要倾诉的时候更多地直接而主动地敲开韩总的门。

何　西

　　为了在互联网时代将全实集团的公关传播工作引入更全面的提升阶段，吴美虹决定引进一位公关总监，全面负责从内部新媒体平台到对外公关传播的所有公共关系和企业文化传播事宜，直接向集团品牌部总经理韩缨汇报。

　　在考虑公关总监的人选时，吴美虹并非没有优先考虑内部选拔，但是无奈于员工普遍缺乏新闻从业经验，对文字编辑和如何与媒体打交道普遍缺乏感觉。一方面大力培养像李飞这样的年轻人；一方面必须考虑到管理者还需要有更全面的素质，不能仅看一时一事的业务能力。内容，是一切公关传播的核心——在互联网时代，内容营销越来越重要，没有单凭炒作可以成功的品牌，"内容"成为品牌传播至关重要的单元。转型中的全实集团，越来越注意在金融投资界的影响，吴美虹认为，应该寻找一名有财经背景的公关总监，这个人初来乍到即便有各种不适应，也应该能驾轻就熟地运用之前的从业经验先把内容的专业度提升起来，待其适应了企业的文化和思维方式之后，再提升从内容到传播的全程。事实上，吴美虹在全时也是这么成长起来的：初来乍到只有广告从业经验，于是可以先把广告做得很棒；渐渐懂得了企业的战略思维并适应了企业的大氛围，进一步大刀阔斧地全面改革。

何西,男,80后。毕业于上海一所著名大学,拥有英语和金融双学位和留学经历,有近六年财经媒体记者的从业经验。

吴美虹与韩缨共同面试了何西,这位熟悉的陌生人。之所以熟悉,是因为工作的关系,吴美虹与韩缨都与何西有交往,毕竟他是一家著名财经报纸的记者;之所以陌生,是除了几次工作往来之外,对他一无所知。

何西形象气质佳,英语流利,财经媒体经验丰富,既懂内容又熟悉人脉,而且对新媒体有强烈的兴趣。但是,由于媒体工作无太强的组织性,每周按时交稿即可,不用坐班,不必经常去报社办公室,行动自由,既可在家办公也可一边旅游一边不耽误交活。因而,何西习惯的组织氛围是散漫而自由的,而且可以就作品与选题与上级据理力争甚至针锋相对。这种氛围允许何西充分保持个性,保持原汁原味的优缺点,不必担心得罪任何人,也不必为任何人改变自己。这还造就了何西一种无冕之王的优越感,思维奔逸又喜欢控制话题,例如,他经常反复打断对方的谈话或者随意切换话题滔滔不绝……

吴美虹心里清楚,只要自己想从新闻媒体挖一个人才,永远面临这些问题。于是,吴总与韩总共同面试时,提示了何西,作为一个媒体人到企业工作将要面临的各种不适:有相对严格的组织序列,与部门内、部门间和下属企业之间打交道需要情商智商兼具;以前是单兵作战的记者,现在做总监要管理团队;有严格的考勤,上下班要打卡;工作量大,基本只有上班时间没有下班时间;到新环境要少说多看,你现在显然话太多……对此,何西表示,只要选择了从媒体到企业,那么到任何企业都将面临同样的考验;而自己现在是铁了心要进企业,踏踏实实做一个有组织归属感的职场人,自己年满三十岁了,且已为人父,以往那种自由散漫的职业恰恰造就了自己而立之年的惶恐,突然觉得未来很迷惘;而全时给出的平台正是自己兴趣所在,非常愿意接受这份挑战。

骄傲与浮躁,但也绝不失才华与激情,这是吴美虹对何西的印象。通过朋友做了背景调查,证实何西在品质和业务能力方面没有问题。吴美虹与韩缨商议,果断录用,一是鲶鱼效应,让现有的员工增强竞争意识;二是通过引进思维方式和做事风格截然不同的人,带动整个团队的创新思维,避免对既有经验的路径依赖。但是吴韩两人也很清楚,年轻气盛的何西,在管理经验方面几乎为零,这对何西是个考验,对现有团队也是个考验。吴总近乎冷酷地告诉何西,六个月的试用期,绝不是形同虚设,适者生存,不适则离开。

初来乍到的何西,立刻展示了优秀的文字能力,深得爱才如命的吴总的赏识。同时,吴美虹让韩缨通知何西,到岗满一个半月之后,要在全部门面前做一个提案,汇报他的创新思路。提案过程中,为活跃气氛,何西屡屡拿自己的下属李飞做例子打比方,李飞当场数次表示了不满。吴总心下觉得李飞完全没必要不高兴,因为何西既没有恶意也没有任何过分的言辞。这次提案总体比较成功,所有人都见识了何西与众不同的思维方式和激情，吴总与韩总为了树立何西的威信，也刻意表扬了他的提案。散会后，李飞依旧气愤，私下里对同事说："我受不了！怎么能在吴总面前开我的玩笑！"于是，李飞专门去找何西理论，希望何西不要在领导面前开自己的玩笑。

其实，在展现才华的同时，何西也展现出令吴总毫不意外的手忙脚乱。有时他的分工并不合理，因为他并未花时间主动了解每个下属现有工作情况以及各自性格特点和业务强项；有时他急躁地催促下属提交工作，虽然之前他并未明确告知提交时间，或者并未充分衡量作业所需的合理时间，或者并未说明催促的理由。但是由于吴总和韩总的感召，组内同事普遍对何西即将带来的变革充满期待，认为何西的想法都很大胆，都是自己以前不敢想也不曾想的，令人耳目一新，因而大多还是主动配合何西的工作。一位同事对李飞说："不应该让总监适应咱们，而是应该咱们适应总监。"但是，李飞心里始终疙疙瘩瘩。

李飞的不爽不仅是因为何西喜欢拿他开玩笑。更重要的是，李飞已经习惯了之前韩总代管、再之前即便有总监实质上也是直通吴总和韩总的状态。现在突然来了一个面面俱到、什么都插手的总监，令李飞很不适应。当何西和李飞都自认为在文字造诣上颇具才华时，而何西又是总监，有明确的指导权和修改权时，李飞便越发不能接受了。在旁观者看来，两人的问题在于，两人都很有才华又都觉得自己有道理，何西指出李飞一些稿件的不足时却不能被李飞接受，从而变成了"文人相轻"的局面，而不是下级服从上级的秩序。

跟以往一样，这些矛盾仍旧在组内消化着，没有人擅自汇报给吴总和韩总。何西每次向吴总和韩总汇报工作时，也总是夸李飞。吴美虹偶尔跟李飞闲聊几句，李飞也夸何西是个有想法的人。但是，在一次重要活动中，吴美虹偶然发现，李飞对何西屡次直呼其名，而李飞一直以来称呼其历任领导都是规规矩矩的"某总"，吴美虹认为这是个值得注意的现象。

在何西的带领下，新媒体的内容常有亮点，屡屡获得吴总的夸奖。吴美虹也知道，李飞仍旧是重要的执笔人。一次，在全部门的微信群内，吴美虹表达了对刚刚发布的一条新媒体资讯的夸奖。

> 吴美虹："有相关性，有活力，有体温，有关爱，是配得上咱全时品牌的好作品"。
>
> 李飞："谢谢吴总！"（表明这是李飞的得意之作。）
>
> 何西："李飞，你看，我就说吴总一定会喜欢；你若按我的意思再加入我建议的内容会更好！"

李飞不语。吴美虹进一步看出了苗头。

在一次韩缨主持、吴美虹没有参加的部门会议上，何西照例拿李飞开玩笑，李飞照例不爽。散会后，韩总和何西共同向吴总汇报工作，其间韩总好心地提醒了何西：

"李飞是个自尊心极强、极其敏感的孩子，你若打算用，就要照顾到他的脾气秉性，像刚才那样开他玩笑他应该是不高兴的。别说你了，我都不会这样做。"

何西立刻表示完全接受韩总的建议，说自己很欣赏李飞，以后一定注意，尽量因材施教，照顾到不同员工的个性。吴总当场表示：

"不能惯着，不能因为他是90后就一切都小心翼翼，在职场不分几零后，一切按职业化来；全部门只有我能说他，别人都说不得，这是不正常的，也是不可以的。"

临近三八节，何西决定做一个人文关怀的选题：《全时大厦内的准妈妈们》。在选题讨论会上，何西希望多探讨一些不常被问到的角度，例如"你喜欢你的婆婆吗？"而李飞主张问的一些问题如"你喜欢男孩还是女孩？"，何西则认为"没有意义，太稀松平常"。身为人父的何西的理由是，我们80后父母几乎完全没有男女偏好，只要孩子平安健康，男女都行，你李飞这样的设问毫无意义。李飞则认为，既然我们这次采访采用了美国流行的街头随机采访的方式，就应该也像美国人那样，通过普通问题引出每一个个体截然不同的故事。李飞坚持按照自己的采访提纲完成了采访，交稿时引起何西的不满：所有被问及喜欢男孩还是女孩的准妈妈无一例外地回答了"无所谓"。何西要求重新采访。在李飞出发采访最后一个人时，何西走出自己办公室，对一位已经是妈妈的同事小张喊道："小张，你跟着李飞一起去，他采访的都是啥玩意儿啊，你帮着把把关。"何西并不知道，令自己极度不满的之前的那一部分采访，恰恰也都是小张和李飞一起完成的。李飞大为不悦，径直走到何西面前问："那我还用去吗？"何西说："随便！"，随后转身走进自己的办公室。

此刻，李飞觉得自己的自尊受到史无前例的侵犯，当众拍桌子说："我他妈不去了！"何西也气愤地说："你不去，我去！"

当何西采访回来，李飞希望能够得到何西的谅解，于是两人有了这一段对话。

李飞："何总，你这会儿有空吗？"
何西："没空！"
李飞："我知道你不喜欢我，我也不怎么喜欢你，既然闹成这样，我辞职好了。"

何西:"你爱辞不辞。"

随后,李飞立即向韩总提交了辞职邮件。韩缨忙于工作,未予理睬。李飞于是主动敲开韩总办公室,催促韩总立刻将邮件转给出差中的吴总:"您赶紧转,我怕我一会儿后悔。"韩缨又生气又失望,但还是尽量克制自己,以便给李飞留一些余地。于是,韩缨对李飞说:"我转与不转,不是你可以命令的,现在我不想谈这件事,你出去吧。"

第二天早上,韩缨把何西找来问清缘由,又问何西到底怎么想的。何西回答:"我还是希望李飞能留下,这是块好料子。"韩总说:"解铃还须系铃人,那你自己去谈话去做思想工作吧,希望不要闹到吴总那里,那就没有余地了。"韩缨很清楚吴总的原则:吴总不喜欢员工拿辞职做谈判砝码,因此一旦有人提出辞职,吴总绝不会挽留。

何西于是把李飞叫到自己办公室,试图挽留。但两人又就昨天的采访一事谁对谁错开始争执,再度不欢而散。李飞冲出何西的办公室,直奔韩总,强烈要求韩总马上将辞职信发给吴总。韩总伤心地叹了口气说"那好吧"。

当天下午吴美虹出差回到办公室,韩总进来汇报:"李飞……辞职了。"

吴总稍微愣了一下,迅速面无表情地回答:"知道了。"

韩总小声问:"那……我就批准了?"

吴总回答:"嗯。"

韩总回到座位上,把李飞的辞职信转发给吴总。

这是一封标准格式、标准措辞的辞职信,看不出李飞对过去三年任何的感情。吴美虹看后心内冰冷。此时,得知吴总已收到辞职信的李飞在门外发来微信,希望能与吴总聊一下,吴美虹丝毫没有理会。

过了一会儿,李飞出现在吴美虹办公室门口,希望能进门说话。忙于处理出差期间邮件的吴美虹冷淡地说:"你按公司规定办理手续就行了,不必谈了。"

当晚,韩缨向吴美虹介绍了整件事情经过,吴美虹才得知,李飞是"激情裸辞",事发突然且完全不是蓄意,也完全没有找下一份工作。

吴美虹冷静了半晌,决定找李飞谈话。

参考文献

1. 埃伦·兰格. 专念:积极心理学的力量 [M]. 杭州:浙江人民出版社,2012.

2. 戴维·迈尔斯. 社会心理学 [M]. 11 版. 北京:人民邮电出版社,2016.

3. 丹尼尔·戈尔曼. 情商:为什么情商比智商更重要 [M]. 北京:中信出版社,2010.

4. E. 阿伦森. 社会性动物 [M]. 9 版. 上海:华东师范大学出版社,2007.

5. 菲利普·津巴多. 路西法效应:好人是如何变成恶魔的 [M]. 北京:生活·读书·新知三联书店,2010.

6. 冯·特姆彭纳斯,查尔斯·汉普顿·特纳. 跨越文化浪潮应对全球化经营中的文化差异 [M]. 北京:中国人民大学出版社,2007.

7. 罗伯特·西奥迪尼. 影响力 [M]. 北京:中国人民大学出版社,2006.

8. 罗杰·费希尔,威廉·尤里,布鲁斯·巴顿. 谈判力 [M]. 北京:中信出版社,2012.

9. 斯蒂芬·罗宾斯. 组织行为学 [M]. 北京:中国人民大学出版社,2012.

10. 斯图尔特·克雷纳. 管理百年 [M]. 北京:中国人民大学出版社,2013.

11. 沃伦·本尼斯,伯特·纽努斯. 领导者 [M]. 北京:中国人民大学出版社,2008.

12. 约翰·科特. 领导变革 [M]. 北京:机械工业出版社,2014.

13. 张志学. 组织心理学研究的情境化及多层次理论 [J]. 心理学报,2010(1).

14. 张志学,施俊琦,刘军. 组织行为与领导力研究的进展与前沿 [J]. 心理科学进展,2016(3).

15. 张志学,张建君. 中国企业的多元解读 [M]. 北京:北京大学出版社,2010.

16. 珍妮·M. 布雷特. 全球谈判:跨文化交易谈判、争端解决与决策制定 [M]. 北京:中国人民大学出版社,2005.

 海尔的组织演进

 华为的组织能力

 人，应变之本

 适者生存

 刷新微软

 应变

 组织惰性

教学支持说明

建设立体化精品教材,向高校师生提供整体教学解决方案和教学资源,是高等教育出版社"服务教育"的重要方式。为支持相应课程教学,我们专门为本书研发了配套教学课件及相关教学资源,并向采用本书作为教材的教师免费提供。

为保证该课件及相关教学资源仅为教师获得,烦请授课教师清晰填写如下开课证明并拍照后,发送至邮箱:jingguan@pub.hep.cn,也可通过 QQ:46104652、103639388 进行索取。

咨询电话:010-58581020,编辑电话:010-58581783

证　　明

兹证明_____大学_____学院 / 系第_____学年开设的_____课程,采用高等教育出版社出版的《管理沟通——领导力与组织行为的视角》作为本课程教材,授课教师为_____,学生_____个班,共_____人。授课教师需要与本书配套的课件及相关资源用于教学使用。

授课教师联系电话:_____　E-mail:_____

学院 / 系主任:_____(签字)

(学院 / 系办公室盖章)

20____年____月____日

郑重声明